Johannes Hucke

KRAICHGAUER WEINLESEBUCH

Ein gehaltvoller Routenbegleiter
zu Kraichgau- und Stromberg-Winzern
in einer Landschaft voller Erlebnisse
mit unaufdringlichen Hinweisen
auf Spaziergänge, Gasthöfe,
Rezepte und Sehenswürdigkeiten

Mit Fotos von
Gert Steinheimer

*Für Wegbereitung und Ermunterung danken wir
Dr. Robert Arzet und Wolfgang Jung.
Ihnen ist das Kraichgauer Weinlesebuch gewidmet.*

*Dank gebührt ebenfalls Gert Boegner
für die Überlassung zahlreicher Fotografien.*

*„Wir sind eine zeitlang miteinander geritten, da hinten,
ziemlich im Süden ..." (John Wayne) Dank auch an Adi.*

Regio Guide im Info Verlag · Bd. 4

Herausgegeben von Constanze & Thomas Lindemann

Fotos: Gert Steinheimer, außer Gert Boegner 16, 48, 53, 54, 55, 58, 92, 93, 94, 95, 100, 110, 120, 124, 136, 158, 159 u., 160, 173, 174, 188, 189, 196 o., 199, 205, 208 o., 210, 218 u., 219 o., 221, 280, 310, 312, 318; Thomas Lindemann 8, 65, 66, 70 M.+u., 101, 108, 109, 130 o., 146, 153 u., 167, 171, 172, 176, 179, 180, 195, 196 u., 204, 230 u., 231, 248, 250 o., 253, 264, 270, 277 o., 285 u., 286 u., 288 u., 293 o., 296, 298 u., 300, 301, 305, 307 o., 336; Bös 78 M.+u., 79; Burgrestaurant Ravensburg 159, 169; Kiriakoula Damoulakis/Hubertus Sepp Kuhnert 111 u.; Klosterschmiede 220 o.; Graessel 20 u.; Haagen 245 o., 246; Hammerschmiede 105, 106; Häußermann 191; Heitlinger 34 u., 36; Hoensbroech 37 o., 39, 40; Volker Ihle 289 u.; Info-Archiv 47 o., 48 u., 315; Kanne-Post 229; 230 o.; Kannenbesen 116, 130 u., 131; Klenerts 290 o.; Koch 67, 68 M.+u.; Merkle 1, 242 u., 243 o.+M., 244; Musikautomatenmuseum Bruchsal 111 o.; Ochsen (Durlach) 290 gr. B.; Palmbräu 42; Plag 199 o.; Rapp-Kieß 43, 46; Ringhotel Winzerhof 64; Manfred Schweiß 290 (Schützenhaus, Vogelbräu, Nagels Kranz); Sonnenhof 259 o.; Ungerer 90, 91; Walk'sches Haus 289 o.; Stadt Wiesloch 55 u.; Winzerkeller Wiesloch 51, 52 u.; die Etiketten stammen von den Weingütern.

Mitarbeit: Stefanie Burgey, Christof Beck, Kurt Fay, Lina Hoscislawski, Stephan Rüth

Karten: www.cartomedia-karlsruhe.de

Bibliografische Information Der Deutschen Bibliothek
Die Deutsche Bibliothek verzeichnet diese Publikation in der
Deutschen Nationalbibliografie; detaillierte bibliografische Daten
sind im Internet über http://dnb.ddb.de abrufbar.

Alle Rechte vorbehalten. Nachdruck, auch auszugsweise,
ohne Genehmigung des Verlages nicht gestattet.

© 2007 · Info Verlag GmbH · Käppelestraße 10 · 76131 Karlsruhe · www.infoverlag.de

ISBN 978-3-88190-475-9
Gedruckt von Engelhardt und Bauer, Karlsruhe

Inhalt

Zum Gebrauch	11
Vom Glück im Verborgenen	13
Lockvögel und kulinarische Besonderheiten	19
Atmosphärische Annäherungen mit Gebrauchswert	22

Übersichtskarte — 26/27

Zwischen Himmelberg und Schweineschnüffel — 29 — `ROUTE 1`
Tiefenbach – Michelfeld – Waldangelloch – Eschelbach

Die Erben des Apothekers — 47 — `ROUTE 2`
Wiesloch – Rauenberg – Dielheim

Ein Kapitel für sich: Malsch — 71 — `ROUTE 3`

Auf der Spur einer Sensation — 95 — `ROUTE 4`
Bad Schönborn – Zeutern – Stettfeld – Ubstadt-Weiher – Bruchsal

Schloss Bruchsal — 111

Im Kraichgauer Halbmond — 113 — `ROUTE 5`
Östringen – Odenheim – Neuenbürg – Unteröwisheim

Geheimnisse der Burgen und Gehölze — 133 — `ROUTE 6`
Hornberg – Weiler – Hilsbach

Einsiedler und ihre Gesellen — 149 — `ROUTE 7`
Elsenz – Eppingen

ROUTE 8	**Die heimliche Hauptstadt** Sulzfeld	159
ROUTE 9	**Weites Neipperg-Land** Schwaigern – Stetten am Heuchelberg	173
ROUTE 10	**In den Stromberger Alpen** Diefenbach – Sternenfels – Kürnbach	183
ROUTE 11	**Biedermeier und Märchenonkel** Gochsheim – Oberderdingen – Flehingen	203
ROUTE 12	**Vom Weltruhm der Provinz** Großvillars – Schönenberg – Maulbronn – Knittlingen – Bretten	217
ROUTE 13	**Stromberger G'schichten** Horrheim – Hohenhaslach – Ochsenbach – Häfnerhaslach	233
ROUTE 14	**Die Leber Schwabens** Mühlhausen – Roßwag – Gündelbach – Schützingen	247
ROUTE 15	**Lob der Dekadenz** Gondelsheim – Obergrombach – Untergrombach	267
ROUTE 16	**Verstaatlichung und Separatismus** Weingarten – Jöhlingen – Grötzingen – Durlach	275
ROUTE 17	**Im wiedergefundenen Paradiesgärtlein** Ittersbach – Niebelsbach – Dietlingen – Ellmendingen	291

Nachwörtchen 310
Literatur 313
Adressen von A–Z 319
Index 327

Die Weingüter
von A bis Z

Becker	81
Benz	154
Bischoff	303
Bös	77
Bosch	99
Burg Hornberg	140
Burg Ravensburg	168
Czech	200
Faigle	238
Genossenschaftskellerei Rosswag-Mühlhausen	253
Gille	255
Goldene Gans	65
Graf Neipperg	177
Guthmann	306
Haagen	245
Hafner	103
Häge	264
Hagenbucher	162
Hammerschmiede	105
Häußermann	190
Heitlinger	33
Hockenberger	151
Honold	117
Hummel	84
Ihle	56
Jaggy	226
Kelterhof	222
Kempf	87
Kern	209
Klumpp	107
Koch	67
Kümmerle	181
Lutz	214
Markheiser	147
Menges	62
Merkle	241
Neye	297
Petite Willegaß	123
Pfefferle	171

Plag	197
Rapp-Kieß	43
Reblandhof	165
Reichsgraf und Marquis zu Hoensbroech	37
Schäfer	284
Schiele	59
Sonnenhof	257
Staatsweingut Karlsruhe-Durlach	286
Staudt	101
Steinbachhof	261
Thalsbach	120
Ungerer	90
Vinçon-Zerrer	222
Wimmers Landwirtschaft	53
Winzergenossenschaft Weingarten	279
Winzerkeller Wiesloch	50
Zorn	126

Darum geht's:
Weinprobe bei Herbert Becker in Malsch.

Zum Gebrauch
der folgenden 328 Seiten

Um die Handhabung des Kraichgauer Weinlesebuchs übersichtlicher zu machen, wurden Piktogramme aufgenommen. Wo sie das Traubensymbol erblicken, können Sie sicher sein: Hier erwartet mich ein Weingut mit allem Drum und Dran. Teller und Gabel bedeutet: Ein Veritables Gasthaus will besucht sein. Auf eine Idee aus der Zeit Karls des Großen geht die Einrichtung des Besens (Sträuße, Häckerwirtschaft, Buschenschenke ...) zurück. Hier gibt's auch gute Sachen, aber nur an bestimmten Tagen im Jahr.

Recht schnell werden Sie bemerken, dass man den Kraichgau nicht an einem Nachmittag abhandeln kann; um die Forschungsarbeit bequem ausdehnen zu können, wurden Übernachtungsmöglichkeiten geschaffen, im Buch mit einem Betten-Symbol gekennzeichnet.

Der Rollstuhl bedeutet nach Auskunft der Betreiber, dass ebenerdiger Zugang (auch zu den Toiletten) möglich ist. **Wichtig**: In allen Fällen empfiehlt es sich vor einem Besuch anzurufen. Zu diesem Behufe haben wir einen Index samt Telefonnummern zusammengestellt.

Im Verlauf der Routen werden Sie bemerken, dass wir – der Wesensart der Bewohnerschaft entsprechend – mit der Bezeichnung „Kraichgau" großzügig umgegangen sind. Teile des Strombergs haben wir miteinbezogen („Weinstraße Kraichgau-Stromberg"!) und sogar einen Schlenker an die Enz haben wir uns erlaubt. Aber das macht nichts, ja, wir gehen sogar davon aus, in unserer Auswahl damit ein Wein- und Genusskontinuum beschrieben zu haben.

Wie im „Nachwörtchen" (S. 310) ausgeführt, haben wir uns um Vollständigkeit bemüht; allerdings gibt es bislang keine komplette Auflistung aller in Kraichgau und Stromberg Weinbautreibenden. So kann es sein, dass uns der eine oder andere Betrieb doch durch die Lappen gegangen ist. Im Falle einer zweiten Auflage werden wir nachlegen. Versprochen.

 Weingut

 Gasthaus

 Besen

 Übernachten

 rollstuhlgerecht

Vom Glück im Verborgenen
Eine Kraichgauer Initiation

In der genussgeneigten Einwohnerschaft Heidelbergs lebt bis zum heutigen Tage ein Sinn für edlen Wettstreit in wesentlichen Dingen fort: Mit Entdeckerfreude präsentiert man seit jeher Weinfunde aus aller Welt, gern mit verdecktem Etikett und dem Hinweis: „Rätst du eh nicht, wo der herkommt ..." Selbstverständlich sind Heiterkeit und Überraschung groß, wenn der getippte Chablis nun doch ein Chardonnay aus Neuseeland war und der mit sicherem Gespür heraus geschmeckte Super Tuscan sich als Nischenprodukt eines „ganz, ganz kleinen, total unbekannten" Nebenerwerbswinzers aus Umbrien entpuppt.

Äußerste Verblüffung, gar Befremden sind hingegen das Resultat, wenn der „Edel-Pinot, wahrscheinlich Süd-Elsass", ein Auxerrois aus dem 15 km entfernten Angelbachtal oder der „mordsteure Burgenländer" ein Lemberger zu 5,90 aus Sulzfeld ist. Der Standardreaktion „Wachsen da überhaupt Trauben?" folgt zumeist die Nachfrage, ob das Anbaugebiet denn einen Namen trage.

Trägt es, gewiss. Der Kraichgau kann auf eine gehaltvolle Weinbautradition zurückblicken, bestens bestückt mit Reminiszenzen aus Römerzeit und Frühchristentum, so dass man sich ernshaft fragen muss, warum es hier (im Managerdeutsch) keine produktorientierte corporate identity gibt wie an der Mosel oder in der Pfalz. Die Gründe freilich sind vielfältiger, nicht zuletzt historischer Natur.

Was seit alters her unter „Kraichgau" verstanden wird, dieses hügelige Becken zwischen Schwarz- und Odenwald, zerfällt weinbautechnisch in Partien zwischen Badischer Bergstraße und Schwäbischer (inzwischen: Württembergischer) Weinstraße, Kernstück: die Weinstraße Kraichgau-Stromberg – mit 355 km übrigens die längste ihrer Art. Was durch die immensen Verzwirbelungen der Wegführung zu erklären ist. Nicht

Welliges Gelände zwischen Schwarz- und Odenwald, fruchtbar, allzu fruchtbar für den Weinanbau in der Ebene. „Wo ein Pflug kann gehen, soll kein Rebstock stehen", hieß es seit alters. Darum muss man die Kraichgauer Reben suchen gehen – an geschützten Steilhängen, auf Hochplateaus und hinter Hohlwegen.

Dr. Johann Faust wurde anno 1480 in Knittlingen geboren. 60 Jahre später wurde der Schwarzkünstler und reisende Gelehrte im südbadischen Staufen vom Teufel geholt. Viktor von Scheffel war der Ansicht, dem alten Alchemisten wäre es besser bekommen, wenn er das Gold im Weine und nicht in okkulten Experimenten gesucht hätte ...

zuletzt das chaotische Gebilde Baden, Napoleons diabolischer Natur geschuldet (von grch. diabolos = der Durcheinanderwerfer), erschwert die Entwicklung regionaler Gemeinschaftsgefühle. Was wäre denn auch das tertium comparationis zwischen einem Schwarzriesling aus Knittlingen und einem Gutedel aus Staufen – 200 km südlich gewachsen, aber immer noch „badisch"? (In diesem Fall müsste man schon auf magische Praktiken zurückgreifen und Dr. Faustus erscheinen lassen, der im einen Städtchen geboren und im andern vom Teufel geholt wurde. Friede seiner Seele!) Übrigens gibt es Winzer, durch deren Weinberge die altbeliebte Grenze zwischen Baden und Württemberg verläuft. Aber halt: Nit glei d'Leut verwirre!

Angenommen, wir haben einen der oben erwähnten Heidelberger Schlemmer vinologisch überzeugt, seine Neugier geweckt und ihn zur Entdeckungstour überredet, so empfiehlt es sich, ihn auf der „high road" ins belobigte Land zu geleiten. Eine Serpentinenstraße führt aus der Heidelberger Weststadt über das Massiv des Kleinen Odenwalds; unterhalb der Kuppe des Königstuhls überwinden wir den Pass ... und haben auf einmal ein Panorama vor Augen, das bei guter Fernsicht zum sonst so bescheidenen Auftritt des Kraichgaus nicht so recht passen will. Es hat etwas geradezu Pompöses, wie vor den Horizonten des Schwarzwalds, der Neckarberge und des Pfälzer Waldes (mitsamt nördlichen Vogesen) diese vollsaftige Fruchtaue vielgliedrig, kleinteilig gemustert, in breiten Hügelwellen, üppig und selbstsicher daliegt.

Kurz hinter Gauangelloch gleicht die Landschaft eher der Idyllenfolge eines Heimatfilms der 50er-Jahre als einem modernen Siedlungsgebiet in nächster Nähe zum Ballungsraum Rhein-Neckar. Schmale Landsträßchen mit altmodischen Steinpollern schlängeln sich durch Tälchen voller Nuss- und Apfelbäume. Monströse Pappeln künden vom Wasserreichtum der Gegend.

„Tja, das hätt' ich wirklich nicht gedacht. Wirklich hübsch hier," lässt sich nach einiger Zeit unser Begleiter vernehmen. „Aber wo bleibt der Wein?"

Ohne es zu ahnen, hat er hiermit ein Hauptcharakteristikum des Kraichgauer Weinbaus bereits erfasst.

Hochplateau
zwischen Kleinem Odenwald und Angelbachtal.

Eichtersheim.
Allee zum Wasserschloss.

Weinlese bei Weiler, einem Ortsteil von Sinsheim, unterhalb der Burg „Steinsberg" gelegen. Der „Kompass auf dem Kraichgau" beherbergte vorübergehend den lobesamen Minnesänger Spervogel.

Kraich. Lehm – mal mehr, mal weniger dick dem Verwitterungsgestein aufliegend.

Ritterburgen, Geburtshäuser prominenter Geistesmenschen, Freizeitvergnügungen aller Art – das gibt's hier an jeder Ecke. Aber fundamental verschieden von der üblichen Abfolge Fluss – Rebland – Waldberge, liegen in diesen Landen die Weinberge eher versteckt. Was auf den ersten Blick Qualitätszweifel auslösen kann, offenbart sich bei näherem Zusehen als Faszinosum: Was kann sich ein Terroir-Fetischist Schöneres wünschen als in nächster Nachbarschaft auf wechselnden Böden gewachsene Reben, mit dem Sachverstand jahrhundertelanger Erfahrung in mikroklimatisch begünstigte Nischen und Winkel gepflanzt?

Nein, diese Trauben spiegeln sich nicht in schicksalsträchtig dahinwallenden abendländischen Strömen; bestenfalls plätschert ein Bächlein irgendwo in der Gegend herum, mit einem lustigen Namen versehen – Pfinz, Enz, Elsenz, Kraichbach ... Nach letzterem Fließgewässerchen wurde die Region tatsächlich benannt. Es muss ein Akt von lapidarer Humorigkeit gewesen sein. Kraich ... ein altes Wort für Lehm übrigens. Lehmland – Burgunderland? Seien wir nicht voreilig.

Auch angesichts der Michelfelder Lagen im Angelbachtal werden kaum Schreie des Entzückens zu vernehmen sein. Recht bescheiden wölbt sich dieser „Himmelberg", der das Versprechen seines Namens erst einzulösen vermag, wenn man in einer der prachtvollsten Verkostungsstuben Deutschlands Platz genommen und ein Schlückchen Auxerrois geschlürft hat.

Der familieneigenen – teils militärischen – Tradition entsprechend, übernimmt der Reichsgraf und Marquis zu Hoensbroech für den Kraichgau die Rolle der Avantgarde. Seine hellen Burgunder und die finessenreichen Traminer schließen mühelos auf zur internationalen Spitze.

Derart prompt und restlos eingenommen, wird die Zunge des Genießers nun nach weiteren Entdeckungen lechzen. Was hierorts wächst, sind keine Monsterweine, die sich in den Leib zwängen wie zwei Liter Pichelsteiner Eintopf; es sind zumeist ausgezeichnete Essensbegleiter, temperamentvoll und zärtlich, heiter und hintergründig – wie man sich gute Tischgesellschaft eben wünscht.

Es sei vorweg genommen: Wein-Erkundungen im Kraichgau, einmal begonnen, erschließen immer neue, unerwartete, schier unerschöpfliche Erfahrungsräume. Freilich werden die sanft beglückenden oder umwerfend grandiosen Trünke für den werdenden Kenner eines bald nicht mehr sein: Überraschungen. Wie schnell lernt man doch, Exquisites zu erwarten, wo man vor kurzem die schiere Existenz von Reben noch zu bezweifeln wagte ...

Degustationsraum des Reichsgrafen und Marquis zu Hoensbroech – der Autor in Betrachtung des neuen Weißburgunder-Jahrgangs.

Wanderung nach Malsch. Der wohl wichtigste Weinort Nordbadens offenbart ungeahnte landschaftliche Reize.

Lockvögel und kulinarische Besonderheiten

Für Kraichgauer Wein-und-Kultur-Reisende die Routen abzustecken, fällt nicht schwer. Während sich im Süden und Norden die natürlichen Grenzen durch zwei Mittelgebirge von selbst ergeben, erscheint es im Westen sinnvoll (und wird weingebietstechnisch auch so gehandhabt), die Badische Bergstraße weitgehend miteinzubeziehen – zumal sich die Lagen kaum wie weiter nördlich an zum Rheintal hin steil abfallenden Hängen befinden, sondern tief in den Seitentälern des Kraichgaus. Im Osten gibt ein agrarstrukturelles Element den Ausschlag. Hinter Schwaigern beginnen die ausgedehnten Anbauflächen Brackenheims, Bönnigheims, Nordheims, wo Geschmacksvorlieben und Ästhetik anderen Gesetzen gehorchen. Stromberg und Kraichgau sind allerdings kaum auseinanderzuklamüsern.

Zweifellos haben nicht nur die regionalen Vorreiter und Newcomer Besuch und Beachtung verdient. Zunächst jedoch lotst der Parcour der arrivierten Namen zu den Stätten der Erquickung. Im Angelbachtal macht der Marquis zu Hoensbroech ebenso wie im wenige Kilometer entfernten Katzbachtal das Weingut Heitlinger schon eine Weile von sich reden – in Malsch dürfte ein mehrtägiger Studienaufenthalt notwendig werden, um

Frontalansicht:
Die Weine der Kraichgauer Güter, bereit zur Verkostung.

Picknick im Weinberg:
Mühlenbrot aus Zuzenhausen, gut Abgehangenes aus der Dielheimer Schinkenscheuer: der Kraichgau lässt keinen verkommen!

Besenküche:
So muss es aussehen, das Ripple, voluminös und fast platzend vor Saft. Im Hintergrund lauert ein Salzfleisch.

Maître de plaisir:
Guy Graessel, der espritreiche Meisterkoch im Hotel „Grüner Hof" zu Diedelsheim.

den Erzeugnissen der Beckers und Hummels, Kempfs und Bös' gebührende Reverenz zu erweisen. So lehrreich wie lecker ist ein Besuch bei Klumpp in Bruchsal – nicht zu vergessen das Staatsweingut in Karlsruhe-Durlach.

Bischoff in Keltern, Plag in Kürnbach, Häußermann in Diefenbach stehen bei Eingeweihten längst im Ruf, beseligende Getränke abzufüllen. Von dem legendären Maulbronner Eilfingerberg geht ebenso die Rede wie vom Schlossgut der Neippergs zu Schwaigern. Die Gündelbacher Sonnenhof und Steinbachhof sowie das Elsenzer Weingut Hockenberger haben nicht nur im Großraum Stuttgart viele Freunde gewonnen. Und dann Sulzfeld: Hagenbucher, die Ravensburg, der ökologisch wirtschaftende Reblandhof liefern konstant beste Qualitäten, so dass man kaum umhin kann, hier – neben Malsch – die zweite Kapitale des Kraichgauer Weinbaus auszumachen.

Etwas mehr Geduld wird vonnöten sein, auch kulinarisch auf entsprechendem Niveau fündig zu werden. Manches ist noch da, anderes wurde jüngst gegründet. Als Naherholungsregion täte es dem Kraichgau nur zu gut, wenn sich mehr Winzer und Gastronomen zusammen täten (wie etwa gelegentlich Hagenbucher und **Graessel**), um attraktive Atzungsstätten zu schaffen. Aber auch jetzt schon macht es Freude, heimische Kost in urwüchsiger bis erlesener Atmosphäre zu genießen. Wer wissen will, wie eine absolut frische Schlachtplatte schmeckt, an der es rein gar nichts mehr zu verbessern gibt, besuche den **Adler** in Waldangelloch am Mittwoch. Von prunkvoll-morbidem Reiz ist das **Loewenthor** zu Gondelsheim, das neben phantastischem Belgischem Champagnerbier auch Hoensbroech-Weine kredenzt. In Gochsheim haben wir mit der **Krone** ein Landgasthaus wie aus einem Mörike-Märchen. Mit historischen Bezügen und Schwabenküche auf schönstem Niveau verblüfft die alte **Kanne-Post** in Knittlingen. In Diefenbach der **Ochsen**, in Schützingen die **Krone** werden manchen Gemütsmenschen trösten, der solcherlei Wirtshaus-Wahrhaftigkeiten schon verloren glaubte. Wer keine Lust hat, andauernd nach Rothenburg ob der Tauber zu fahren, ist in dem Fachwerkort Eppingen bestens aufgehoben, wo sich im Stammhaus des Palmbräu **Zur Palme** manch Ausflugstag wunderbar beschließen lässt – übrigens nicht nur mit Bier, sondern auch mit einem Löchle-Riesling der Ravensburg.

Ja und die Besen? Gemach. Von diesen Kerneinrichtungen der Kraichgauer Lebensfreude soll im Zusammenhang mit den entsprechenden Winzern durchaus die Rede sein. Und einen ganz speziellen Trost haben wir auch parat: So manchen mag es übel ankommen, wenn er aus der Besengemütlichkeit wieder aufbrechen muss, um sein tristes Heim in Viernheim, Ludwigshafen oder wo auch immer anzusteuern. Hier hilft die tendenziell philosophische Erwägung, dass jede Küche auch ein stationäres Reisemobil ist. Wir liefern die Rezepte, die einem den Besenabend zurück ins Gemüt zaubern – um dass der an den Rand geratenen, gleichwohl traditionellen heimatlichen Kochkunst ähnliche Achtung und Liebe zuteil werde wie dies in südländischen Fällen schon lange geschieht.

Der Adler
in „Woaldäinscheles".

Champagnerbier-Flaschenlager.
Die Ruhe vor dem „Fomp" im Gondelsheimer Loewenthor mit seinem herrlichen „Festsaal der Speyerer Fürstbischöfe".

Besenzeit –
Norwin Gille, Lokalmatador im südöstlichen Roßwag, eigentlich nicht mehr Kraichgau, aber aufgenommen aufgrund besonderer Verdienste.

Atmosphärische Annäherungen mit Gebrauchswert

Und jedem Anfang wohnt ein Zauber inne ...
Gänseblümchen nebst Totholzhaufen an Autor.

Ziel dieses Wegweisers zu Kraichgauer Wein, Landschaft und Sitte ist eine atmosphärisch dichte Annäherung in Bild und Text. Gewisslich ist der Informationswert hoch genug bemessen, dass die genannten Adressen einleuchtend und die Touren entsprechend zu planen sind. Dem gelungenen Ausflug mit Familie, Freunden (oder zur Erholung auch mal allein) steht also nichts im Wege.

Allerdings erschien uns die abstrakte Mitteilung vinologischer Daten nicht als angemessene Weise, dem Phänomen des Kraichgauer Weines näher zu kommen. Selten interessiert sich der Nicht-Geologe dafür, wenn im Geozän eine Pyritverschiebung zur Auffaltung poröser Sedimentgesteinsschichten dreihundert Meter unter dem heutigen Weinberg geführt hat. (Eher schon interessant, dass die Bodenstruktur teilweise der des Pariser Beckens (Champagne!) oder der Bourgogne gleicht ...) Ebenso wenig besteht allgemein dringender Informationsbedarf, ob das betreffende Weingut den Vollernter 1976 angeschafft und 1979 wieder abgeschafft hat.

Vielmehr werden Portraits von Winzern, Wein, Landschaft und kultureller Überlieferung geschaffen, die etwas vom Wie und Warum des Kompaktunternehmens Weinbau verraten – eingebettet in die Vielgestalt von Handel und Wandel einer überraschungsreichen Region. Typisches findet Erwähnung; auch der eine oder andere subjektiv auffällige Wein wird kurz vorgestellt. Ansonsten interessieren mehr die Geschichten, die Dorf und Winzerhof zu erzählen haben ... so dass am Ende ein Kraichgauer Wein-Reise-und-Lese-Buch auf den Tisch kommt, das auch zu Hause zur Erbauung und in Begleitung eines Glases Kraichgauer geschmökert werden will.

Da die Mehrzahl der im Verlauf der Recherchen verkosteten Tropfen beste Kombinierbarkeit mit – im Schwerpunkt – einheimischen Speisen verriet, dürfen – wie oben angedeutet – entsprechende Rezepte zu jeder Route nicht fehlen. Es empfiehlt sich durchaus, die Schmausereien zunächst an Ort und Stelle auf ihre Geeignetheit zum Nachkochen zu überprüfen; wer die Bärlauchklößchen im Gasthof „Kanne-Post" einmal probiert hat, wird auch zu Hause schwerlich darauf verzichten wollen.

Immer wieder werden von verunsicherten Nachköchinnen und -köchen möglichst exakte Rezeptangaben verlangt. In unserem Falle wäre dies versuchter Betrug. Nahezu sämtliche aufgenommenen Speisen verlören durch Übergenauigkeit in der Produktion just die Eigentümlichkeit ihres Entstehungszusammenhangs: Improvisation. So sind die Rezepte als interaktive, non-direktive Begleithilfen zu verstehen. Ein jedes darf und soll sich in unendlich köstlichen Versuchsreihen eigene Wege suchen; Mengenangaben können also durchaus variieren. Es ist auch niemandem vorzuschreiben, ob er oder sie zum Winzerschmaus eine Essiggurke essen oder Fernsehen kucken soll. Wer dergleichen Anleitereien liebt, findet im Kochbuchhandel seines Vertrauens ein paar Kubikkilometer zu diesem Thema. Also noch einmal: Wir haben uns da und dort Anregungen geholt, die Leckereien aber angepasst an den eigenen Gusto nachgekocht. Es wäre uns eine Magenangelegenheit, wenn Sie mit unseren kulinarischen Verschriftlichungen ebenso frei verführen!

Die einzelnen Touren sind tatsächlich wanderbar; allerdings wird man auf diese Weise zwar der im Einzelnen berückend schönen Landschaft gewahr, kann jedoch nur ein Geringes der örtlichen Tropfen probieren. Es sei denn, man schätzt die schmerzstillende Wirkung des Besoffenseins bei extremen Steigungen. Oder aber, man kehrt häufig wieder – am besten in Begleitung ahnungsloser Freunde, die sich überreden ließen, sich hinters Steuer zu setzen. Bzw. mit S- und Straßenbahnen, „Züglen und Busslen," die kontaktfreudiges Erlebnisreisen ermöglichen, wie wir uns das eher in Kamtschatka oder Patagonien vorgestellt hätten.

Einladung ins „Weiße Lamm", Untergrombach.
Wer wollte da nicht Folge leisten ...

Blütenblätter auf Roter Erde.
Den entsprechenden Haiku bitte selbst verfassen!

Zwischen Himmelberg und Schweineschnüffel

Tiefenbach – Michelfeld – Waldangelloch – Eschelbach

ROUTE 1

Über das Bodensee-Becken hat Andersen Nexö das Bonmot geprägt, keine Kunst komme dort so recht zur Entfaltung – es sei denn die der Sinnlichkeit. Bereist man in Begleitung Erhard Heitlingers die Kraichgau-Höhen um das Angelbachtal, drängt sich ebenfalls eine geo-erotische Betrachtungsweise auf. Da gibt es Klöster, die der Liederlichkeit der Mönche wegen aufgegeben wurden; dort muss ein mit frischem Mut gegründeter Swinger-Club geschlossen werden, nachdem die erregte Anwohnerschaft unter Aufbietung aller Manneskräfte zur nächtlichen Stunde eine Kapelle gegenüber dem Haupteingang errichtet hat ... (Bester Stoff übrigens für ein Volksstück! Wo bleiben die Heimatdichter in dieser Zeit?)

Natürlich liegt es nahe, sich über das Verhältnis von Bodenfruchtbarkeit und allgemeiner Sittlichkeit Gedanken zu machen. Kraich-Gau, Lehm-Land ... Bei solcher Üppigkeit des Wachstums kommt man auf andere Gedanken als Wallfahrtsprozessionen auf den Knien über Granit-Schotter anzuordnen. Reinigung, Erhebung verheißt hier die außerordentliche Herrlichkeit der Hügellandschaft! Wenn Erhard Heitlinger mit kundigem Finger von verschwiegenem Hochplateau hinüber zu den Steillagen zwischen Tiefenbach, Eichelberg, Elsenz weist, wundert man sich doch heftig, warum beim Vorbeifahren keine einzige Rebe gesichtet wurde. Des Kraichgaus wahre Schätze erschließen sich eben erst, wenn man den Boden unter die eigenen Füße nimmt, Abgeschiedenheit und stille Pfade nicht scheut; also doch ein wenig Prozession – in der Gewissheit allerdings, dass die mannigfachen Tröstungen der Täler stets in Jodelweite liegen.

Tiefenbacher Spiegelberg ... welche Erinnerungen! Nicht wenige, die einst zu Heidelberg Student gewest und dem Charme des Café Burckhard verfielen, dürften dortselbst ihren ersten Schluck Kraichgauwein ge-

Schnüffel, ganz groß.
Die Schweine des Rauenberger Weinguts Ihle punkten nicht nur durch Geschmack, sondern auch durch ihre enorme Schlappohrigkeit (im Bild nicht zu sehen).

nossen haben. Für einen Müller-Thurgau direkt feurig, fand man damals. Und wie lange sollte es dauern, bis eine Ahnung entstand, wo dieses Tiefenbach überhaupt liegt ...

Tiefenbacher Spiegelberg ... Wie so häufig muss man die Folgen der 71er-Gebietsreform heftig betrauern: So viele fein abgestufte Lagencharaktere mit einst viel sagenden Namen – nunmehr diese glatt bügelnde Einheitsbezeichnung. Erhard Heitlinger und seinem Nachfolger Martin Steinhardt gelingt es dennoch, die Unterschiedlichkeit der Bodenstrukturen in den Weinen fühlbar zu machen. Einladend, leger die Atmosphäre in der **Villa Heitlinger**: Wer soll sich hier eigentlich nicht wohlfühlen? Künstler und Fresssüchtige, Kinder und Manager, semihedonistische Esoterikerinnen und fromme Weinpilger – es ist ein Hort der lebendigen Begegnung entstanden, dem man ein noch viel längeres Bestehen wünscht als es die säkularisierten Klöster im Rund erreicht haben.

Heckerhaus.
An der Stirnseite des „Amtshauses der Venningen" in Eichtersheim erinnert eine Gedenktafel an die Geburtsstätte des badischen Revolutionärs Friedrich Hecker.

Gespeicherte Energie:
Jürgen Goertz, der zurzeit erfolgreichste Bildhauer Deutschlands, hat im Heckerhaus im Kraichgau sein Arkadien gefunden.

Eichtersheimer Wasserschloss, im 16. Jahrhundert erbaut durch die Herren von Venningen, aufwändig restauriert vor 20 Jahren.

Zum Reichsgrafen und Marquis zu Hoensbroech nehmen wir unseren Weg über Eichtersheim. Was hätte aus Friedrich Hecker denn anderes werden können als ein Revolutionär, aufgewachsen vis-à-vis einem hypertrophierten Wasserschloss? So manch Zartfühlendem sind noch heute seine zeitlos aktuellen Verse im Ohr. „Schmiert die Guillotine / mit Tyrannenfett, / reißt die Konkubine / aus des Fürsten Bett!" Auch Friedrich Ratzel stammt von hier; die Heimatromane des Kraichgauer Multitalents harren, wie man so sagt, der Wiederentdeckung. Was in der Nähe außerdem harrt – und zwar eines Besuchs – ist eine der Kraichgauer Hauptanlaufstellen für gehobene Verköstigung: **Zum Rössel**.

Vorbei an Schlössern und Schlossrestaurants (Heckerstuben, Hotel und Restaurant **Schloss Michelfeld**), Golfplätzchen, altem und neuem Prunk, mäßig renovierten Alt- und überrenovierten Neubauten, schiebt man sich seitwärts heran an das zu Füßen des Himmelbergs gelegene Anwesen des Reichsgrafen. („Zu Füßen" ist vielleicht ein bisschen übertrieben. Es sei denn, beim Himmelberg handelt es sich um einen Kopffüßler.)

Es ist ganz und gar einzigartig, was einen dort erwartet. Darum sei an dieser Stelle noch nicht allzu viel verraten. Nur dieses: Wenn es irgendwo gelungen ist, die Familie der weißen Burgunder in den Adelsstand zu erheben, um dass sie so fein und edel sich zu benehmen wüssten wie die besten Rieslinge, so ist es hier geschehen.

Nach einem Spaziergang mit dem Vegetarier Rilke kam den guten Franz Werfel eine rechte Lust auf etwas Derbes an. Uns geht es jetzt nicht anders. Auf verwunschenen Wegen stolpern wir hinüber nach Waldangelloch, wo mit dem **Adler** ein Dorfgasthaus fortbe-

Zum Rössel. Eichtersheimer Kochkunst auf hohem Niveau.

Schlosshotel Michelfeld. Lachers Restaurant zählt zu den Gourmet-Magneten der Region.

DER SPAZIERGANG Man muss es gar nicht übertreiben. Einer wie Erhard Heitlinger bringt es ja fertig, mit Weinfreunden tagelange Kraichgau-Wanderungen durchzuziehen. Aber die strampeln auch mit dem Fahrrad nach Indien – zwecks Studiums des dortigen Weinbaus (kein Witz!). Wir begnügen uns mit dem Aufstieg südlich von Tiefenbach, folgen brav dem roten Quadrat bis zur Höhe über dem Hainbachtal, rufen Ah!, Oh! und Die Luft! und spazieren bachab bis zur Landstraße nach Östringen, überqueren diese und schlängeln uns durch den Wald bis zum **Stift Odenheim** (das mit den liederlichen Mönchen). – Wer immer noch nicht genug hat, kann über Eichelberg zurück promenieren (die **St. Michaelskapelle**). Oder man wählt überhaupt Möglichkeit 2: Vom **Hecker-Haus** in Eichtersheim durch den **Wasserschlosspark**, zum **Michelfelder Schloss**, am Reichsgrafen entlang über den Himmelberg zum Roßberg – und mit dem roten Quadrat vor Augen geht's hinunter nach Waldangelloch. (Die amerikanisierte Aussprache der Hiesigen „Woald-Äinscheles" wollen wir nicht verschweigen.)

steht, das diese Bezeichnung verdient. Beste Landküche, mit Nachdruck gefüllte Teller ... da lässt man sich's auch gern gefallen, von den Ureinwohnern des Wirtshauses als „die Herren Kirchenchorsänger" bespöttelt zu werden. (Haben wir wirklich gesungen?)

Der Tag ist rund, der Bauch ebenso. Man würde nun gern mit einem Angelbachtaler Heimatlied im Ohr einschlafen, wenn es denn eines gäbe. Einerseits ist „Angelbachtal" rhythmisch ziemlich schwierig. Andererseits gibt es ja keine Heimatdichter mehr.

Freilich, hinterm Walde, auf der anderen Seite des Himmelbergs, liegt noch ein weiteres Weingut, das schon vor etlichen Jahren u. a. mit Gewürztraminern hat aufmerken lassen. Es ist wirklich spannend: Was treibt einen jungen Önologen, Spross einer alteingesessenen Eßlinger Winzerfamilie, dazu, ausgerechnet im Westen Sinsheims sein Glück zu wagen? Von den weinbautechnischen Bedingungen einmal abgesehen, wird die gelöste Atmosphäre, welche über der Landschaft liegt, gewiss eine Rolle gespielt haben. Und wie das so ist: Wer viel empfängt, kann auch viel geben. So sind die Rapp'schen Weinberge alles andere als Effizienz orientierte Monokulturen, sondern smaragdne Colliers auf sanftem Hügelland-Dekolleté, mit dem Rubinrot zahlloser Monatserdbeeren absichtsvoll bestückt – eine sinnfällige öko-ästhetische Verbindung mit Seltenheitswert.

Weingut Heitlinger
Tiefenbach

Die ersten Weine waren für die Metzgerburschen.

Philosophen des Altertums haben gern und viel über den actus purus – die Selbsterschaffung der Gottheit aus dem Nichts – spekuliert. Freilich lag die Frage nahe, ob denn da vor dem Nichts wirklich nichts gewesen sei ...? Schon möglich, da war wohl was; doch geriet es angesichts des excessus bonitatis, des Überflusses an Gutem in der neu gewordenen Welt, völlig in Vergessenheit ...

Ein Besuch beim Weingut Heitlinger lässt die Hypothese reifen, ob das lange gesuchte Verbindungsstück zwischen Natur- und Geisteswissenschaften nicht der Weinbau sei; selten fand man die Prozesse der Weinbereitung so transparent gegliedert, so tief durchdrungen wie hier, seltener noch solch geistige Regsamkeit, wie sie Erhard Heitlinger vorlebt, auslebt, in den Betrieb eingespeist hat. In der Diskussion über „terroir" wird die Persönlichkeit des Winzers allzu oft vernachlässigt. Unsere Zeit klagt gar zu gern, es fehle an Charaktertypen, an Originalgenies – voilà, hier hatten wir einen, der die widerstrebendsten Energien in sich zu vereinen und dem beredt Ausdruck zu geben wusste!

In den letzten Jahren ist viel passiert im „internationalsten Weingut des Kraichgaus." In Keller, Weinberg und Geschäft hat inzwischen Martin Steinhardt das

Am Mühlberg 3
Östringen-Tiefenbach
07259 91120
www.heitlinger-wein.de

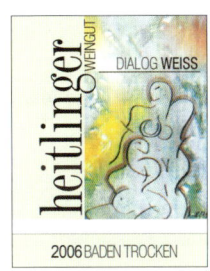

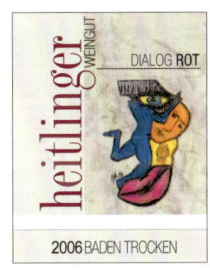

Villa Heitlinger –
Eine enorm kinderfreundliche Adresse mit hauseigenem Spieleck und Bachlauf. Nebenan wiehert ein Ponyhof.

Von Bordeaux nach Tiefenbach.
Martin Steinhardt spricht das letzte Wort zum Wein.

Erhard Heitlinger: Gründergestalt der Qualitätsweinentwicklung im Kraichgau.

Sagen. Seine Weihen als Weinmacher erhielt er im Bordeaux. Wir sind gespannt, welche Form der Stempel haben wird, den er künftig den Produkten aufdrücken wird. Zumindest plant Steinhardt, die Errungenschaften in punkto Qualität auf jeden Fall beizubehalten. Leicht dürfte das nicht gerade werden; denn sein Vorgänger gehört zu den unbestritten charismatischsten Figuren der Deutschen Weinszene.

Dass Erhard Heitlinger des Nachmittags mit dem Fahrrad auch mal 120 km durch den Kraichgau gaunert, heißt nicht, dass er zur kontemplativen Verinnerlichung des locus amoenus nicht genug Muße aufbrächte. Wahrscheinlich apperzipiert er über die Gummireifen die geheimen Botschaften des Lössbodens. Die Familienwurzeln sind tief und saugkräftig. Vom ersten Gesellen-Gehalt kaufte der Vater den ersten Weinberg.

Der Tropfen war zwar zur Erhaltung der guten Laune der Metzgerburschen bestimmt, schmeckte aber auch anderen, so dass 1960 die ersten beiden Goldmedaillen für die ersten beiden eingereichten Weine fällig wurden. Vier Jahre später begann Erhard Heitlinger sich einen Namen als Winzer zu machen.

Es kann nicht Wunder nehmen, dass Heitlinger über 10 Jahre lang Sprecher des Arbeitskreises der Kraichgauer Winzer war. Wie ein geologischer Querschnitt liegt die Entwicklung des Weingutes vor uns: Die aktuelle Oberfläche ist Resultat weit zurück reichender Prozesse, die gegenwärtige Produktserie Ergebnis verschiedener Läuterungen. So zeigen denn auch sämtliche Weine – es sind bei weitem weniger als noch vor kurzem – von der Serie „Villa Heitlinger" über die „Etage du Chef", „Etage Tradition" und die „Master Etage" bis zu der nur im günstigsten Fall vinifizierten „Grand Etage" jene Souveränität, die einnimmt, ohne einzuschüchtern.

Wie viele gute Flaschengeister, erfüllen die „Villa Heitlinger" Blancs et Rouges großmütig, was wir von ihnen erhoffen: Der Weiße plaudert animiert vom Boden, vom Klima, streut dabei manche Anekdote ein, geistreich, unterhaltsam. Der Rote – oder sollen wir sagen: die Rote? – schämt sich nicht für diese leicht aufreizende, intensive Duftigkeit, zeigt aber Charakter, wo andere Günstige billig werden.

Interessant der Vergleich mit der Etage Tradition: Die „Dialog"-Weine (ebenfalls in Rot und Weiß) bezeugen Steigerung in Eleganz, Dichtigkeit und Vielschichtigkeit, nicht in der Breite. Abermals ein Stockwerk höher, zeigen Heitlinger Blanc (aus Weiß- und Grauburgunder) und Rouge (Spätburgunder, Lemberger, Cabernet) internationalen Stil, bleiben dabei persönlich, eigenwillig und betörend. Über die Grauburgunder Spätlese Master Etage '03 könnten wir nur stammeln ... Heitlinger selbst denkt an Rossini, wir an Montserrat Caballé. – Über die Grand Etage Trocken hingegen – man ahnt richtig: 1 x Blanc, 1 x Rouge – müssen wir uns leider gänzlich ausschweigen. Nur Proleten sagen „netter Abend," wenn sie aus der Matthäus-Passion nach Hause kommen. (Wer die Hustenorgien aus der Frankfurter Alten Oper kennt, wird allerdings nicht behaupten wollen, Proleten mieden Bach.)

Linsensalätle mit gebratenen Blutwurstscheiben

Inspiration: Villa Heitlinger

Für die Blutwurstscheiben brauchen wir zuerst einmal eine Blutwurst. Erhard Heitlinger ist in allen Punkten Recht zu geben: Sie – also die Wurst – sollte nicht matschig sein, sondern fest und geräuchert. Die gusseiserne Pfanne liebt es, sehr erhitzt zu werden, ein wenig Bratöl verläuft sofort, die Wurst, welche wir vermittels eines Messers in 0,7463 cm dicke Scheiben verschnitten haben, kommt hinein – zisch. Von beiden Seiten kurz und knusprig. Das war das.

Für das Linsensalätle nehmen wir rötliche Linsen, die wir nach Einlegung bissfest gekocht haben. Sie werden nach Abtropfung in einer lauwarmen Vinaigrette erwärmt, welche hergestellt wird aus Balsamicoessig, Olivenöl, Salz, Pfeffer, Dijon-Senf, Linsensud und Rotwein. Eine Spur zärtlich angebratenen Knoblauchs oder Zwiebelchens darf und sollte sein. Was sein muss: ein Hauch Chili. Wurstscheibchen um Salätchen herum drapieren, und bitte nicht mit Firlefanz verzieren. Dazu empfiehlt sich Walnussbrot oder ganz was anderes.

Speisesaal und Weinarchiv.
Innenarchitektur in einem sehr luziden Stil

Fasskeller bei Heitlinger.
Top-Technik und freimaurerische Assoziationen ...

Fabulös wie die Gerichte waren auch die Öffnungszeiten in Heitlingers Vinotop. Von 10.00 bis 24.00 Uhr ließen sich sämtliche Weine des Hauses verkosten und erstehen. Die raffiniert ausgewählten und komponierten Speisen werden inzwischen ab dem Nachmittag goutiert, sonntags auch früher – und dies mit Blick auf einen eigens für Kinder zum Spielen angelegten Bachlauf. Es liegen uns noch keine Statistiken vor, wieviel Prozent der männlichen Besucher vornehmlich der einen oder anderen Speisensachverständigen wegen nach Tiefenbach finden; zweifellos erfreut sich aber auch der Koch heftiger Bebliebtheit – und das nicht nur wegen schlüssiger Auslegung überlieferter Linsensalätle-mit-Blutwurst- und Spätburgunder-Kutteln-Rezepte. Südliche Inspirationen und Kraichgauer Produkte durchlaufen eine gemeinsame Metamorphose; wie oft schon haben Synkretismus und Eklektizismus neue Stile geboren! Man braucht nur ein wenig Geduld.

Unter den neueren Produkten stechen der 2004er „Dialog" weiß trocken und die Weißburgunder Spätlese heraus. „Die Mineralität im Weißburgunder wird im Kraichgau sehr zum Tragen gebracht," unterstreicht Martin Steinhardt seine Leidenschaft für die „sphärische Sorte." Das Sortiment wurde etwas gestaffelt, von über 30 Positionen auf immerhin noch 25. Außerdem. „Wir sind ein bisschen geschmeidiger geworden ..." Wer immer noch Zweifel hegt, in der Villa Heitlinger herrsche womöglich zu viel New-Economy-Lifestyle, sollte einmal einen der lebensfreudigen Kleinkunstabende besuchen. Oder aber geflissentlich das Sprichwort bedenken: Kein Phönix ohne Asche!

Weingut Reichsgraf und Marquis zu Hoensbroech
Michelfeld

Kein Fluss muss hier vor Frösten schützen.

„Der Graf," wie Rüdiger Graf von Hoensbroech allüberall im Kraichgau vertraulich-respektvoll genannt wird, versucht erst gar nicht, sich gemein zu machen. Sein Verkostungsraum gehört gewiss zu den nobelsten, die deutsche Weingüter zu bieten haben. Von solider Pracht ist das aus Schlössern stammende Mobiliar, festliche Lüster erschimmern vor prunkvollem Rot. Wir erinnern uns der ursprünglichen Bedeutungen des griechischen „aristos" ... und in der Tat: Zu den besten seines Fachs zählt der Reichsgraf schon lange, herausgehoben durch Vorzüglichkeit sind seine Weine – zumal diejenigen aus den weißen Burgundersorten. Ein weiteres Epitheton drängt sich auf: „Der Unvergleichliche" wäre keine Übertreibung, da der Weinstil des Hauses vollkommen unverwechselbar, solitär anmutet.

1968, als andere mit anderem beschäftigt waren, wurde ein kleines, seit 230 Jahren im Familienbesitz befindliches Weingut an der Mosel verkauft, um mit untrüglichem Gespür 4 ha am Michelfelder Himmelberg zu erwerben. Heute sind es 17 ha, nur 8 % rote Sorten. Der Graf begründet dies mit seiner spanischen Prägung. „Im Weißwein sind wir in Deutschland Welt-

Hermannstraße 12
Angelbachtal-Michelfeld
07265 911034
www.hoensbroech.eu

Toreintritt
aus der Pferdeperspektive.

Einzellage Himmelberg.
An die Wolken reichend vor allem in punkto Qualität.

Adrian Graf von Hoensbroech.
Der Rotstich über dem vinologischen Weltenbummler sollte nicht trügen: Gerade bei den Weißen dürfte das reichsgräfliche Gut kaum einholbar sein.

spitze. Beim Roten müssen sich die Spanier weniger anstrengen ... " Wohl wahr, wenngleich ... so etwas wie die Spätburgunder Spätlese trocken von 2003 lässt sich nur schwer mit irgendeinem anderen Rotwein vergleichen. „Eigentlich ein Stil, der ausgestorben ist," sinniert Adrian Graf von Hoensbroech, der heimgekehrte Nachfolger. „Zu 100% auf den Rappen vergoren" ist die große Schwester, die sich vornehm von der Preisliste zurückhält. Ein „Erstes Gewächs" wie auch der Weißburgunder von 2005, ganz im Stil des Hauses: „Die Perfektion an Eleganz."

Wer noch nicht vom Hoensbroech'schen Wein gekostet hat, erlebt mit dem ersten Schlückchen eine sanfte Verzauberung. „So etwas kenne ich gar nicht!" stieß jüngst ein sonst durchaus weinbewanderter Himmelberg-Novize aus, als er mit dem Weißburgunder 2005 in Lippenberührung kam. Die Sortentypizität nimmt sich geradezu klassisch aus; doch kommt etwas Eigenes hinzu. Aus einer anderen Welt weht Unnennbares herein, eine unerklärliche, feierliche Stille. Man meint, Henry Purcells Arie „Sweeter than roses or cool ev'ning breeze" von ferne zu vernehmen.

Die sonderbar-kostbare Stimmung hält an, wenn der Grauburgunder oder der Auxerrois im Glase blinken. Für letztere Sorte kann der Marquis so etwas wie Qualitätsführerschaft beanspruchen. Ein ganzes Festbankett bestens kombinierbarer Speisen schwebt einem durch den Sinn. Und hier liegt in der Tat ein Hauptansatzpunkt der Bemühungen im Weingut. Denn Weine, die ein gutes Essen ergänzend begleiten wie ein großartiger Pianist eine gute Sängerin, gab es zu Michelfelder Anfangszeiten nur selten in Deutschland. Hier schimmert ein Geheimnis großer Kunst, geheimer Formprinzipien durch: Oft ist es das im Dienste und Auftrag Geschaffene, das ins Vorgegebene sich Einfügende, was schließlich innovativ, auf Dauer bereichernd sich auswirkt.

Wie lange hat man sich gesehnt, auch in Deutschland einmal einen Gewürztraminer im schlanken, elsässischen Stil zu finden. Mit der Traminer 2001 Spätlese trocken ist so eine Trouvaille gemacht. Die Folgejahrgänge stehen nicht dahinter zurück; wieder vermeint

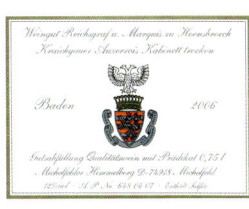

Das Gut unterm Himmelberg.
Blumen, Hunde, Pferde, Wein: das Leben ein Abenteuerurlaub! (Wenn die Arbeit nicht wäre ...)

Gutshof in Oleanderblüte. Berühmt sind die Sommerfeste: kulinarische Kooperationen mit dem Schlosshotel Michelfeld und befreundeten internationalen Weingütern.

man den Anhauch einer Andersartigkeit, einer gewissen Zeitenthobenheit zu verspüren. Wein für einen Feiertag, den man erst noch erfinden müsste.

Ein Aufatmen ging durch den Kraichgau, als im April 2006 Adrian Graf von Hoensbroech den Betrieb übernahm und damit die Nachfolge sicherte. Lange Zeit blieb die Öffentlichkeit im Ungewissen, ob der Wein-Weltreisende den Anker dermaleinst im Kraichgau werfen würde. In Spanien, Ungarn, Argentinien hat der Weinbetriebswirt renommierte Güter geleitet – und in Bolivien, in den mit bis zu 2.600 Metern über dem Meeresspiegel höchsten Weingärten der Welt – „ein Lieblingsprojekt!" Bezogen auf den vielgescholtenen Jahrgang 2006 gibt der junge Graf Teilentwarnung: „Wenn Sie die braunen Trauben aufgemacht haben, war das Fruchtfleisch nicht faul." Die ersten Kellerproben geben ihm Recht. Geringe Mengen, schöne Qualitäten erhielt, wer den Aufwand der Handselektion nicht scheute.

Pomp und Gepränge hat die Familie Derer zu Hoensbroech (sprich: Hunsbruch) mannigfach erlebt. Häufig waren es militärische Verdienste, honoriert etwa von Herzog Philipp von Burgund, die längste Zeit von den Habsburgern. Ein dreifach Vivat! alsdann auf unsere Zeiten, da nicht mehr verzweifelte Bauernsöhne zur Schlacht, sondern gehegte Träublein zur Kelter gekarrt werden.

Vielleicht ist es das, was einen so merkwürdig ankömmt, wenn man die Lagen um den Himmelberg durchschweift: Die Atmosphäre der schönen Möglichkeit, mit dieser Erde seinen Frieden zu machen ...

Zum Adler
Waldangelloch

Seid Ihr als noch net satt?

Wer kennt sie nicht, diese Spezialitätenjäger, die einen bei jeder Gelegenheit vollschwadronieren: „Du, ich kenn da 'ne Kneipe, so 'n ganz winziges Dorfgasthaus, ich sag jetzt nicht wo, aber – leeecker!" Und dann kommt irgendwas Ausgepichtes, ganz Unerhörtes; in jedem Fall muss es „absolut typisch" und „total super günstig" sein. In diesem Zusammenhang ist es fast schade, hier zu verraten: Die beste Schlachtplatte auf Erden wird mittwochs im Adler zu Waldangelloch serviert. Schnösel werden sich wohl eher nicht hinein trauen – hier halten Stammgäste die Reihen geschlossen. Kardinallösung ist die rückhaltlose Anpassung. Der Lohn? Köstlich, fürstlich, reich bemessen ... auch ohne Adelsprädikat.

Von so ungemeiner Zartheit sind diese frischen Wutzigkeiten – Bäckchen, Schnüffel, Bauch –, dass selbst neokreativ-westbuddhistische Vegetarierinnen vergäßen, wen sie da denn essen. Das Kraut sitzt selbstsicher,

Brückenstraße 1
Sinsheim
OT Waldangelloch
07265 250
www.adler-reihen.de

Zum Adler,
eines der wenigen verbliebenen echten Dorfgasthäuser im nördlichen Kraichgau.

Blank gescheuert: Kupferne Südpfannen der Eppinger Palm-Brauerei. Ausgeschenkt quer durch den Kraichgau, besonders frisch im Waldangellocher Adler.

prägnant und charakterstark auf dem Teller. Es wird einen noch lange beschäftigen, es sei denn, man ätzt mit einem Obstler nach. Naturgemäß gesellen sich ein paar Halbe Palmbräu (Stolz des Kraichgaus!) dazu, bevor ein überraschender Auxerrois aus Weiler den Abend krönt. Und zwar mit einer Weinlaubkrone, die beim Erntedanktanz die Jahrgangsschönste trägt.

Niemand aber muss traurig sein, wenn er an einem anderen Wochentag als Mittwoch zum Adler findet. Die Schweizer Käseschnitzel sind von kompromissloser Saftigkeit, der Kalbsnierenbraten lässt die entgangene Schlachtplatte rasch vergessen. Muss überhaupt erwähnt werden, dass die Spätzle hausgemacht sind?

Ein vorzügliches Korrektiv, um hier nicht in pastorale Idyllik abzugleiten, besteht im Gesprächsgeräuschpegel in Männergesangvereinslautstärke. Ländliche Themen werden verhandelt: per Panzerglas zu vereitelnde Einbruchsserien; im Spalter abhanden gekommene Finger; gewesene oder künftige Jubiläen; zu erwartende Todesfälle und Kuckuckskinder ... Wohlverhaltensregel Nr. 2: respektvolles Auftreten der Chefin gegenüber. Sonst kann es mit den Bieren auch mal länger dauern ...

Weingut Rapp-Kieß
Eschelbach

Beim Wein lassen wir die Kunst möglichst weg.

Professor von Cube, Freund des Hauses Rapp-Kieß, hat ein Buch geschrieben, worin er humanen Führungsstilen das Wort redet. Als zentralen Aspekt der Mitarbeitermotivation arbeitet von Cube den „Flow" heraus – jener rauschähnliche, „autopoietisch-hochaktive" Zustand, da die Dinge von alleine zu laufen scheinen, der Prozess in vollem Gange ist und alles mitreißt, was sich erdenschwerer Trägheit verhaftet glaubte. Für den Themenbereich Wein scheint uns die Deutungsperspektive des Flow noch lange nicht ausgeschöpft.

Bei den „Symposien," die Karl Rapp und Margarete Rapp-Kieß gemeinsam mit Felix von Cube veranstalten, besteht reichlich Gelegenheit zur Vertiefung der Flow-Frage. Es ist das Verdienst der Familie Rapp-Kieß, die dynamische Kombination von Wein, Speisen und Philosophie in einer Atmosphäre der Gelassenheit, ja der heiteren Gemütsruhe (Ataraxia = oberstes Ziel der Stoiker wie der pyrrhonischen Skeptiker; wir erinnern uns) wiederbelebt zu haben.

Mit Sicherheit wirkt sich die inspirierende Kraft von Margarete Rapp-Kieß auf Gestalt und Inhalt der Sym-

Franz-Lehar-Straße 17
Sinsheim-Eschelbach
07265 8727
www.weingut-rapp-kiess.de

Inspiration und Stilgefühl:
Das Weingut Rapp-Kieß, ein Gesamtkunstwerk.

Karl Rapp:
packender Zugriff, ganz individuelle Schnitttechnik.

Winterreben bei Eschelbach. Die Bewahrung seiner Weinbautradition verdankt das Örtchen der Familie Rapp-Kieß.

Rapp-Kieß:
Verkaufs- und
Verkostungsraum.

posien wie des gesamten Erscheinungsbilds des Weinguts positiv aus. Die Atmosphäre im Haus kündet von einer hohen schöpferischen Durchdringungsenergie. Allein schon ihre viel gepriesene Kochkunst dürfte dem Gatten und den Gästen so manches Flow-Erlebnis bescheren.

Nach Jahrhunderten Tätigkeit im Eßlinger Terrassen-Weinbau haben die Rapps die vinologische Besiedlung Eschelbachs gewagt – frei nach dem Motto: „Mit dem Wein muscht lebe!"

Bereits 1992 lag das Weingut mit einem Traminer im Kraichgau ganz vorne. Völkerversöhnend sind heute Produkte aus beiden Regionen erhältlich. Die Portugieser-Dunkelfelder-Cuvée verrät etwas vom Potenzial der beiden selten gerühmten Sorten; im Nachhall wird die Stimme des Dunkelfelders vernehmlich, ausschlaggebend für den ungewöhnlichen Charakter dieses Weins. Auch für Nicht-Schwaben mit Trollinger-Vorurteil zeigt sich der klassische Verschnitt dieser großbeerigen Traube mit dem Lemberger bestens geeignet: extraktreich, ja beinahe cremig, eine Ausgabe für Fürsten und ihre Dichter.

Modern-leicht empfiehlt sich der Rivaner als frohgemuter Spargel-Kumpan. Der Spätburgunder Rosé: eine ganz zarte Geschichte. Dorothee Sophie Rapp, eine von vier engagierten Geschwistern, verschafft dem Weingut durch ihr BWL-Studium ein zeitgemäßes ökonomisches Fundament. Es bleibt abzuwarten, inwieweit die junge Generation in den nächsten Jahren für Impulse sorgen wird. Zumal im Bereich „Holz und Rotwein" könnte manche Neuentwicklung anstehen.

Mit einem eigens approbierten Verfahren der Umkehrerziehung hat Karl Rapp im Rebhang für eine qualitätsorientierte, innovative, dabei ökologisch wünschenswerte Struktur gesorgt. Zwischen den Zeilen laben schmackhaft koexistierende Monatserdbeeren Aug und Mund. Den Riesling, Hauptsorte im Weingut, scheint's auch zu freuen. Wer sich intensiver mit der 2003er-Riesling-Auslese beschäftigt hat, wird in concreto nachvollziehen können, was Professor von Cube in abstracto mit Flow gemeint hat: eine höchst erfreuliche, eigenständige Variante, welche den berühmten Vettern von Mosel und Rhein auf Augenhöhe entgegenschwappt.

Die Erben des Apothekers
Wiesloch – Rauenberg – Dielheim

ROUTE 2

Wir schreiben das Jahr 1840. Auf einem Berggrat holpert der Zweispänner einer tautropfenumschwebten Morgensonne entgegen. Unvermittelt öffnet sich der Verschlag. Ein Mann stürzt sich heraus; mit fliegenden Rockschößen rollt er in die Tiefe. Bedachtsam reibt sich der Schwager vorn das Kinn, wie es die Schwager seit Urzeiten zu tun pflegen. Dann wendet er sich an den Postillon, welchselbiger sich justament damit beschäftigt zeigt, den Kautabak aus dem Mundstück des Posthorns zu pfriemeln, welcher ihm zur Dämmerstunde dort hinein geraten. Der Schwager weist nach unten: „Der Mann ist tot, Harry." Doch schon hören sie es aus dem Abgrund rufen, glückselig, triumphal: „I heb oi gfunne!" Da wissen sie's mit Bestimmtheit: Johann Philipp Bronner hat wieder eine Wildrebe entdeckt.

In der Tat nimmt Wiesloch für den Weinbau in etwa die Stellung ein wie Cape Canaveral für die bemannte Raumfahrt. Biedermeier ... Der Stadtapotheker Bronner widmet sich der Rebveredelung. Man hat noch Zeit. Sinnreiche Beschäftigung tut not, um „the great ennui," wie George Steiner die von Spitzweg so herrlich bedrückend wiedergegebene gähnende Langeweile nennt, gar nicht erst aufkommen zu lassen. Nicht genug

Ein Wieslocher Weinforscher der ersten Stunde: Johann Philipp Bronner (1792–1864).

Weinbau im technischen Zeitalter: Das blaue Band zwischen den Weinbergen gehört nicht zum Frühling, sondern zur A 6.

47

DER SPAZIERGANG Im (Mittel-)Großen und Ganzen folgt unser Spaziergang der „kulinarischen Rundtour." Wir beginnen etwa am **Winzermuseum** zu Rauenberg (keine Angst, ausgestopfte Winzer gibt es nicht zu sehen), schlendern am Vogelpark entlang Richtung Rotenberg, hangeln uns unter Keuchen zum Schlösschen empor und verlieren uns in die Weinberge – am besten geradenwegs zum „Paradeis", das in seiner verlockenden Schönheit zu Schäferspielen aller Art animiert. – Für den Fall, dass Sie im Leben alles erreicht haben und sich nichts mehr beweisen müssen, empfiehlt sich das Modell „Frührentner aus Leidenschaft." Beim Weingut Ihle von der Besenbank aufstehen (ja, sicher, fällt schwer ...), bis zur Hofeinfahrt schleichen – Blick bewundern, vernehmlich einatmen, Hach! sagen – und dann so schnell wie möglich wieder hinsetzen und eine Erfrischung ordern.

Winzermuseum
mitten in Rauenberg.

Cäcilie Bertha Benz
(1849 – 1944)

damit, dass Bronner einen Wieslocher Weinberg mit über 300 Versuchsrebsorten bestockt hat – er fährt immer noch über Land, weit, bis nach Frankreich, Ungarn, Italien. Und forscht nach Arten und Unterarten, die sich des Heimatbodens am schönsten anbequemen. Dass seine Apotheke nebenher ganz gut läuft, soll uns für ihn freuen. Doch nicht nur für ihn: Eine Generation später mutiert sie zur ersten Tankstelle der Welt. Bertha Benz, auf der ersten Automobil-Fernfahrt der Geschichte, geht der Sprit aus. Von Mannheim ist sie auf dem Weg nach Pforzheim. Wohlgemerkt: Bertha, nicht Carl! Auto-Machos also ein für alle Mal die Klappe halten. Es ist überliefert, dass Frau Benz drei Liter Ligroin getankt hat. – Was des Weiteren Johann Philipp Bronner anbetrifft: Er hat so viel Rebsorten eingeführt, dass unter den Fachleuten schon wieder Uneinigkeit herrscht, welche denn nun ihr Vorkommen in unseren Breiten ihm zu verdanken haben.

Zwischen Wiesloch und Walldorf liegt mehr als ein Bindestrich. Während Walldorf derart von neuer und älterer Technologie umgeben ist, dass man ihm sein schnuckeliges Altstädtchen kaum zutraut, hat sich Wiesloch zu den Hügeln hin eine ländlich-grüne Seite bewahrt. Wenige hundert Meter vom historischen Zentrum entfernt, sehen wir uns inmitten eines fulminanten Kontrasts: Der Winzerkeller Wiesloch und die Wimmers Landwirtschaft erscheinen als Eckpunkte des Wein-Panoramas schlechthin. Den Winzerkeller beliefern ganze Kohorten von Genossenschaften und Vertragswinzern. Die Qualitätsspanne und der Sortenspiegel sind enorm. In der „Landwirtschaft" (früher: Arche) verfolgt man ein gegensätzliches Konzept: „Von 7 auf 3" lautet die Devise, denn schon bald soll hier nur noch die Nationalfahne des Weines flattern: Rot-Weiß-Rosé – über dem gemischt landwirtschaftlichen Betrieb mit höchst einprägsamen Wurst- und Speckerzeugnissen. Zu nennen wäre außerdem das Weingut Holfelder, alljährlich beim Weinfestival im Hotel Palatin vertreten.

Nach Rauenberg sind es nur ein paar Kilometer. Aber die Landschaft stellt sich schon ganz anders zum Himmel. Dieses kraichgautypische Auf und Ab bietet den Reben Unterschlupf in windstillen Nischen – aber auch majestätische Lagen-Präsentiertische erheben sich vor den staunenden Augen der Gierigen. – Wie eine unvermutete Einladung bemerken wir das Weingut Ihle in einem anmutigen Tal, Zicklein und gescheckte Schweinchen wetteifern in punkto Schlappohrigkeit. Wein und Kartoffelwurst lohnen allein schon die Anreise. Von Ihle zu Schiele: Mitten im Neubaugebiet hat der Neustarter seinen Weinbaubetrieb eingerichtet, eine durchaus ungewöhnliche Mischung aus Zahntechniklabor und Weingut. Unserer Meinung nach gehört Frank Schiele zu den Top-Tipps im Kraichgau!

Nahe der alten Lage „Paradeis" wachsen die Rauenberger Rebhänge in die Gemarkung Dielheim hinein, wo sich das märchenhafteste aller Weingüter befindet: Goldene Gans. Gerlinde und Karl-Friedrich Krämer haben ein hochinteressantes, human-ökologisches Konzept in die Tat umgesetzt. Das ist aber auch nötig, wenn man schon in Lagen namens Teufelskopf Weinbau betreibt. Auf der anderen Seite des Örtchens betreiben Friedhelm und Cornelia Koch ein weiträumiges, helles Weingut, das nicht zuletzt für seinen vielfältigen Geschenkeservice bekannt ist.

Kartoffelwurst mit Sauerkraut

Inspiration:
Besenwirtschaft Ihle

Für Weitwegwohnende ist das schon ein bisschen gemein: Die Kartoffelwurst, die wir meinen, ist nämlich nur zwischen Wiesloch und Neuenbürg erhältlich. Es geht aber auch so: Wir kochen ein paar Pellkartoffeln ab, pellen sie, wie sich's gehört, zerkleinern diese und mischen die Stücklein unter eine große Dose weicher, fein gewürzter Blutwurst (ohne Dose).
Sodann braten wir die ganze Geschichte in einer Gusseisernen oder backen's auf einem Teller im Backofen. In jedem Fall werden wir perfekt zubereitetes Sauerkraut dazu reichen. Und Besenbrot, so viel der Schlund begehrt.

Für Menschen, die zuweilen beim Weingut Ihle vorbeikommen, ist es noch einfacher. Die kaufen sich eine Dose Kartoffelwurst im Hofladen.

Am Paradeis –
in diesem Fall gelegen zwischen Rauenberg und Dielheim.

Winzerkeller
Südliche Bergstraße / Kraichgau
Wiesloch

Vom Schoppen bis zum Eiswein, die ganze Palette!

Bögnerweg 3
Wiesloch
06222 92730
www.winzerkeller-
wiesloch.de

Nostalgie ist ein heikler Produktrahmen. Nicht selten geht's peinlich aus. Der Einsatz gotischer Majuskelschrift zeitigt nicht immer die gewünschten Assoziationen – dafür bisweilen ungewollt andere. Ein Prachtbeispiel gelungener Wiederbelebung aber liefert der Wieslocher Winzerkeller mit seinem „Steinmännel." Das Retro-Design ist geglückt. Kaum einem dürfte auffallen, dass die Marke für Jahrzehnte aus dem Spiel gezogen war. (Es drängt sich der Vergleich mit dem Coup einer Mannheimer Großbrauerei auf: „Eichbaum will de Vadder habbe": Aus dem Wirtshaus-Fenster nimmt der Filius den Krug für zu Hause entgegen – O sel'ge Zeiten, da die Werbe-Fuzzis noch verhinderte Kunstmaler waren und nicht die Kunstmaler verhinderte Programmierer ...)

Steinmänndel ... die an Sütterlin angelehnte Schrägschrift lässt an die Kinderbücher der Großeltern denken. Das Steinmänndel klebt selbstgewiss und emblematisch auf der Flasche, als sei die Frage, welchen Vesperwein wir heute trinken, wie durch einen Zauberspruch im Vorhinein geklärt. Man trinkt den Wein mit einem ganz besonderen Vorempfinden. Lebensfrische und Ehrlichkeit hält man plötzlich für menschliche Eigenschaften. Und wie sich's gehört in guten Fabeln: Am Lohn wird nicht gespart. Das Steinmänndel kommt in Rot und Weiß auf Literbasis. Und ist günstig.

Nostalgie, Glaube an die Überlieferung fest gegründeter Handwerkskunst spielt beim Wein wahrscheinlich eine größere Rolle als bei Wattestäbchen oder Gummikeilriemen. Wenn sich beim Rundgang durch die mittelalten Bestandteile der Wieslocher Kellerei angesichts von vollverkachelten 1,2-Mio.-Litertanks und megalomanischen Fabriktank-Straßen Klaustrophobisches einstellt, Gedanken an AKW-Meiler etc., scheint dies snobistische Vorurteile zu bestätigen. Jürgen Bender, Annette Schmidt und das Winzerkeller-Team müssen über akrobatische Fähigkeiten verfügen; denn der Spagat zwischen den Erfordernissen, permanent gut trink- und bezahlbare Schoppenweine in Riesenmengen zu produzieren und dennoch das Potenzial der Lagen zwischen Lützelsachsen und Sulzfeld auch qualitativ annähernd auszuschöpfen, kann ganz schön anstrengend sein.

Mit einem Kraichgauer Grauburgunder aus dem Spezialjahrgang '03 wurde seinerzeit ein Gewächs in die Badischen Charts gehievt, das wohl jedes Nobel-Weingut unter Vertrag genommen hätte. Tiefe und Anmut – Anode und Kathode des Kraichgauer Energiekreises – sind hier auf's Trefflichste ins Gleichgewicht gebracht.

Herumtreiber im Kraichgau und an der Bergstraße haben mit der Weinliste des Winzerkellers eine Art guided summary ihrer Hauptstationen vorliegen – erinnerungsreiche Spaziergänge durchs Gedächtnis, ohne die geringste Anstrengung! Unweit vom Zeuterner Himmelreich (einem Auxerrois, der 2003 erwartungsgemäß muskelbepackt ausgefallen ist und in den Folgejahrgängen deutlich ins Süßliche spielt) findet sich der Dielheimer Teufelskopf, der – soll man raunen: pikant, pikant? – als Messwein in einer nahe gelegenen Gemeinde zum Einsatz kommt. – Schwarzriesling und Lemberger Spätlese werfen die spontane Frage auf, wann man eigentlich zum letzten Mal einen Fasan geschmort hat.

Geradlinig, funktional, effektiv: die neue Kelterhalle.

Verpflanztes Biedermeier.
Das Boussierhäusel wanderte aus der Innenstadt in den Bürgergarten.

Zu probieren gibt es die Resultate der Bemühungen von über 400 Winzern aus Weinheim, Heidelberg, Wiesloch, Unteröwisheim und und und im 1996 erbauten geräumigen Weinpavillon; an diesem Knotenpunkt ergeben sich die vielfältigsten Verbindungen. Maitreffs, Rebpatenschaften und kulinarische Kellerfeste bestätigen den Eindruck: Hier ward die große Klammer geschaffen, die dem Experimentiergeist und Individualismus der Region den nötigen Halt verleiht. Und wem das knackfrische Kellereigebäude zu unromantisch ist, der kann sich ja mal bei Mondschein zum Wieslocher „Boussierhäusel" aufmachen, hinter dem Winzerkeller auf dem Rebenhügel des Bürgergartens wieder aufgebaut. Hat er kein Liebstes zur Hand, dann doch hoffentlich ein „Steinmänndel." Am besten beide.

Ein Pavillon anderer Art:
Degustationsraum von 1996.

Wimmers Landwirtschaft
Wiesloch

Jeder soll probieren, was er kann!

Es gibt Konzepte, die sind einfach schlagend. In Zeiten, da die Sortenvielfalt nicht ausgesucht, das Angebotsspektrum nicht exotisch genug sein kann, reduziert Martin Wimmer auf's Wesentliche: Weiß. Rot. Rosé. „Was wolle die Leut denn sonst?" Nun verhält es sich ja keineswegs so, dass wir der einen oder andern der zurzeit ausgeschenkten sieben Sorten den Garaus wünschten. Im Gegenteil, sie werden sich alle gut aufgehoben fühlen in delikaten Cuvées. Man könnte auch von einer wohlbegründeten Rückkehr zum gemischten Satz sprechen. Wimmers Liebe gilt also den registerreichen Kompositionen. Die ersten Zeugnisse der neuen Zeit aus 2003 verursachten dieses grinsende Nicken in der Runde, wie es sonst nur vorkommt, wenn man sich den Fallrückzieher in den Winkel noch einmal in Zeitlupe betrachtet.

Kernig, von Natur aus ein Retter aus der Not eines staubigen Arbeits- oder Wandertages, lag der Badische Landwein Weiß in der Faust. Doch dem ersten Eindruck folgte ein zweiter, dritter ... Dieser „Landwein" blieb länger auf dem Gaumen liegen als die Alleinerbin im Liegestuhl. Und die Farbe erst! Abgründig. Leider, nicht jeder Jahrgang bringt solche Fülle.

Neugier und erste Suchterscheinungen lassen sogleich nach dem Roten greifen. Auch „Landwein," selbstverständlich. Die Überzeugungskraft wirkte fast noch stärker. Applaus! Man mag sich nicht vorstellen, welch umfangreiche Testreihen notwendig waren, um eine solche Feinabstimmung zwischen heimischen und neugezüchteten (Cabernet-) Sorten hinzubekommen. Der Literpreis wird an dieser Stelle nicht einmal angedeutet. „Wir müssen ja alle mit weniger Geld auskommen," gibt sich Wimmer philanthropisch. Inzwischen neigt man eher den höherpreisigen Cuvées Terra Noah und Silva zu, magische Lotsen vom Abend in die Nacht ...

Im Grassenberg 2
Wiesloch
06222 50059
www.wimmers-landwirtschaft.de

Parallel-Schraffuren.
Wieslocher Weinberge, wie aus dem Geografie-Unterricht.

**Das „Dörndl"
zu Wiesloch.**
Da und dort finden sich beeindruckende Reste mittelalterlicher Baukunst.

Von allzu geringem Selbstbewusstsein zeugte die vormalige Namensgebung „Arche Wimmer" (in einem der regenärmsten Gebiete Deutschlands) nicht unbedingt. Wimmer selbst macht auch mehr den Eindruck eines Autodidakten, der sich um keinen Preis ins Handwerk pfuschen lässt. Wie war das noch mit Noah? Den gemischt landwirtschaftlichen Betrieb („sozusagen autark") hat Wimmer 1995 in ziemlich großem Stil aufgezogen.

Wer auf dem Herweg eine Naturkostbutze erwartet, dürfte ganz schön überrascht sein. Die Anlage ist weitläufig, mit weiträumigen Spitzzelten eher an das Heerlager der Türken vor Wiesloch (oder wo war das noch?) gemahnend, die Atmosphäre allerdings ist lebensfroh und großzügig.

Auch für den Restaurationsbetrieb gilt Wimmers Hang zur Eindeutigkeit. 11,60 Euro Einheitspreis. Für

alle. Komplett. Da wird was feilgeboten: Vor-, Nach-Haupt- und Zwischenspeisen, Saftiges aus der (selbstverständlich) hauseigenen Metzgerei von hauseigenen Tierlein. Da sind Sachen dabei! So ein quadratischer Speck, so ein Fleischsalätle, sogar echte „G'schlagene" (Petra Wimmer stammt vom Bodensee) – wer da nicht in Comicsprache verfällt und nur noch „Schnalz!" und „Schleck!" stammelt, sollte dringendst ein Seminar zur Wiederbelebung der Sinnenfreude besuchen.

Angesichts begrenzten Magenfassungsvermögens ist die Einrichtung des „Landladens" tröstlich und löblich. Wein und Schwein und was der Zunge sonst noch heilig ist, hier gibt's das zum Nach-Hause-Tragen. – Schlüpfte man in die Rolle eines Offiziers und käme an Wimmers Wirtschaft zum Stubendurchgang vorbei, bliebe einem nichts übrig als umstandslos „Weitermachen!" zu kommandieren.

So schön kann Wiesloch sein.
Man muss nur erst mal in die Altstadt vorzudringen wagen!

Weingut Ihle
Rauenberg

Die Weintrinkkultur in Rauenberg ist schon sehr ausgeprägt ...

Höfe am Sträßel 3
Rauenberg
06222 64692
www.weingut-ihle.de

Dass Winzer die besseren Sozialarbeiter sind, ist schon vor Erfindung der Sozialarbeit gemunkelt worden. Was von den Geschwistern Ihle für den Bereich der Gemeinwesenarbeit im nördlichen Kraichgau geleistet wird, muss andernorts teuer bezahlt werden; wollte man in ein Genogramm die vielfältigen sozialen Verflechtungen des Hofes mit dem Umland eintragen, würde der Festplatz vor der Besenwirtschaft kaum ausreichen. Über 100 Helfer machen die Ernte zu dem, was einmal damit gemeint war. Staub und Asche auf die Firste der Nobelweingüter, die aus dem verklärten Herbst einen abgeklärten Produktionsfaktor X gemacht haben!

Was die Ihles mit ihren Trauben und Schweinchen, hängeohrigen Ziegekäseziegen und betäubend duftenden Streuobstwiesen, vor allem aber mit ihrer Herzlichkeit aufgebaut haben, verdient größten Respekt; daneben nimmt sich ein kahler 100-Euro-Riesling von irgendeinem muffeligen Top-Winzer geradezu steril aus.

Zumal während der Besenzeit, wenn mittwochs geschlachtet wird, verwandelt sich der liebliche Talgrund in einen Wallfahrtsort der Lebensfeier (außer für die gescheckten Schweine wohlgemerkt). Unvergleichlich die warme Kartoffelwurst, die es auch außerhalb der Saison im Hofladen zu kaufen gibt – mit dem Holzofenbrot aus Zuzenhausen einfach ein Traumpaar. Nur im Raum Rauenberg/Malsch/Neuenbürg wird uns diese blutwurstige Besonderheit zuteil. Gegen vegetarisches Feingefühl könnte das beträchtliche Kartoffelquantum ins Feld geführt werden.

Allmählich nervt ja die perennierende Debatte um den Spargelwein der Saison. Beenden wir das unliebsame Gequassel und stellen punktum fest: Es ist immer wieder der Auxerrois Kabinett trocken von Ihle aus Rauenberg. Alle andern bitte hinten anstellen. Hier werden

Begründeter Optimismus.
Die Aufbauarbeit im Weingut trägt beachtliche Früchte.

Volle Konzentration
bei der Fassprobe
mit dem gläsernen
Weinheber.

wir Zeuge jenes eleganten Federballspiels zwischen Frucht und Dezenz, worum sich so viele Berühmte bemühen. Wie man die von Natur aus geringe, jedoch prägnante Säure perfekt einbindet, lässt sich hier en detail studieren.

Es wäre doch schade, wenn in diesem land of plenty nicht auch den Roten eine Chance gegeben würde. Tja, direkt hintem Berge werkelt Monsieur Hummel – das dürfte Ansporn genug sein. Ihles Lemberger besticht – abermals – durch seine Ausgeglichenheit; wer die Schlankheit liebt, wird dem 2005er den Vorzug geben; Freunde des Üppigen vertiefen sich in 2003. Großmütig und neugierig geben die Ihles auch dem Syrah eine Chance. Die Fassprobe fällt vielversprechend aus – ein echtes Abenteuer, das nur noch überboten wird von der einmaligen 2003er-Cuvée C.I. aus dem Barrique. Im 0,5er-Fläschchen ein unvergessliches Geschenk, mit dem man sich am besten selbst belohnen sollte. Das Leben ist ja anstrengend genug und ein Wunder, dass man's aushält.

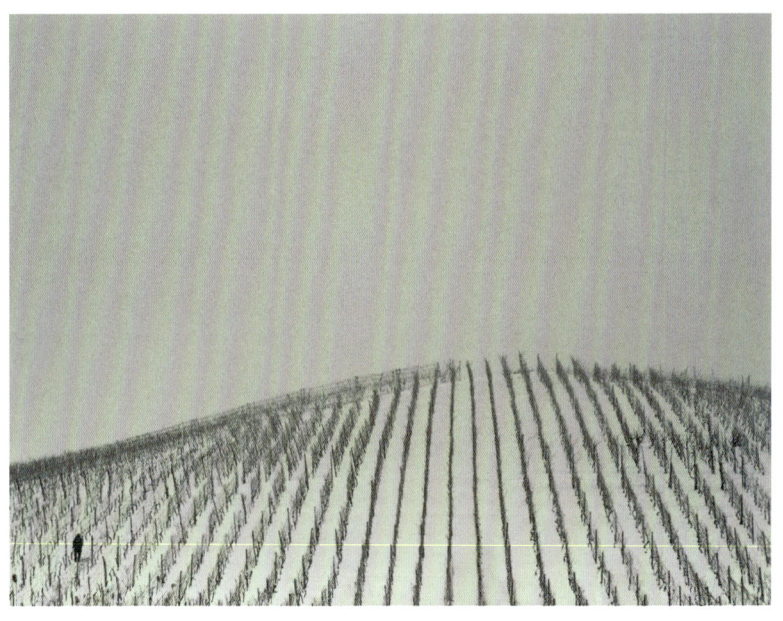

Einsamkeit.
Nach einem Aufenthalt im winterlichen Weinberg hilft nur noch eine kräftige Winzersuppe.

Weinschlauchbrunnen.

Spätburgunder? Selbstverständlich. In dieser Standarddisziplin sich zu messen, ist den Ihles Auftrag und Plaisir. „Auf der Terrasse betranken wir uns mit braunem Wein" – der Trakl-Vers ist gegenwärtig, wenn man bei Gott nicht aufhören kann, den Spätburgunder Barrique immer wieder nachzuverkosten – aus rein wissenschaftlichen Gründen natürlich: Um immer mehr Nuancen seiner Gerbstoffigkeit heraus zu schmecken – ein fürstlicher Spätburgunder, welcher geruhte, 14 Tage auf der Maische zu ruhen.

In besonderer Weise rührt es den Gast, wie die Nachkommen dem Ansinnen des „Stammvaters" Alois Ihle auf schönste Weise entsprechen. In Anekdoten und Gedichten hat der Dichterbauer vom Wesen des Weinbaus als Symbol irdischen Strebens nach Glück und Erfüllung Entscheidendes auszudrücken vermocht. Gute Stoffe finden sich zuhauf in seinem Werk – von der späten Versöhnung beim Weinfest bis zu den lautlichen Spielarten der „Woimugg" bzw. des „Wiimigglis." Vieles ist von zeitloser – nicht selten politischer – Relevanz: „Ein Mensch, / der Macht / in Händen hält, / dem Macht zu üben / noch gefällt. / Ist er ein Mensch? / Er könnt es sein!" – Zu erwerben gibt es die Bücher von Alois Ihle im Hofladen.

Weinbau Frank Schiele
Rauenberg

Übers Weintrinken zum Winzer geworden.

Unter den „Geheimtipps," woran dieses Buch nun wahrlich nicht arm ist, stellt Frank Schiele einen Spezialfall dar. Nicht alle Tage nimmt man an einer (Wein-)Verkostung in den hinteren Räumlichkeiten eines Zahntechniklabors teil. Über das Niveau der Weine des „Rauenberger Newcomers" (Flyer), der 2005 in die önologische Selbständigkeit gestartet ist, kann man nur den Kopf schütteln: vor verblüffter Bewunderung. Schiele, dessen Vorfahren nichts mit Weinbau zu schaffen hatten, ist ein Meister der Präzision, des Ausgleichs – eine Eigenschaft, die seinen zweiten mit seinem Erstberuf verbindet. Es gibt diese Frühvollendeten; kaum begonnen, legt Schiele eine Kollektion vor, die das Herz des Weinentdeckers rasen macht.

„Irgendwann da fängt man halt mal an," bemerkt Schiele lapidar – und entkorkt einen Grauburgunder, der vom ersten Schnuppern an fasziniert. Raffinierte Säure, mitreißende Aromenturbulenz – hier erhebt einer die Stimme, den man im Kraichgau nicht mehr überhören können wird. Ein Winzer, ein Wein – und beide verbreiten gute Laune. Allerdings kann Schiele auch

Weieräcker 17
Rauenberg
06222 62040

Frank Schiele.
Mit Findigkeit und Selbstvertrauen zum Erfolg.

Das Gegenteil von Langeweile:
Frank Schiele, der Unkonventionelle, bietet auch schon mal Weinproben im Zahntechniklabor an.

polarisieren. Sein Auxerrois 2005 aus dem Barrique ist ein krasses Experiment. Manche trügen Bedenken, den filigranen Weißen solchermaßen zu „chardonnayisieren;" uns eröffnet sich eine ganz neue Facette dieses Kraichgauer Originalgewächses. Warum denn nicht mal ein bisschen Wucht? Ganz so dogmatisch muss man beim Wein doch nicht vorgehen. Auch wenn dergleichen wohl nur in sehr guten Jahren gelingen kann. – Der „echte" Chardonnay war übrigens ganz schnell ausverkauft. Wen wundert's!

„Hauptsächlich möchte ich Rote machen," gibt Schiele Einblick in seine Vorlieben. 50 – 60 Liter pro Ar, mehr erntet er nicht. Viele Rebstöcke sind über fünfzig Jahre alt. Die Extrakte geben davon Kunde. Und Rauenberg kann stolz sein: Es hat einen einzigartigen Spätburgunder dazu bekommen! Der 2005er aus dem Barrique zeigt sich so ausgereift, als läge eine Erfahrung von mehreren Generationen zugrunde. Bei der großen Abschlussverkostung zum Kraichgauer Weinlesebuch Ende April '07 war dies der Siegerwein! Und das will wirklich etwas heißen.

Freilich, Schieles Freundeskreis erscheint entsprechend vorteilhaft ausgewählt. Bernd Hummel gehört dazu, auch Edwin Menges, der Rauenberger Kompatriot. Und Thomas Seeger, der Schiele einst anerkennend der „Dipfeleschisserei" bezichtigte: Der Exaktheitsfanatiker hatte Glasmurmeln ins Fass gerollt, um den Mengenverlust nach der Probe auszugleichen …

Die Fässer müssen eben immer bis oben hin gefüllt sein. Nicht irgendwelche Fässer. Sondern die besten. Schiele lässt sich gern vom Fass-Spezialisten Eder aus Bad Dürkheim beraten, der ihm u. a. das richtige Chardonnay-Behältnis empfahl. Eine weitere wichtige Unterstützung erhält Schiele durch Fred Singer, das rührige Faktotum im Betrieb. Nicht zu vergessen: Der Setter Buck, gewissermaßen Anführer der „Gutsbesichtigung;" von Zeit zu Zeit schlabbert er mit seiner Riesenzunge dem Besuch treuherzig über den Arm.

Es wäre natürlich ein müder Witz, Frank Schiele als Garagenwinzer zu bezeichnen – allerdings auch nicht ganz ungerechtfertigt. Denn in der – vollklimatisierten – Garage liegt neben allerlei Werkzeugen, schräg hinter der Harley („Die ist echt!"), eine Reihe Fässer verschiedener Größen. Auch ein paar verdächtig kleine

Helfende Hand:
Fred Singer,
Zauberlehrling
und Enthusiast.

sind darunter. „Ja, stimmt, ich mach auch einen Marc."
Der jedem Edel-Italiener als Grappa bestens anstünde.
Da gehört schon was dazu, den „Espressobegleiter"
so intensiv hinzubekommen. „Da hab ich alles zusammengeschmissen," übt sich Schiele in Understatement.
Aber wir lassen uns nicht hinters Licht führen: Hier spielt
ein Solist auf, der mit ähnlicher Leiden- und Kennerschaft zu Werke geht wie etwa der Malscher Harald
Kempf.

„In diesem Jahr leg ich noch Weinberge an." Was
für ein Glück, möchte man sagen – bei bislang einem
knappen Hektar. „Rote und Chardonnay, was ich halt
gern selber trink ..." Es liegt nun an uns, liebe Weinfreunde, Schieles Ausweitungsprozess zugkräftig zu
unterstützen! So einer muss für die Weinwelt komplett
gewonnen werden, den wollen wir uns nicht mit schnöder Zahntechnikerei teilen müssen. Verblüffend fallen
die Fassproben bei Merlot und Cabernet Sauvignon
aus; offensichtlich beherrscht Schiele auch diese für
unsere Gaue noch recht fremden Disziplinen.

Und dann gibt es da noch etwas ... Eine tiefdunkle „Cuvée Andrea" (2005), innig lohend, überbordend
fruchtüppig, voller Schmelz und Tiefsinn, ein Wein zum
Superlative-Stammeln. Frank Schiele hat ihn dem Andenken seiner Frau gewidmet. Cuvée Andrea – ein
wahres Monument der Liebe.

Very Long Legs,
Kirchenfenster,
Schlieren-Kenner kennen
kein metaphorisches
Hindernis, um die
Glyzerine am Glas
zu beschreiben.

Weingut und Gutshof Edwin Menges
Rauenberg

Große Handarbeit bei uns.

Suttenweg 1
Rauenberg
06222 95110
www.gutshof-menges.de
  (Restaurant)

„Manchmal mit 23 will man halt doch noch in die Altstadt." In solchen Fällen kann es passieren, dass sich Sebastian Menges auch noch nach einem 14-Stunden-Tag auf sein Hochleistungsrad schwingt und die 20 Kilometer nach Heidelberg rüber zischt. Energieprobleme scheint der junge Mann nicht zu kennen. Und keine Berührungsängste: Ausbildung und Praktika hat er bei Weltberühmtheiten wie Paul Fürst oder Buitenverwachting gemacht. Der Produktionsablauf bei den Südafrikanern mit 60 Tonnen Traubenmaterialverarbeitung pro Tag hat ihn schon einigermaßen beeindruckt.

Beim einnehmend runden 2004er-Rauenberger-Sauvignon blanc „hab ich mich ein bisschen anregen lassen." Warum sollte man nicht auch mal die positiven Seiten der Globalisierung herausstellen? Allerdings, auch im internationalen Weinvergleich gibt es Einschränkungen: „Die Cabernets dort sind schon schön – obwohl ich ja eher ein Freund des Spätburgunders bin."

Logisch, Vater Edwin, selbst noch eine jugendfrische Erscheinung, prägt die Geschicke des Weinguts entscheidend mit. „Mein Vater steht auf das Reduktive." Zum Zeitpunkt des Interviews steht er allerdings auf dem

Gastlich mit Solaranlage:
Der Gutshof Menges am Rande Rauenbergs.

Rauschende Gemarkungsgrenze.
Die Autobahn trennt Wiesloch von Rauenberg.

Dach und installiert eine Solaranlage von erheblichen Ausmaßen – schönes Sinnbild eines naturintegrativen Ansatzes, der dem schonungsvollen Zugriff im Weinberg entspricht.

Kaltgärung zwischen 12 und 15 Grad, 7 Sorten weiß, 7 rot: Eine klare Produktlinie ist erkennbar. Daneben wird mit Leidenschaft und Gelenkschmerzen handwerkliche Sekterzeugung betrieben. Was freilich zur Folge hat, dass Sebastian Menges mit den okkulten Zeichen des Rüttelplans beschäftigt ist, während seine Altersgenossen gerade die dritte Mickey-Maus-DVD hintereinander ins powerbook schieben. Im Rahmen der hauseigenen Früherziehung saß der kleine Sebastian bereits mit fünf Jahren auf dem Traktor. Aber nicht nur zum Spielen. Ein zupackender Habitus muss ihn schon damals ausgezeichnet haben, da er die Erntehelferschar zu immer größerer Eile anspornte, um endlich weiterfahren zu können ...

Die vollmundig-sinnliche, nie spröde Art der Menges'schen Weine entfaltet sich prachtvoll im Zusammenspiel mit dem Barrique. Preislich im Rahmen, gar attraktiv, sind die Spätlesen von Spätburgunder, Lemberger und Sauvignon blanc – Qualitätssignale für die Spitzenproduktion in Baden. Die süffige Cuvée Alfred („Mein Opa ist draußen im Weinberg noch dabei!") und der hochraffinierte Edvin (@vin wurde als Markenname nur kurzzeitig erwogen) aus Lemberger, Spätburgunder und Cabernet Mitos zeugen vom ausgeprägten Kompositionsgespür des Menges-Clans.

Stilvoll speisen.
Rauenberg bietet:
Hohe Küche,
Gutbürgerliches
und tolle Besen.

Nicht allein lokalpatriotischen Erwägungen ist es geschuldet, dass auch der Auxerrois im Anbau steht. Die 13%-ige Kabinett-Variante von 2005, super birnig und „knapp an der Grenze" zum Halbtrockenen, ist ein gutes Beispiel, wie vielfältig und faszinierend die Entwicklungsmöglichkeiten der seltenen Rebe gestaffelt sind. Und noch ein Zeitzeuge für Menges'sches Fingerspitzengefühl: Im Chardonnay trocken von 2004 stecken 1/3 Barrique und 2/3 Edelstahl. Wer in einer Blindverkostung die Herkunft errät, sollte mindestens eine Reise auf den Bahamas gewinnen!

Mehrfach belegte Barriques kümmerten sich gebärmütterlich um den 2004er-St. Laurent. Die Sorte wird in der Pfalz meist als Saufwein ausgebaut. Es geht auch anders: Mit Sauerkirsche und zarter Vanille, 13%, lebendiger Säure – ja genau, so kann man's machen. Gern betont Sebastian Menges einen gewissen Abstand von allzu theoretischer Wein-Sophistik. „Ich bin mehr praktisch veranlagt." Die Phantasie ist in ihm rege, eines Tages Land zu kaufen: „Aber nicht für Wohnungen, sondern für Reben!" Wirtschaftswissenschaftler würden das eine hohe Produktidentifikation nennen. Es scheint ihm damit gut zu gehen.

Die Küche im Gutshof bezeichnet Edwin Menges mit etwas understatement als „gutbürgerlich." Rustikale Dinge wie handgemachte Kässpätzle oder aber der berühmte Winzerschmaus, sollten nicht die Vorstellung aufkommen lassen, beim Gutshof handle es sich um eine derb-rauchige Einfuhrstube. Gediegen-ungezwungene Festlichkeit liegt über dem Saal; es wäre einen Selbstversuch wert, hier die Speisen nach den Weinen auszusuchen. Der Verfasser dieser Zeilen würde sich glatt darauf einlassen.

Ich war eine Bahnhofskneipe.
Das Ringhotel Winzerhof hat sich aus bescheidenen Anfängen herausentwickelt.

Weinbau Goldene Gans
Gerlinde und Karl-Friedrich Krämer
Dielheim

*Vor 37 Jahren
hat sich mein Vater
den ersten Weinberg angelacht.*

Es war einmal ein Wirt, dessen sehnlichster Wunsch darin bestand, zu seinem Berufe auch noch eine Wirtschaft zu haben, zu der Wirtschaft aber einen Namen. Jener kam ihm zugeflattert in Gestalt einer Goldenen Gans, wie sie damals, als die heiter und gleich gebaute Stadt Mannheim noch nicht von einer abwaschbaren Waschbetondecke überzogen war, reichliches Auskommen fanden. Doch schon des Wirtes Sohn zog es fort zu Plaisir und Lebensfreude an die Hänge des märchenreichen Kraichgau, allwo der Enkel noch heute ein stolzer Weinbauer ist. Zum Gedächtnisse aber an den würdigen Ahnherrn hat er des Gasthofs Namen für sein Weingut übernommen.

Wäre das auch schon mal geklärt. Karl-Friedrich Krämer wird wohl an die hundert Mal im Jahr gefragt, wie sein Winzerbetrieb zu dem poetischen Titel kam. Familie Krämer geht offensiv damit um: Das Emblem hat (wahrscheinlich, damit es nicht dauernd schnattert) eine Traube im Schnabel, ist überdimensional vor dem Gutstor und hektographiert auf den Weinpreislisten zu finden; überdies – eine wirklich hübsche Idee für alle, die es genau wissen wollen – findet sich das Grimm-Märchen Wort für Wort an der Doppeltür des Verkostungsraums abgedruckt, wo seit 2006 eine Straußwirtschaft willkommen heißt. („Wir denken in Richtung Grillschinken". Eine richtige Richtung!)

Strebt man mit Karl-Friedrich Krämer im Keller an den offenen Bottichen vorüber, worin die Maische gärt, entspinnt sich ein Gespräch über christliche Symbolik und rituelle Sinngehalte. Wir sind in der Kurpfalz: Dieses politisch nur scheintote Kerngebiet kultureller Ent-

Schillerstraße 42
Dielheim
06222 70535

Modernes Märchen.
Stele vor dem Haupteingang des „Weinbaus Goldene Gans".

wicklungsströmungen hatte schon immer was Inklusives; Geistigkeit und Leichtsinn sitzen hier nebeneinander auf der Schunkelbank – und tauschen gern die Rollen.

Porta patet – cor magis. Die Tür steht offen, das Herz noch viel mehr. Gemäß diesem brillant gewählten Motto hieß man den syrischen Maler Rida Hus-Hus das Empfangsgemälde schaffen. Überhaupt haben's die Kunstschaffenden gut bei den Krämers; der regsame Geist des Hauses macht sich nicht zuletzt auf den Flaschenetiketten bemerkbar.

Märchenhaftes Design:
Künstler und Weinfreunde hängen an der „Goldenen Gans".

„Wir pflegen zwei Dinge: Landweine und Cuvées." Mit gutem Recht sind Gerlinde und K.-F. Krämer stolz auf die rote Cuvée Goldene Gans, die neben harmonisch vermählten Sorten auch eine anziehende Regionaltypizität aufweist. An langen Winterabenden muss das toll sein für original Dielheimer: Glotze aus, den kürzlich gekauften Shiraz aus Australien schnell noch an den szenigen Neffen nach Berlin geschickt, vielleicht ein bisschen Soßenbrot zum Knabbern aufgetischt – und dann: ein Roter von daheim; im Lauf der Zeit und des Flascheninhalts durch den Schlund fängt man unweigerlich an zu grienen: Wie gut hab ich's doch hier. Der eine oder andere wird wahrscheinlich zu Eichendorff greifen und lauthals singen. „Da draußen stets betrogen,/braust die geschäft'ge Welt ..."

Hinter Busch und Bergen ...
Gebäudeansicht von der Schillerstaße aus.

Seit einiger Zeit befindet sich die Goldene Gans in Umstellung auf Ökoweinbau. Gepa-Kaffee in den Regalen signalisiert: Hier soll keiner über's Ohr gehauen werden, egal wie weit weg er wohnt. Sowohl die nach badischem Muster geschaffene Grauburgunder-Spätburgunder-Cuvée als auch die Weißwein-Cuvée Goldene Gans vermelden ein gewisses „ökologisches Gepräge": Keine aalglatten RTL-Typen sind das, eher komplex-natürwüchsige Existenzen, leibhaftige regionale „oral history"; man könnte sie glatt Hans und Grete nennen. Viel Luft brauchen sie ... Leute, die sich Zeit nehmen, den Geschichten, die sie erzählen, zuzuhören.

Und noch ein Märchen! Wir können hundertjähriges Jubiläum feiern, da Großvater Karl die Marie Blaufus aus Bobenheim in die Goldene Gans einst heimgeführt. Die Kontakte zum dortigen Weingut bestehen heute noch. Und das Hotel-Restaurant in Mannheim sowieso. Wo selbstverständlich echte Gans- (nicht Gänse-)Weine auf der Karte stehen.

Weingut Koch
Dielheim

Der Trend geht ins Regionale.

Exakt auf die Grenze zwischen Dielheimer Gewerbegebiet-Pragmatismus und Hohlweg-Idylle haben Friedhelm und Cornelia Koch ihr Weingut gebaut. Das Stichwort Gewerbegebiet sollte in diesem Falle nicht abschrecken, sorgt doch außer den Koch'schen Weinfreuden noch die vortreffliche Schinkenscheuer für Genusskultur. Vom weiträumig-hellbelichteten Präsentationsraum aus sind doch tatsächlich Reben zu sehen; die Lage mit dem freundlichen Namen Rosenberg wurde – wie könnte es anders sein – inzwischen in die Großlage Teufelskopf integriert.

Schon beim Erstkontakt mit dem Weingut Koch fällt auf, dass man sich hier intensiv auf die eigenen Stärken besonnen und ein „dualistisches" Wein-Weltbild entwickelt hat. Da sind einerseits die schwerelosen, „völlig losgelösten" Weißen – und andererseits die charakterstarken Roten, anspruchsvoll, innig und glühend, wie man dies für diese Lage abseits der großen Weinhandelswege zugegebenermaßen nicht erwartet hat. (Wiewohl die Weinbautradition im Ort wahrlich ehrfurchtgebietend ist!)

Rudolf-Diesel-Straße 4
Dielheim
06222 70344
www.weingut-koch-baden.de

Neue Entwürfe.
Das Weingut Koch an der grünen Pforte Dielheims.

Panavisionsblick.
Dieser Weinberg hat genug geleistet. An fehlenden Drähten erkennt man seine Bestimmung; doch die neuen Stöcke liegen schon bereit!

Flur-Segen.
Feldkreuz auf Dielheimer Gemarkung.

War der Rivaner von 2004 („der mit der hübschen Nase") am Gaumen noch recht vorsichtig, überzeugt der Weiße Burgunder aus demselben Jahr mit taktsicherer Eleganz; angenehm birnig, ungewöhnlich – eine echte Dielheimer Errungenschaft. Der Auxerrois hält durchaus mit, zeigt Kraichgauer Typizität, überzeugenden Lokalschliff.

Nachdem die Kochs seit 1987 Weinbau im Nebenerwerb betrieben hatten, wagten sie 10 Jahre später den Schritt in die Selbständigkeit. Liköre und Gelees komplettieren das einladend dekorierte Angebot eigener Weine. Hier muss nun unbedingt der Spätburgunder hervorgehoben werden: 2004 ungemein rund und seidig, 2003 (18 Monate Barrique) voller Kraft und Würze: ein Festtagswein mit exquisiter Waldbeerenaromatik. Nach einer mehrjährigen Pause stellen Friedhelm und Cornelia Koch ihre Weine bei Prämierungen wieder an – und schon hagelt's Medaillen. Die Kunden reagieren positiv darauf. Womit einmal mehr bewiesen wäre: Ein wenig Ruhm hat noch keinem Kassenbuch geschadet ...

Kulinarische Rundschau
um Rauen- und Rotenberg

Von Malschenberg kommend, schwenkt Rauenberg am Ortseingang ein Erkennungszeichen, das sogleich mit guter Laune erfüllt. Wenn der **Besen bei Meisersicks** weit über die Landstraße ragt, hat man das Gefühl, man würde beim Großen Preis auf dem Hockenheimring als Erster durchs Ziel gewunken. Wer vermag sich's auszumalen, was das nette Winzerhäuschen am Ortseingang schon für Festivitäten erlebt hat ...

Mit den Besenwirtschaften ist es aber bisweilen wie mit der Inspiration: Wenn man's gar zu gern hätte, ist einfach zu. Deswegen sei gepriesen die **Fußball-Gaststätte des VfB**, die auch dem mittäglichen Ausflugshunger ermatteter Radwanderer die Pfanne gibt: Dieses Jägerschnitzel muss nicht erst auf dem Sattel weich geritten werden; überdies zeigt sich seine gesellige Natur: es kommt gleich zu zweit auf den Teller. Ein Rauenberger Weißer gesellt sich dazu, gekeltert ist er in Wiesloch.

Selbstverständlich gibt es in Rauenberg (wie auch in Wiesloch) mehrere Gelegenheiten, ausgezeichnet bis fürstlich zu speisen. Die Rauenberger Szene ist in der Hand der Menges-Brüder: Während Jürgen und Gattin Monika Menges im **Ringhotel Winzerhof** einen eigenen Sommelier beschäftigen und eine spezielle Gourmet-Stube eingerichtet haben („Nicht nur die gehobene Küche, wir haben eigentlich die ganze Breite" – unbedingt probieren: Die Kalbsleber in Butter und Schalotten-Essig-Sauce!), legt Bruder Edwin am anderen Ortsende sein Hauptaugenmerk auf die Winzerei, Brennerei und Versektung; im **Gutshof** gelingt die Synthese zwischen anspruchsvoll-gehobener und ländlich-regionaler Küche. Und ein Hotel ist auch dabei.

Lau und schattig sitzt sich's übrigens im Vogelpark, nahe dem Radweg nach Rotenberg – ein Stillleben ländlicher Zufriedenheit. Auch der Vogelparkwart hat die Ruhe weg; außer Füttern und Säubern zählt die

Türschild zum Glück: Meisersicks Besen mit Unvergesslichkeitsgarantie.

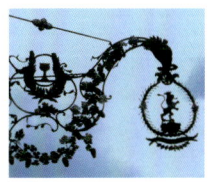

Altes Wirtshausschild in Rauenberg.

Peter Schlemihl ertappt seinen Schatten.
Die inspirierende Wirkung des Weines dürfte unstrittig sein.

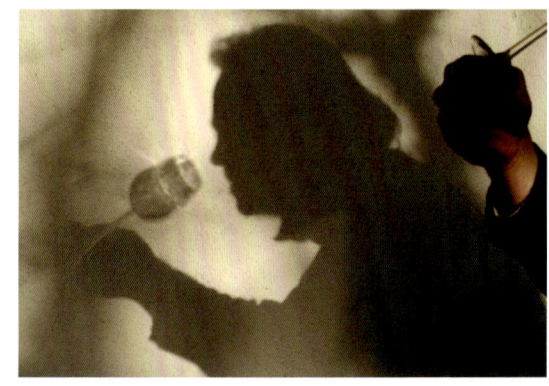

Nicht ganz Rothenburg,
doch immerhin Rotenberg. Ein Altstädtchen voller Geheimnisse.

Von Körner bis Silcher –
das ganze Programm. In der Sängerklause erfolgen die letzen Ölungen der Kehle vorm großen Angriff.

Unterrichtung vorwitziger Radler – „Das Radfahren ist im Innenbezirk des Vogelparks nicht gestattet!" – zu seinen vornehmlichen Aufgaben.

Die beschaulich-geruhsame Stimmung, sie erscheint noch einmal verdichtet beim Besuch des sonderbaren Örtchens Rotenberg, laut Harald Kempf, dem Malscher Rotwein-Top-Tipp, eine St. Laurent-Hochburg. Steil heroben ein Bilderbuchschlösschen, das gar keines ist, inmitten die rätselhafte St. Nikolauskirche, grotesk verzierte Fachwerkhäuschen ... es will dem Wandrer deuchen, er sei gänzlich aus der Zeit geraten. Wahrscheinlich war es ein Akt notwendiger Vergegenwärtigung für den Männergesangverein „Frohsinn," die **Sängerklause** gezielt modern, ein wenig im Hornbach-Design zu errichten. Die Einrichtung des „Brunch" wird hier ganz entschieden ortstypisch interpretiert – Ochsenbrust zum zweiten Frühstück verschafft dem Leib das Zutrauen, dass sogar aus diesem Tag noch etwas Rechtes werden kann.

Man hört, es gäbe noch immer Menschen, die mit Begeisterung und Stilgefühl zärtliche Picknicks veranstalten. Wie nachahmenswert! Zurückgekehrt nach Rauenberg, werden die Bestandtteile kühnlich erworben: beim Ortsbäcker hefiges Mischbrot, im Grünkramladen ein paar Radieschen, rote Zwiebeln, Frischkäse, Schinken und Erdbeeren, um sodann – versehen mit einer weißen Cuvée und einem Badisch-Rotgold vom fröhlichen Weingut Winter – den Weg ins „Paradeis" einzuschlagen, einem sinnbetörenden Ineinander von Wingertchen, Gärtchen und Wäldchen.

Ein Kapitel für sich:
Malsch

ROUTE 3

Armes Malsch! Der Wein mag die Hauptschuld daran getragen haben, dass das Städtchen in früheren Jahrhunderten derart häufig und intensiv geplündert und gebrandschatzt worden ist; es muss ein jammervolles Leben gewesen sein: Kaum hatten die Überlebenden begonnen, die Grundmauern neu zu befestigen, kam schon der nächste Pulk spätmittelalterlicher Vollproleten vorbei. Kein Wunder, dass hier im Bauernkrieg besonders übel gehaust wurde. Nach alter Gewohnheit wurde die Freiheitsliebe des „Letzenberger Haufen" von der Obrigkeit mit dem Beil beantwortet. Wenige Orte dürften aufzuzählen sein, wo es der Bewohnerschaft so schwer gemacht wurde, in Frieden ihren Wein zu bauen und im Schweiße ihres Angesichts zu trinken. So deutet denn heute im Ortsbild nur noch wenig auf die 1200-jährige Geschichte hin. Unterhalb der dickwandigen Kirche steht immerhin noch das Fürstbischöfliche Rentamt, als Luxusrestaurant **Zehntkeller** nach wie vor tendenziell für gehobene Gesellschaftsschichten reserviert. Aber es gibt auch noch die Kapelle auf dem Letzenberg! Anstelle einer Jahrhunderte alten Wallfahrtskapelle als geglückte Jugendstil-Variante errichtet, signalisiert sie die fortdauernde Gültigkeit christlicher Überlieferung für die Gemeinde.

Malscher Ziele:
Weinweg
zum Letzenberg.

Die Kapelle auf dem Letzenberg, mitfinanziert von den Tabakfabrik-Arbeitern der Region.

Mir träumte von bunten Blumen. Dass allzuviel Löwenzahn im Weinberg auf Bodenverdichtung hinweist, ist eine weniger romantische Erkenntnis.

Glückliches Malsch! Dem Weine mag ein Hauptverdienst zugesprochen werden, dass hier im Vergleich mit benachbarten Schlafstädtchen geradezu der Bär los ist. Besenwirtschaften, Prozessionen, Weinfeste, eine ganz eigene Fastnachtstradition künden von ungewöhnlicher Heftigkeit des sozialen Lebens. Hier kann es schon einmal passieren, dass man dem Jungwinzer Rüdiger Bös des Morgens um ½ 5 begegnet, wie er, halb versunken in einem aufblasbaren Pferd, von einer Prunksitzung nach Hause galoppiert ...

Nun, was erwartet der Unkundige für Weine aus Malsch? Doch wohl eher gefällige Vesperschoppen, wie sie der Winzerkeller Wiesloch unter dem Großlagennamen „Malscher Mannaberg" in Literflaschen feilbietet. Doch wie geschieht einem, wenn man im Weingut Becker zum ersten Mal an einem Auxerrois schnüffelt? Wie purzeln einem die Kategorien durcheinander, wenn in Hummels Barrique-Keller der gläserne Rüssel den ganz besondren Saft zur Fassprobe aus dem Spundloch saugt! Hier geht es nicht mehr um regionale

DER SPAZIERGANG Wenn man in Rot-Malsch aus dem Zug steigt, ist man zunächst verwundert, warum die Bahnhofskulisse aus Sergio Leones stilbildendem Italo-Western „Spiel mir das Lied vom Tod" ausgerechnet hier wieder aufgebaut worden ist. Von diesem skurril-unbelebten Unort ist es ein ganzes Stück bis zum Fuße des Letzenberges, wo man sich plötzlich Aug in Aug mit echten Reben befindet. Natürlich steigt der gesittete Wanderer zum **Kapellchen** hinauf. Die Buntglasfenster wurden von der Tabak verarbeitenden Bevölkerung gesponsert – O goldnes Zeitalter, da der Fabrikarbeiter in Kirchenkunst investierte statt in den neuen Premiere-live-Recorder ...

Besonderheiten, sondern um internationale Top-Maßstäbe. Kraichgauer Überraschungen erster Güte.

Nehmen wir das Weingut Bös dazu, wo seit Jahren der Weg nach oben zeigt, vergessen auch keineswegs den ebenso jungen wie exquisiten Rotweinbetrieb von Harald Kempf (inzwischen ergänzt durch feine Weiße) und erfreuen uns zum Beschluss der Gastfreundschaft des Hauses Ungerer, wo in einer der besuchenswertesten Besenwirtschaften des Kraichgaus alles aufgefahren wird, was Genusssucht irgend fordern kann, gedenken auch des Weinguts von Antje Fleckenstein, zu unserem größten Bedauern mittlerweile in den Schoß der Winzergenossenschaft zurückgekehrt, so sehen wir uns genötigt, einen klassischen Dankchoral anzustimmen:

Eins ist gewiss und alles andre falsch:
Des Kraichgaus Krone trägt im Westen – Malsch!

Der Rundblick vom Letzenberg ist phänomenal. Heidelberg, Rheintal, Bergstraße, halber Kraichgau – wenn es denn unbedingt sein muss, zu jeder Region ein „Tor" zu küren, voilà, das Tor zum Kraichgau, es steht hier. (Wollen wir den Gedanken lieber nicht weiter spinnen, sonst basteln die Fremdenverkehrsvereine noch so was zusammen wie in Bockenheim in der Pfalz, wo wir seit einiger Zeit ein Weinstraßen-Tor in Mautstellen-Optik bewundern dürfen ...)

Oberhalb des Örtchens lässt sich's prima promenieren bis zum Weingut Becker. Von dort aus geht's gemütlich die Hauptstraße hinunter, wo man sich seine Vergnügungen selbst aussuchen darf, ohne sie aufgedrängt zu bekommen. So lobt man sich's, so ist es recht.

Tonformationen. Unterhalb des Letzenbergs liegt eine bedeutende Terracotta-Industrie.

Wintersaison in Malsch.
Der Rebenschnitt, eine der härtesten Arbeiten im Jahreskreis des Winzers.

Keine Bange: Das ist (noch) kein Wein, woran der jüngste Spross aus dem Stamme Bös hier süffelt.

Weingut Bös
Malsch

... und der Wein sagt Danke!

Puristen der Architekturmoderne mögen die Hände über dem Kopf zusammenschlagen, wenn Bauten aus der jüngsten Zeit von oktogonalen Türmchen im Ritterburg-Design geziert werden; man kann diese ästhetische Geste aber auch anders verstehen: als Signal eines Versuchs, etwas Lebenswertes, Einladendes, vor den Unbilden der Zeit Schützendes zu schaffen.

Das Weingut Bös macht die Entrée ins Malscher Weinviertel. Hinter Obstzweigen, der Ebene zugewandt, bezeugt der von einer Wetterfahne überwehte Hausturm ein neues Selbstbewusstsein, dem eine gute Portion Schalk beigemischt ist. Damit hätten wir auch schon eine vorsichtige Charakterisierung des Winzers Rüdiger Bös gewagt, der die ehedem 3 ha Rebland seiner Eltern inzwischen auf 12 ausgedehnt und die Qualitätsschraube bis zum 3. DLG-Ehrenpreis hochgedreht hat.

Kaum zu glauben, mit welcher Selbstsicherheit und positiven Energie hier einer der jüngsten Winzer weit

Wiesenäcker 2
Malsch
07253 278818
www.weingut-boes.de

Fruchtbarkeit, wohin das Auge schaut.
Blick durch Obst-Kulturen auf dem Letzenberg.

Viel Grund zur Freude:
Die junge Winzerfamilie präsentiert sich spritzig im Auftakt und nachhaltig im Abgang.

Pracht und Üppigkeit:
Außen der oktogonale Repräsentationsturm, innen die alte Besenwelt, Seit an Seit mit innovativem Qualitätsstreben.

und breit seine auf die Flasche gezogenen Ideen präsentiert. Nicht zu unterschätzen in der Bedeutuntg für den Gast: diese Humorigkeit und Jovialität, die Bös so vollständig unterscheidet von der knorrigen Tumbheit, mit der man vor Jahren noch in vielen Betrieben die Bouteillen auf den Tisch geknallt bekam.

Allein, jegliches Aufstreben und Erblühen kommt einmal an seine Grenze – dies nicht nur bezogen auf die Gesamtrebfläche des Weinguts. Manchmal gibt es da was oder wen in nächster Nähe, wovon der Expansionsdrang auf gütliche Weise eingedämmt wird. Es war wohl nicht so ganz leicht für den Diplom-Önologen, als ihm immer mehr Kunden zu verstehen gaben, dass sie die Weinproben lieber von seiner im gleichen Fach ausgebildeten Frau geleitet sähen als von ihm. Aufgewachsen im rheinhessischen Herrnsheim im erhabenen Zirkel des Freiherrlichen Schlosses, ist sie ein wahrhaft ebenbürtiges Gegenüber.

Schon beim 2005er Malscher Ölbaum Müller-Thurgau trocken bekommt man eine Ahnung, weshalb ein solcher Medaillenregen das Haus Bös überschwemmt. Es ist nicht einfach, aus dieser Rebe so etwas Zart-Pikantes zu keltern. Wer nach einer Soave-Alternative zu Spaghetti alle vongole sucht, sollte hier beherzt zugreifen.

Beim 2005er Grauburgunder Kabinett trocken will sich keine der üblichen Frucht-Metaphern sogleich aufdrängen; die Restsüße sorgt für eine schöne Balance. Ein Wein zum Apero, zur Hauptspeise, zum Dessert und danach ... Tja. F. X. Pichler nennt einen Riesling „Unendlich." Für den Grauburgunder von Bös wäre das

Epitheton „Der Unaufhörliche" keine schlechte Bezeichnung.

Vor Jahren ist uns Bös schon einmal auffällig geworden – seines Lemberges wegen. Natürlich hat er die Chance 2003 genutzt und einen Herzen-Verführer im Seidenpyjama aus dem Fass gezaubert. Wirklich schade, dass hier keine neuen Lemberger-Weinberge angelegt werden sollen; wir hätten glatt subskribiert. Die Folgejahrgänge halten das Niveau. – Erfahrungen im Umgang mit Holz hat Rüdiger Bös u. a. in Neuseeland gesammelt. „Dort wird eher diskutiert: Kommen jetzt 10, 20 oder 30 % Barrique in den Wein …" Zumal bei den Roten beherzigt Bös solcherlei Vorsichtsmaßregeln. „Lieber mal einen Schritt zurückgehen im Holz – und der Wein sagt Danke!"

Extrem nachvollziehbar erscheint die vierfache Goldmedaille für den 2003er Rotsteig Spätburgunder. Ganz selbstverständlich beansprucht er seinen Platz unter den Top Ten in Baden. Die Spätlese-Nachfolge aus 2005 bekam sogar eine Goldmedaille „Extra." Wem das immer noch nicht genügt, der darf mal in die 2003er „Creation Emilia" aus Cabernet und Merlot hinein schmecken. Wir ahnen richtig: Dem Namen des Töchterleins wurde hier Reverenz erwiesen (also Emilia, nicht Creation – sind ja nicht in Spanien). Nicht ohne Chuzpe hat Bös seine Rotweincuvée von 2004 OPUS getauft. Eine Vergleichsprobe mit dem kalifornischen Vetter wäre bestimmt ein Ereignis.

Ins Schlingern kommt das Önologen-Paar Bös wirklich nicht so leicht. Erst bei der Frage nach einer echten Kraichgauer, Malscher Teller-Spezialität müssen sie ein Weilchen nachdenken. Und dann fällt ihnen doch noch was ein: die Füllselwurst mit hohem Kartoffelanteil, donnerstags da wird sie zu Kraut und Brot gereicht, wenn die lustige, grünumblühte, selbstbetriebene Besenwirtschaft „Reblaus" ihre Garagentore öffnet. Na, nix wie rein!

Über 2006, da sinniert Rüdiger Bös: „Wenn man schnell und konsequent gearbeitet hat, ist man mit einem blauen Auge davongekommen." Für 2007 kündigt er vorfreudig den ersten Auxerrois an. Im Stillen freut sich die Gattin mit, gibt aber zu bedenken: „Man darf sich auch nicht so verzetteln." Da haben wir allerdings keinerlei Bedenken …

Der Winzer als Faun:
Ein dionysisches Element ist Rüdiger Bös nicht abzusprechen.

Siegerweine vom Rotsteig.
Eine 9 ha kleine Malschenberg-Keuper-Buntsandsteinlage.

Weingut Herbert Becker
Malsch

Vom Holze geküsst, nicht gebissen.

Kulturaustausch muss gar nicht peinlich sein. Zum Glück gibt es noch Zeugnisse jenseits epigonaler Ideechen (wie z. B. die Verballhornung unbescholtener südpfälzer Grauburgunder als „Pinot Grigio"). Winzer von Rang trachten immer mehr danach, ihr Unternehmen als Gesamtkunstwerk auszugestalten. Einer von diesen ist Herbert Becker, sein ästhetisches Referenzkriterium heißt Toskana. Eine in Konzept wie Detail stimmige Kelleranlage finden wir in seinem – selbsterbauten – „Weinarchiv", das – wie der ganze Betrieb – von warmen Terrakottafarben geprägt ist. In von gemauerten Rundbögen gezierten Grüften lassen hier die guten Kunden ihre Weine schlafen. Bis zur Auferstehung an Mamas Fünfzigstem.

    Spätestens seit der Renaissance war Italiensehnsucht ein Hauptmotiv für kulturellen Aufbruch in Deutschland. Wer gar zu sehr an dieser Auszehrungskrankheit leidet, kann im Atrium des Becker'schen Anwesens im Wehen sanfter Südlichkeit unterm Olivenbaum bei Brunnengeplätscher sein Seelchen pflegen. Doch auch an kühlen Tagen wird man hier sensuell überrumpelt: „An den Wurzeln der Reben" befindet sich der vielfenstrige, kaminbestückte Verkostungssaal, wo namhafte Gäste ihre Künste zelebrieren. Käseaffineur (Käse-Macher klingt nun wirklich nicht so gut) Servais Güth etwa kombiniert seine Produkte bzw. diejenigen ausgewählter Weidetiere mit Beckers Weinen, Natalie Lumpp gibt den Aristoteles an der sensorischen Akademie.

    Eines fällt wohltuend auf im Kraichgau: Auch wenn Kooperationen mit Golf-Restaurants etc. nicht gescheut werden, treten die Spitzenwinzer doch allesamt als distinguiert-freundliche Gastgeber auf – ohne all das großspurige Gehabe mancher Wein-Fürsten an Mosel und Rhein. Bei den Beckers, Hoensbroechs, Hagenbuchers, Klumpps ... wird auch der weinige Laie mit

Oberer Jagdweg 13
Malsch
07253 25189
www.weingutbecker.de

Herbert Becker, einer der Hauptinitiatoren des Kraichgauer Qualitätsaufbruchs.

Handarbeit und Offenheit

sind zwei wesentliche Merkmale im Weingut Becker.

eingeschlossen in die Aura Willkommen heißender Lebenszugewandtheit.

Es geht also um Genuss. Nicht um Renommee. Wer könnte sympathischer daher kommen als jener Auxerrois aus dem Jahr 2005, der duftet wie ein gut gelauntes Mädchen im Frühling? Knapp 6 Euro sind überaus fair kalkuliert – verglichen etwa mit den Eintrittspreisen in von Duftlampenqualm geräucherten Wellness-Tempeln, wo die versprochenen Tröstungen zur Winterzeit meist nicht ein Bruchteil an Wohlgestimmtheit zu vermitteln in der Lage sind wie dieses burgunderartige Gewächs. Leise moussierend, bewusst bei 86° Oechsle belassen, gibt der 2006er ein Lehrstück in punkto Sortentypizität.

Von märchenhaftem Tiefgang (denken wir an Frau Holles Brunnen!) ist die Malscher Oelbaum Weißburgunder Aus- und Spätlese. Frucht und Cremigkeit sind fein abgestimmt; unsere Einbildungskraft wird angenehm-rätselhaft gesteigert. Aber wir sind uns nicht ganz sicher: Ist das ein Wein von oder für Elfen?

An Samt und Seide lässt der Regent denken, ein fürstbischöflicher Auftritt im ziseliert geschnitzten Holzrahmen. „Ich halt nix von Barriques, wo merr's Gefühl hat, merr beißt in e Holzbrett," umschreibt Herbert Becker seinen Umgang mit den teuren Fässchen. „Vom Holze geküsst" lautet das Becker'sche Panier. – Anhand (oder an Zunge) dieses Exemplars ließe sich unschwer eine Beweisführung aufziehen – zugunsten der noch recht jungen Rebsorte Regent, deren Fortbestand als interspezifische Rebsorte juristisch auch weiterhin umstritten ist.

Mit der 2003er Spätburgunder Spätlese gehen wir über in die Sphäre der hohen Auszeichnungen: auf der „Vinitalia" in Verona, der „Vinalis" in Paris. Vollendung heißt das Stichwort, unter dem hier weiter diskutiert werden müsste. Vom Schicksal Begünstigte, die ein paar Kisten erworben haben, täten gut daran, alle viertel Jahr' mal ein Fläschlein zu öffnen (wenn sie's so lang aushalten), um eine Langzeitstudie über das nächste Dezennium hin zu führen. Bei 5,5 ha stehen die Chancen auf Lieferbarkeit freilich nicht zum Besten. Zumal Herbert Becker auch exportiert.

Optimistisch hingegen stimmt es, dass mit Ehefrau Marliese und drei Söhnen ausreichend „Humankapital" zwecks Erhaltung der Qualitätsstandards vorhanden scheint. Zumal Manuel und Alexander Becker bereits mit wissenschaftlichen Untersuchungen – etwa zur Physiologie der Rebe – hervorgetreten sind. Dem Jüngsten, Alexander, gelang in seiner Bachelor-Arbeit der Nachweis, dass der Auxerrois, wiewohl aus dem Burgund stammend, bei aller Ähnlichkeit keine Pinot-Sorte ist. Zugrunde liegt eine Kreuzung mit dem Gelben Heunisch.

Ausgezeichnet übrigens auch der Spätburgunder Kabinett von 2005. Ein Roter, der Licht macht. Wunderbar waldbeerig, erzählt er eine Menge vom Harmoniestreben der Beckers. Einen Wein, welcher der Perfektion ermangelte, würde man gar nicht auf die Liste lassen. „Es gab keine Traube, die nicht angekuckt worden wäre," gibt Herbert Becker einen Einblick ins Produktionsjahr 2006. Diese Sorgfalt merkt man dem Weißburgunder sofort an: Welch unglaublicher, selbstbewusster Auftritt! Ein dreidimensionaler Wein von unheimlicher Tiefe, Länge, Höhe.

Kraichgauer Original.
Nicht wenige behaupten, Beckers Auxerrois sei der beste weltweit.

„Du lernst's auch noch!" hatte dem früher zu Weinheim für die Freudenberg'schen Reben zuständigen heutigen Qualitätsprüfer Becker ein Winzergenossenschaftsmitglied einst zugeraunt, als er dem vermeintlichen Anfänger beim Rebschnitt zusah. Wollen wir hoffen, dass sich der Lernprozess inzwischen umgekehrt hat.

Was ist Aufklärung?
Fortbildungen auf höchstem Niveau im wurzelnahen Wein-Salon.

Wein- und Sektgut Hummel
Malsch

Man muss natürlich verrückt sein.

Oberer Mühlweg 5
Malsch
07253 27148
www.weingut-hummel.de

Himmels Cabernet Sauvignon.
Ein Beweisstück, dass die Rebsorte in unseren Breiten sehr wohl etwas zu suchen hat.

Italien und Frankreich liegen 500 m auseinander. Nein, wir sind nicht an der Riviera. Wir sind in Malsch. Vom „Toskanischen Satellitenstaat" Weingut Becker zur „Bordelaiser Enklave" Wein- und Sektgut Hummel ist es kaum eine Zigarillolänge. Das Niemandsland markiert ein Neubauviertel. Überhaupt scheinen die meisten Neubauviertel bestens geeignet, Niemandsländer zu markieren. Frage, ob das wirklich so sein muss ... Aber das soll uns heute nicht bekümmern. Heute haben wir was Großes vor: das Rencontre mit einem Genie.

Ein Besuch bei Hummel folgt dem Prinzip der Steigerung. Sachliche Einfahrt, hübsche Probierstube, beeindruckendes Edelstahltanklager, umwerfender Barrique-Keller. Letzterer wirkt in der Tat wie ein verkleinertes Abbild des Fasslagers eines der Chateaux der rive gauche.

Die frankophile Prägung ist es denn auch, worauf Bernd Hummel zuerst zu sprechen kommt. „Top-Lagen, Top-Flächen – warum können wir keinen gescheiten Roten machen in Deutschland?" frug er sich denn auch zu Beginn seiner Winzerlaufbahn. Und er zog aus, das Fürchten zu verlernen.

Bernd Hummel:
Der Beethoven des deutschen Rotweins.

Beglückende Initiationen in Bernd Hummels Barrique-Keller, einem der modernsten der Region.

Was er gelernt, weiterentwickelt, verworfen und neu gestaltet hat, vermittelt sich beim ersten Verkostungsschluck. Die gläserne Pipette schwebt aus dem Barriquefass herauf, ein geheimnisvolles Gefunkel bemächtigt sich des Glases. Und dann? Uff. Wenig Vergleichbares probiert in Deutschland. Was ist das, um Gottes Willen? „Des isch jetz en 45-Euro-Wein." Aha. Ach so. Nun gut. Noch Fragen? – „Was gut ist, kommt auch gut an." Stimmt. Kein Zweifel angebracht.

Diese vielen ersten Preise bei Vinum, Mondial du Pinot Noir, Vinitaly, Vinaly d'Or, Best of Sweet ... erwähnt der gelernte Volkswirt, der Weinbau nicht studieren durfte, ohne Dünkel. Ja, auch bei den Edelsüßen (gemeint sind die Weine, nicht die vermögenden Kundinnen), bei Sekten und Bränden muss Hummel längst keine Überzeugungsarbeit mehr leisten. Die feinen Restaurants kommen auf ihn zu, beseelt von der Hoffnung, fixer zu sein als die andern. Es ist nicht eben der Regelfall hierzulande, dass ein Gutteil auf Subskriptionsbasis verkauft wird.

Elegant wandert der Weinheber von Spätburgunder zu Lemberger zu Schwarzriesling zu Merlot. Erneutes Kopfschütteln ob solcher Qualitätsstringenz. Was ganz besonders Wunder nehmen muss: die Selbstverständlichkeit der Einbindung des Holzes in den Wein – trotz „toasted heads" bei manchen Fässern. Wie er

Ausgereift.
Der Beruf des Winzers, offensichtlich eines der letzten Beispiele für nicht-entfremdete Arbeit.

Spätburgunder (Pinot Noir),
kein anderer Roter erzählt so viel vom Terroir.

das schafft? Französische Schule, sicher. Aber stillt das den Erklärungsbedarf? „Man muss natürlich verrückt sein." Ganz gewiss, Herr Hummel. Man kennt das, genio e follia, Genie und Wahnsinn ...

All die intensive Weinbergsarbeit, die Verwendung verschiedener Systeme in den Maischegärtanks, Nachmazeration, Ausdünnung bis auf einen Henkel pro Trieb, Fässer von Francois Frères, auch ungarische (wegen der weicheren Tannine) – schön und gut: Das ist vielleicht das Orchester. Aber die Komposition? Da sind wir nun angelangt an einer Schnittstelle des menschlichen Geistes mit schwer erklärbaren Phänomenen. In romantischeren Zeiten hätte man Inspiration gesagt. Wie dem auch sei, wir werden nicht mehr davon abrücken, in Bernd Hummel den Beethoven des Deutschen Rotweins zu erkennen.

Erwartungsgemäß bekommt Hummel inzwischen viel Zuspruch selbst für die einfacheren Qualitäten. Der Spätburgunder aus der Literflasche (ausgezeichnet als der Beste seiner Kategorie; der Meister wollte das Modell eigentlich auslaufen lassen) bedarf mehrstündiger Lüftung, um dem Holz die Chance zur Verschmelzung zu geben. Da kommen denn auch jene zum tiefen Zug, deren vinologische Finanzierungsmodelle noch immer nicht mit globalisierten Investmentstrategien kompatibel sind ...

Wir wissen nicht genau, wie dieser Winzer mit seinen Reben kommuniziert. Wir vermuten aber, dass die Trauben bei der Ernte mit „Merci, Monsieur Ümmel!" den Schnitt quittieren. Was wir hingegen sicher wissen: Dass ein Dialog stattfindet, wie er inniger nicht sein könnte.

Weingut Harald Kempf
Malsch

Die Frucht muss im Vordergrund stehen.

Es ist unvorstellbar, was manche Leute innerhalb kürzester Zeit auf die Beine stellen. Historiker und Biographen mögen sich dereinst bemühen zusammenzutragen, was Harald Kempf als Seiteneinsteiger und „Missionar für den Deutschen Wein" in den letzten Jahren geleistet hat. Zwar reicht sein Wirkungskreis inzwischen bis nach Ungarn (Weinberatung), England („Können solche Weine in Deutschland wachsen?") und in die Vereinigten Staaten; das entscheidende Gütesiegel mag aber sein, dass 70 % seiner Weine in Malsch getrunken werden. (Der örtliche Pro-Kopf-Verbrauch von Kempf-Weinen: 2 Flaschen pro Jahr.) Die Nachbarn wissen also, was sie an ihm haben.

Dies gilt in besonderem Maße für Bernd Hummel, direkt im Hause nebenan, Mentor, Freund, Kooperationspartner seit vielen Jahren. Das dürfte in Deutschland so ziemlich einmalig sein, zwei solche Rotwein-Magier Tür an Tür. Was ist nun los im Weingut Kempf, dass er mit derartigen Vorschusslorbeeren bedacht werden muss? Fangen wir bei seinem „einfachsten" an: einem Dornfelder (!) von 2004, 13 % Alkohol. Schon hier wird deutlich, dass irgendwas anders ist. Denn Harald Kempf muss seine Flaschen hartnäckig gegen die SAP-Zweig-

Oberer Mühlweg 9 c
Malsch bei Wiesloch
07253 278500

So viel haben mir die Engel geklaut!
Harald Kempf, begnadeter Winzer und Brenner

Umfassende Tätigkeiten:
Seiteneinsteiger Kempf pflegt in seiner Freizeit das Theater und das Boule-Spiel.

Harald Kempf:
Einer der Innovativsten im Badischen Weinbau.

Jetzt auch in Weiß!
Seit 2006 ist das Weingut Kempf kein reiner Rotweinbetrieb mehr.

stelle in Philadelphia verteidigen. Vor Jahren wanderte die komplette Dornfelder-Ernte in die Vereinigten Staaten aus. Rückkaufersuchen wurden abgelehnt. Und das ausgerechnet bei Dornfelder? Exakt. Dazu muss man freilich wissen, dass die Erntemenge am Rande der Betriebsschädigung entlangschrappt. Dichter, konzentrierter könnte Dornfelder nicht sein, so intensiv blaufärbend, dass sich selbst die langohrigsten Ostereiersachverständigen davon überzeugen lassen würden.

Wir sollten uns eigentlich zügeln, Harald Kempf noch mehr gierige Kunden auf den Hals zu hetzen; die Chargen sind klein. (Hoffnung verheißt eine Flächenausweitung auf väterliche Weinberge.) Eine solche Rotwein-Cuvée zu einem solchen Preis (na gut, ausnahmsweise: Euro 5) wie die von 2005 ist uns kaum je untergekommen. Nicht minder attraktiv der von Kempf selbst neu beantragte St. Laurent. „Der is achtzehnundachdebudzich vom Bronner bei uns eig'führt worn." Seit 1999 gibt es ihn wieder in Malsch. Kempf lobt die „hochwertigen, feinen Tannine" und den Bordeauxcharakter. Wir haben lange überlegt, ob wir den Durchschnittsertrag angeben sollen; aus Rücksichtnahme auf das Informationsrecht des freien Bürgers tun wir dies hiermit: 3.000 bis 4.000 Liter pro Hektar. Ein Trinkvergnügen in Samt und Seide, animierend mit Mokka und Minze.

Mit dem Lemberger steht Harald Kempf schmeckbar ebenfalls auf Du und Du. Der 2005er lag 16 Monate im Barrique auf der Feinhefe. Auf Filtration wurde verzichtet. „En gude Lemberger soll immer bissel rauchig sein ..." Das ist er, keine Frage. Harald Kempf schenkt noch einmal nach. Ja, wunderbar! Und jetzt? „Der Ausgießer is die Kehle."

Und der Spätburgunder? Wird sozusagen zweisprachig ausgebaut. Eine deutsche Variante, Typus Schmidtchen Schleicher, entstanden durch ein original Kempf'sches Verfahren. Die Maische wurde mit Trockeneis heruntergekühlt, eine Woche stehen gelassen, ohne Gärung; sodann wurde der Keller langsam erwärmt, so dass wenige Tannine gelöst wurden. – Gerbstoffreich-französisch, mit dem Anhauch der Vollkommenheit, dreht sich der folglich Pinot Noir geheißene Bruder im Glas. Au fer! darf man hier in Anlehnung an das von Harald Kempf im Malscher Club betriebene

Boule-Spiel annoncieren. Perfekt getroffen, Traumnote! Dass der Weinbücherwurm „nebenbei" noch anderweitig als Beamter für Güterverkehrskontrolle berufstätig, Sprecher des Arbeitskreises Vorderer Kraichgau und eifriger Theaterschauspieler ist, wollen wir nicht verschweigen. Es gibt aber genug Leute, die aus ganz anderen Gründen zu ihm kommen. Wie nur wenige versteht er die hohe Kunst des Brennens. Der im Maulbeerbaumfass gereifte Weißburgunder-Marc erschüttert selbst verwöhnteste Gaumen: Haben wir so was schon einmal getrunken? Nö. „Ich bin total ausgeblutet mit meinen Bränden!" Wen will's Wunder nehmen ... St. Laurent-Marc wird im Kastanienholzfass ausgebaut. Weich? Gar kein Ausdruck. Eine Mousse au chocolat ist dagegen ein Raspeleisen. Und noch etwas „kann ich net ewig hier verheimliche": Badischen Whisky. „Just for fun und für die Freaks." Das Grundmaterial hat die hervorragende Adlerbrauerei aus Zuzenhausen beigesteuert.

Der alte Weinbrand, ein Spätburgunder-Fruchtwunder, macht eine echte Kempf-Rechnung auf: Im 85-Liter-Barrique gelegen (vorher Rotwein, nachher Färbung!) – und zwar von 1992 bis 1999. Endmenge: 50 Liter. D. h., 35 Liter haben sich die Engel (angel's share) geschnappt. Wohl bekomm's, wir verstehen euch.

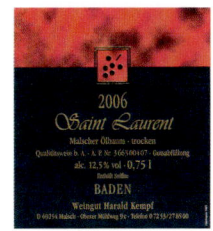

Pinot Noir (Spätburgunder) und St. Laurent, neben dem Lemberger zwei Schwerpunkte im Kempf'schen Angebot.

Wunder der Ballistik: Der Winzer als Feinmotoriker.

Zum Bärtigen Winzer
Weingut Ungerer
Malsch

Kummt, setzt Eich nieder!

Brunnengasse 1
Malsch
07253 2971

Scheunen-romantik.
Ungerers Besen, einer der Wegweisenden im Lande.

Die Szene scheint einer Novelle von E.T.A. Hoffmann oder Theodor Storm entnommen. Stürmischer Abend. Zwei durchnässte Fremde mit wirren Schöpfen retten sich keuchend ins Scheunentor der Besenwirtschaft. Ihre Blicke schweifen – alles voll. Bevor Unmut und Verzweiflung sich der Hungernden bemächtigen, winken drei rüstige Gesellen die beiden heran: „Kummt her, setzt Eich nieder, merr rücke uff."

Der weitere Abend verläuft strikt nach den Gesetzmäßigkeiten der Idyllendichtung. Die Gespräche sind deftig, die Speisen kräftig. Wahrlich, hier findet man's noch, das gut Badische Rindfleisch mit dicker Meerrettichsauce. Einzigartig die süß-saure Winzervesper: Schwartemagen- und Romadurscheiben unter einer Soße nach strengem Geheimrezept, das selbstverständlich verraten wird (siehe S. 91). Und – ach! – das Besenbrot! Kross wie Karamell, zart wie Zuckerwatte; eine Schmach für alle Bäckerei-Ketten dieser Erde.

Von ungemeiner Saftigkeit ist der Weißburgunder. Ein Wunsch gelangt zur Spontanreife: Davon sollte man sich ein paar Fässchen in den Keller holen; ein Gefühl von wärmender Sicherheit würde das Haus segnen. Man hat das ja nicht so oft beim Weißburgunder. Allzu häufig verflüchtigt er sich in blässlicher Blumigkeit wie eine magersüchtige Fee – oder er sitzt breitarschig im Glase, als trüge er einen grau-verfleckten Jogginganzug: dumpf, schwerfällig, kurzatmig. Nicht so bei Ungerers Trunk-Stück, das mehr an eine temperamentvolle Dorfschöne erinnert, zupackend und heißblütig, weder arrogant-spröde noch kreischend vulgär.

In der fünften Generation wird bei Ungerers Weinbau betrieben. Dem Spätburgunder, der mit aller gebotenen Umsicht gelesen wird, stellen Eingeweihte schon lange den Persilschein für höhere Feierlichkeiten aus. Alles in allem ein tatkräftiges, funktionierendes Familienunternehmen, fest verankert im Sozialgefüge der Schnabulierer des westlichen Kraichgaus.

Bald kommt es über einen, entfaltet seine Eigenzeit und löst erst seinen Bann, wenn der Zecher alles gegeben hat, was in seiner Macht stand. Es ist das Besen-Gefühl, das so eine gewaltige Sogwirkung ausübt. Wahrscheinlich liegt hierin die Begründung, weshalb sich die Hiesigen einfach nicht vorstellen können, wie man nördlich der Weinbaugrenze überhaupt überleben kann. (Wie umgekehrt natürlich auch – denken wir nur an die Düsseldorfer Altbier-Gemeinde oder die Friesische Pils-und-Köm-Fraktion …)

Es entsteht etwas, das der Heidelberger Philosoph Hans-Georg Gadamer als das Wesen des Festes beschrieben hat. Niemand der Teilnehmer wird vom Geschehen ausgeschlossen, es ist zugleich offen und umrahmt. Doch nur denjenigen, die sich ganz einsaugen lassen, offenbart sich der spezifische Charakter: ein Tanz, dessen Regeln man nur lernt, indem man zu tanzen beginnt; eine Freude, die schwindlig macht, ohne dass es nötig wäre, die Orientierung zu verlieren.

Ungeachtet solch gewagter – womöglich gänzlich unnötiger – Erwägungen empfiehlt es sich dringend, sich von dem rustikalen Namen „Zum bärtigen Winzer" nicht verunsichern zu lassen. Kein verwegener Waldschrat wird einem begegnen – und wenn doch irgendein Geist, dann der der Gastfreundschaft.

Hausmacherplatte mit Limburger in süß-saurer Soße

Inspiration:
Bärtiger Winzer

Wir schichten mit Gespür und ästhetischem Sinn Stücke vom Schwartemagen, von der festen Leber- und Blutwurst und was die Hausmacher-Welt sonst so hergibt mit Zwiebeln und geschnittenem Limburger übereinander und mühlen eifrig schwarzen Pfeffer drüber. Noch weiter obendrauf kömmt die süß-saure Soße aus wenig Öl, mehr mildem Kräuteressig, noch mehr Fleischbrühe, Weißwein, Traubensaft und Salz. Besenbrot dazu!

Wohl dem Örtchen, wohl der Stadt, die einen solchen Besen hat: Der „Bärtische" in Malsch.

Biene-Maja-Stimmung. Lebensraum für allerlei Insekten, Vögel und ... müßige Spaziergänger.

Auf der Spur einer Sensation

Bad Schönborn – Zeutern – Stettfeld – Ubstadt-Weiher – Bruchsal

ROUTE 4

Eineinviertel Jahrhunderte, nachdem Johann Philipp Bronner unter Einsatz seiner Gesundheit frisches Rebmaterial in den Kraichgau gebracht hat (Route 2), macht sich eine Gruppe von Winzern aus dem vor allem Fußballfreunden bekannten Städtchen Auxerre auf gen Westen. Nach den üblichen Wirren der Reise geraten sie endlich ans Ziel; ohne es zu ahnen, verkosten sie bei Klumpp in Bruchsal den ersten Auxerrois ihres Lebens. Die Männer sind begeistert, gerührt ... getroffen vom Blitzschlag einer historischen Erfahrung. Niemand von ihnen hatte auch nur geahnt, dass irgendwo auf Erden eine Rebsorte existiert, die den Namen ihrer Heimatstadt trägt. Denn dortselbst war der „Auxerrois" seit etlichen Jahrzehnten ausgestorben. Wiewohl es sich beim Auxerrois um eine Rebe handelt, die Nickligkeiten aufweist, wünscht man sich doch ein Happy End: Möge der Auxerrois wieder angepflanzt werden, wo er vor Zeiten seinen Ausgang nahm. Am besten natürlich auf einem Qualitätsniveau, wie es von Uli Klumpp erreicht wird, einem der Pfadfinder des neuen Kraichgauer Weinbaus.

Weinreisen von Winzern, das ist schon etwas sehr Spezielles. Wie mag es Weinbauern aus der Champagne ergehen, wenn sie auf einer Baden-Tour (!) einem Sekt wie dem 2003er-Rosé von Klumpp begegnen? Man kennt dieses halb hingerissene, halb verzweifelte Schweigen, dem sich nur widerstrebend ein standesgemäßes Lob entringen mag. Vergleichbar wäre allenfalls die erste Niederlage einer englischen Fußball-Nationalmannschaft gegen Australien ... Immerhin – es sind längst nicht mehr nur die Deutschen, die in alle Welt ausschwärmen, um in der Rebenkunst zu lernen; die Welt schwärmt zurück. Dass ausgerechnet Bruchsal, dem in der Weinwelt bis vor nicht allzu langer Zeit in etwa ein Ruf zugebilligt worden wäre wie ... sagen wir Duisburg oder Moskau, zu einem

Historische Restbestände. Zwischen Bad Schönborn und Bruchsal dominiert ansonsten neuzeitlicher Pragmatismus.

Architekturperlen. Heilquellen bringen auch wirtschaftlichen Segen.

DER SPAZIERGANG Von der Haltestelle „Salzbrunnenwiese" in Ubstadt-Weiher traben wir kuhäugig durch zwei Sträßchen bis zur **Hammerschmiede**. Nur so lässt sich der Kontrast voll auskosten. Hartgesottene, die es allen Ernstes noch schaffen, wieder aufzustehen, dürfen sich in Richtung der Felder und Wäldchen durchschlagen. Es führt sogar ein regelrechter Wanderweg an Stettfeld vorbei nach Zeutern. Was man da zu tun hat, wird nachfolgend eindringlich beschrieben.

Vermessungspunkt internationaler Höchstleistungen geworden ist, entbehrt ebenso wenig der Komik wie es eine gewisse Hoffnung impliziert: Potenziell kann jeder mit dem Hirtenstab einen Quell aus dem Felsen schlagen, verfügt er über genug Leidenschaft. Kleingläubigkeit? Ist was für Spießer.

Nun mal ehrlich: Wenn uns jemand erzählte, der Gewürztraminer aus dem Duisburger Binnenhafen sei der Beste der Welt, würden wir wahrscheinlich umgehend den Gesprächspartner zu wechseln versuchen. Ein ähnlicher Verlauf steht zu befürchten, wird etwa zwanzig Kilometer vom Tatort entfernt erwähnt, Bad Schönborn, Ubstadt-Weiher und Bruchsal seien üppige Blütengründe der Weinkultur. Die entzückende „Schönborner Haftanstalt" einmal ausgenommen, spiegelt dieser Abschnitt an der B 3 das Nüchternheitspostulat deutscher Nachkriegsbaukunst überdeutlich wider: Man nehme ein paar intakte Bauerndörfer nebst zerbombtem Residenzstädtchen, lege zwei bis fünf Durchgangsstraßen durch die Ortskerne und garniere das verbliebene Grün mit Tankstellen, Einkaufszentren und garagenartigen Doppelhaushälften für Ritalin-Familien.

Komplizierte Öffnungszeiten.
Aber unvergesslich, wenn man Glück hat: Der Engel zu Ubstadt.

Tourismus gibt es allerdings auch – einerseits dem Kurbetrieb Thermarium, andererseits einem Tierpark in Miniaturausfertigung geschuldet. Erst zwei, drei Kilometer Richtung Landesinneres wächst eine Ahnung von der einstigen Lieblichkeit; auch die 900-jährige Weinbautradition lässt sich durch ein paar verbliebene Zeugen vernehmen. Erhöht zwischen Bad Schönborn-Langenbrücken (mit dem rasant emporklimmenden Heimatweingut Bosch) und Ubstadt liegt ein Winzerdorf mit vorzeitlichem Namen: Zeutern. Aus den Trauben der Einzellage Himmelreich wird nicht nur in Wiesloch Beachtliches gekeltert. Aussagekräftige Überlieferer der weinreichen Ortsgeschichte, fungieren die Winzerhöfe Herzog, Reiser, Kneller, Kunz und Staudt heute als Lordsiegelbewahrer. Daneben: Stettfeld, nicht minder traditionsbeladen, ein echtes Römerdorf. Hier hat Markus Hafner vor kurzem den Betrieb aus Vaters Hand übernommen.

Einmal mehr: Typisch Kraichgau! Wie einst Indiana Jones im Dschungel muss man schon ein wenig suchen, bis die Tempel der Kostbarkeit ihre Pforten auftun. Zwischen Stettfeld und Langenbrücken, oberhalb der B 3, lässt sich ein wenig Rebengrün erahnen. Ungeachtet umfassender Industrialisierung und gesellschaftlicher Deregulierungsprozesse, lebt in Zeutern eine pfiffige Dorfgemeinschaft fort; Originale unterschiedlichster Couleur geben sich in Staudts Weinstube ein Stelldichein. Dies ist kein Zufall, gilt Rüdiger Staudt doch zu Recht als sympathischer Wagehals, der auch gemeinhin als unlösbar geltende Aufgaben kaltschnäuzig angeht (reinsortiger Dunkelfelder ... Weißburgunder aus dem Barrique). Kreative Kräfte, dies sei noch einmal festgestellt, kamen schon immer aus der Provinz; ohne sie wäre Berlin längst wieder ein Kuh(damm)dorf, wo dödelige Nachwuchsdesigner in den Endlosschleifen des Plagiats verdämmerten.

Wer weiß, ob das Weingut Hammerschmiede zu Ubstadt schon beim Erstbesuch derart umwerfend und anheimelnd wirkte, tauchte es nicht unvermittelt aus der Rammdösigkeit endloser Reihenhaussiedlungen auf. Bewahrung durch Beseelung: Neuer Geist fährt ins Alte und schafft eine Harmonie, wie sie nur gelingt, wenn alle Elemente zusammenstimmen. An den Ufern des Kraichbachs gelegen, erscheint die Hammerschmiede

---

Saure Nierle in dunkler Soße

Inspiration:
Engel, Ubstadt

Vorverarbeitete Nierlescheiben vom Metzger (wer unbedingt will, kann sie auch selber schneiden, viel Spaß dabei) (nochmals) in Milch einlegen, abtropfen lassen und bemehlen. In der enorm heißen Pfanne kurz wenden, ablöschen mit Essig und Rotwein, aufgießen mit dunklem Fond. Würzen mit Pfeffer und Salz, etwas einreduzieren lassen, bis die Sache eine cremige Konsistenz hat. (Aber nicht die Nierlescheiben, die sollen nur weich sein.) Am schönsten wirkt es, wenn kein Schnickschnack dabei ist, sondern die Atzung im tiefen weißen Teller auf dem Tisch steht. Bratkartoffeln oder Spätzle? Kommt darauf an, wie knusprig Ihre Bratkartoffeln sind.

St. Andreas:
Hoch erbautes Einzelstück, eingeknotet in die Schlaufen der B3.

als ein Quellgrund individueller Kraichgauer Weinbau- und Lebenskunst.

Von ganz eigenem Charme übrigens die kuttelreiche, nierenlöbliche Ubstadter Speisegaststätte **Zum Engel**; Bratkartoffeln, Heimatweine und ein Platz im Freien gehen abendfüllende Verbindungen ein. Geduldig verfolgt man die Anstrengungen des Mondes, sein Horn in den Turm der von Kardinal Schönborn entworfenen Ubstadter Kirche St. Andreas zu bohren.

Aber war da nicht noch etwas? Ging nicht die Rede von einer Sensation – ward nicht der Ortsname Bruchsal genannt? Einmal nicht in Verbindung mit dem nach der Zerstörung bald ein halbes Jahrhundert lang renovierten Rokoko-Schloss, sondern mit europäischen Spitzen-Auszeichnungen ... Weder zu leugnen noch letztlich zu ergründen, hat sich das Bruchsaler Weingut Klumpp unter den führenden europäischen Ökowein-Betrieben etabliert. Vom quirlig geschmeidigen Auxerrois bis zum roten Überhammer streift den Weinpilger der heilige Schauer der Vollkommenheit. Das einfallsreich bekochte Weinbistro am grünen Rand des grauen Bruchsal entfaltet als Qualitätsoase seinen Zauber leider nur noch an bestimmten Tagen im Jahr. Ein gnädiger Bannfluch gegen das Schnöseltum scheint über dem Ort zu schweben, so natürlich-selbstverständlich ist hier der Umgang mit den Wein-Adepten. Dass das Weingut Klumpp auch in Zukunft vor der Übernahme durch Weinsnobs gefeit bleibt, dafür garantieren inzwischen zwei Generationen mit ihrer ungekünstelt-humorvollen, kenntnisreichen Lebensart.

Weingut Bosch
Bad Schönborn-Langenbrücken

*... im Moment dabei,
etwas zu bauen.*

Davon träumen alle: Das Unausdenkliche entdecken. Die Nordwestpassage, wo das Packeis (noch) im Permafrost liegt ... Ein gehörntes Schnabeltier, das als längst ausgestorben gilt, inmitten der westpfälzischen Tundra ... Oder eben ein Weingut, wo gar keins sein dürfte. Und nicht irgendeins. Sondern ein krönender Glücksfall: Denn vom ersten Probierschluck an bemächtigt sich des Neugierigen eine Mischung aus Entdeckerstolz und schlichter Hochachtung.

Bad Schönborn-Langenbrücken. Ein Neubauviertel. Die Wohnküche wird zum Verkostungsraum. Und der Gaumen erlebt eine wonnige Verstörung. „Huch! Mosel? Oder nein – Burrweiler Schäwer? Auch nicht ..." Was so unerwartet nach Schiefer schmeckt, ist auch welcher. Minutenlang bleibt er liegen. Das Liegen hat er ja von Grund auf gelernt. Nämlich bis Mai, Juni auf der Feinhefe. Ja, wer denn nun? Es ist ein Bad Schönborner Goldberg Riesling Spätlese trocken von 2005. Nie gehört? Wau! „Mir habbe relativ viel Riesling dasitze ..." Hätten wir auch so gemacht. Und wo? Wahrhaftig, in einer Schiefergrube. Der Großvater berichtet von Kreuzottern zwischen spitzem Gestein.

Angefangen haben Rudolf und Ludwig Bosch 1994 mit 2 ha Riesling, Müller-Thurgau und Spätburgunder. Und – ein Segen für jedes Weingut – die nächste Generation steigt voll ein. Andreas Bosch ist ein echter „Geisenheimer," hat bei ersten Betrieben gelernt: Christmann, Lucashof. Der fröhliche Wettlauf zwischen Kraichgau und Pfalz erinnert ein wenig an die Wirtschaftskonkurrenz zwischen Deutschland und Japan in den 70er / 80er-Jahren. Wobei den Kraichgauern eindeutig die Rolle der hurtig lernenden Japaner zukommt. Wir wissen, wie die Sache damals ausgegangen ist: den Hauptgewinn haben die Japaner gezogen.

Die Winzerfamilie wird kaum beleidigt sein, wenn man sie als ausgemachte Langenbrückener „Terroiristen"

Gutenbergstraße 8
Bad Schönborn
OT Langenbrücken
07253 3852
Verkauf ab Frühjahr 2008:
Oberer Lußhardt 1/1
76709 Kronau

Andreas Bosch, eine der großen Hoffnungen des Kraichgaus.

Gegenreformation.
Heilige, Engel und Marienbilder zieren die katholischen Teile des Kraichgaus allenthalben.

tituliert. So wollen wir's haben. Bosch-Weine versuchen nicht nach Kaiserstuhl zu schmecken. Sie spüren dem Boden auf den Grund. Schon der Weißburgunder Kabinett trocken offenbart – im Weinfachdeutsch – eine köstliche Stringenz. „Man muss sich selber einzuschätzen wissen. Jeder Betrieb muss sich seiner Stärken bewusst werden," formuliert Andreas Bosch zitierfähig. Dabei scheut man ungewöhnliche Maßnahmen nicht. Aus Versuchsanbau stammt eine Frühburgunder Spätlese trocken, die vom Potenzial her gut und gerne drei bis fünf Jahre nach Füllung ihren Höhepunkt erklommen haben dürfte. Nicht anders verhält es sich mit dem Spätburgunder. Und mit der roten Cuvée aus Cabernet Mitos und Portugieser. „Das Barriquefass ist für uns ein willkommenes Instrument." Es wird mit Feingefühl gehandhabt.

Rudolf Bosch ächzt auf: „Der Neubau steht zurzeit im Mittelpunkt." Der Neubau ... das ist das richtige Signal. Frisch gewagt! Heraus aus der Bude und hinein ins frohe Treiben! Wer ein butzeliges Gütchen mit Sandsteintoreinfahrt und Geranienkästen erwartet, hat das Prinzip Bosch noch nicht verstanden. Man bedient sich nicht der Tradition, man schafft sie. Und zwar im Gewerbegebiet. Funktional, modern, aber nicht ohne Herz und Humor. Der Kraichgau sollte die Arme weit aufmachen: So ein Weingut kommt gerade recht. Eine entsprechende Repräsentation kann da nicht schaden.

„Wir kriegen zurzeit Weinberge angeboten ohne Ende. Irgendwann muss ich mal Nein sagen." Das ist natürlich schade. Aber vielleicht findet das Beispiel ja Nachahmer. Zumal trotz außerordentlicher Qualitäten durchaus keine Hochpreispolitik betrieben wird. Rudolf Bosch fasst es so: „Man muss auch an die einfachen Leute denken. Die haben auch das Recht auf eine gute Flasche Wein." Ein Satz, den die Produktionsmanager der Weingüter-Prominenz täglich vor Arbeitsbeginn memorieren sollten. Vielleicht sogar an der Mosel. Mitten im Schiefer.

Exzellenz-Initiative.
Auch in Rot geht es bei Boschs voran ... mit seltenem Frühburgunder und dichten Spätburgundern.

Weingut und Brennerei Staudt
Zeutern

Die Hexe hext!

Wenn sich während einer Weinprobe die jüngste Tochter des Winzers einmischt und umstandslos die Hausaufgaben zum Durchkucken vorlegt, ist eines schon mal klar: Hier kann man auf keinen Fall falsch sein. Abgesehen vom Sympathiebonus, wäre die Nachhilfeeinheit nicht einmal nötig gewesen. Souverän und korrekt hat die Kleine ins Aufgabenheft notiert: „Die Hexe hext." Es muss eine gute Hexe sein, die im Weingut Staudt ihre Kräfte walten lässt: Was dem Konzernriesen „Walmart" in Deutschland nicht gelungen ist, nämlich durch Freundlichkeit und Vorteilspreise zu überzeugen, lässt sich bei den Staudts in aller Ausführlichkeit studieren. Es weht der Geist des Positiven durchs Weingut, Herzlichkeit und Lebensfreude machen den Unterschied: Man ist willkommener Gast, nicht taxierter Kunde.

Seit über zwanzig Jahren wirkt Rüdiger Staudt im hoch angesehenen Staatsweingut Karlsruhe-Durlach als Kellermeister. Damals ist er „von der Schule gleich runter in den Herbst gerutscht." Offensichtlich ist ihm der Sprung ins kalte Wasser (zugegeben ein extrem unpassender Ausdruck bei Winzern) gut bekommen: Unkonventionelle Entscheidungen, wagemutige Projekte kennzeichnen die hauseigene Betriebsführung. Wenn Worte mit Augen zwinkern könnten, so müsste der Aufdruck „Landwein" auf den Staudt'schen Etiketten permanent blinzeln. Fragwürdigen Vorschriften wird somit kurzerhand die Relevanz genommen. Den perfekten Weißen Burgunder 2003 aus dem Barrique, zurückverschnitten mit einem kleinen Quantum „holzfreiem," würde sich manches südbadische Edelweingut in die Premium-Ecke stellen. Mit Verlaub! Aber den verblüffenden Endpreis von 5 Eurochen halten wir für eine Benefiz-Aktion von Rüdiger Staudt, um auch „Low-Budget-Hedonisten" (Wortprägung von Rainer Finne, Wein Gourmet. Vielen Dank) den Genuss eines Top-Weins zu ermöglichen.

Kapellenstraße 56a
Ubstadt-Weiher, Zeutern
07253 50715

Da geht's lang!
Staudts Weinstube, Zentrum Zeuterner Geselligkeit.

Staudts Weinstube:
Treffpunkt wirklich witziger Originale und Auxerrois-Fetischisten.

Verfallsästhetik.
Im Kraichgau wird nicht alles auf Hochglanz poliert; an manchen Stellen darf man gewärtigen, dass die Gegend schon vor 1970 besiedelt wurde. Aber bitte nicht verwechseln: das ist nicht das Weingut Staudt!!!

Bei den anderen Weißen besteht freie Auswahl zwischen der 1-Liter- und der 0,75-Liter-Klasse. Einladend zu Abenden an Fluss und Balkongeländer sind der vorzüglich abgerundete halbtrockene Rosé und der trockene Riesling. Einen echten Brummer hat man sich damals mit dem '03er Spätburgunder ins Haus geholt: „Ohne Verblendung hebb i den aus'm Holzfass naus g'holt ..." Sämtlichen Trauben wird bei Staudt das Labsal der offenen Maischegärung zuteil, „wie's früher g'macht worde isch." Das kann dann vier bis sechs Wochen dauern. Weitere Besonderheit: Ein reinsortig ausgebauter Dunkelfelder, der sich unter Rüdiger Staudts Händen zu fühlen scheint wie ein verspannter Romancier unter den Händen der Masseurin.

Ein Club „heilfroher Auxerrois-Spezialisten" kommt des Abends in der hauseigenen Weinstube zusammen, genießt die maßlose Weichheit dieses Weines, dem ein Pfiff Säure seinen speziellen Charakter verleiht – und legt logopädische Sondereinheiten ein, um sämtliche Prononziazionsmöglichkeiten parat zu haben ... bis hin zu „Oxawa." Unterstützt von höchst manierlichem Kalbsnierenbraten, verhandelt die Expertenrunde die Themen der Zeit. „Du musst morgens, mittags, abends mit den Zwiebeln lächeln," erklärt Horst Allion, „Zwiebelkönig" und „Herr des Häckselplatzes." Erich Dreher, bis 2035 gewählter Präsident der freien „Republik Steinacker" und Lokalhumorist, erläutert das „Zeuterner Gefühl:" „Des isch zwar net de Nabbel de Welt, aber mindestens en Deil devoo ..."

Zur einer Art Séance wird der Zirkel, wenn Rüdiger Staudt Schnäpse aus seiner Brennerei beisteuert. „I hätt nie gedacht, dass Brenne so schwer isch," beteuert er zwar, gibt jedoch zugleich ein Beispiel, dass man eigentlich alles lernen kann. Geheimnisvoll balsamiert die „Blutwurz" die Magenwände ein. Und der Bärlauchbrand gestattet Spaziergänge durch Frühlingswälder auch außerhalb der Saison. Wenn das mal keine Hexerei ist ...

Weingut Hafner
Stettfeld

Im Glas wie er g'wachse isch

So muss es gewesen sein: Eine gänseblümchendurchblühte Wiesenfläche vor der villa rustica, Kinder und Hunde spielen und juchzen, die Eltern probieren den neuen Jahrgang, Großmutter legt den Römerbraten in Weißwein ein ... und Großvater repariert den Trecker. Bis auf Letzteres mag es sich so abgespielt haben in Stettfeld vor bald 2000 Jahren. Wir befinden uns aber nicht in einem römischen Gutshof, sondern im Weingut Hafner. Drei Generationen tummeln sich heute in Haus und Hof und arbeiten an der wiedergewonnenen Ehre des Stettfeldes Weines. Es herrscht ein tiefes Bewusstsein dessen, was hier vor so langer Zeit geschehen ist; mag Stettfeld auch kein Kandidat für „Unser Dorf soll schöner werden" sein – man identifiziert sich mit der Tradition aus römischen Besiedlungstagen.

„Mir wusste auch net, was mir anders mache sollte; i glaub, mir sin ganz zufriede," gibt Markus Hafner Einblick in eine wie naturgegebene Entwicklung. Seine Eltern haben den Betrieb in den Siebzigern aufgebaut. Vater Hans gehört noch immer die Oberhoheit über die hauseigene Brennerei: „Eigene Destillate aus eigenem Obst, nix irgendwo Gekauftes!" Der Stolz ist berechtigt. Schon der originelle Johannisbeerlikör überzeugt auf Anhieb: ein phantastisches Süße-Säure-Spiel, bei Likören selten anzutreffen. Oder wie wär's mal mit

Schönigstraße 2
Ubstadt-Weiher
07253 5414
www.weinguthafner.de

Gründer-Vater Hans Hafner, ein großer Brenner vor dem Herrn.

The next generations: Markus und Laura Hafner.

Verständlicher Frohsinn:
Hafners Cuvée Laura; so kann's weitergehen.

einem Erdbeer-Brand? Einem Kräuterbrand? Oder einem aus Blaubeeren?

„Bei uns ist jeder Tag heiter. Sie dürfen das Leben nur nicht zu ernst nehmen." Scheinbar hat Markus Hafner etwas geerbt vom philosophisch grundierten Epikureismus der alten Römer. Allerdings darf man nun keine tönernen Amphoren erwarten; „die Rotweine sind alle aus dem Holz." Seidig-angenehm okkupiert der '05er Regent den Gaumenraum; sechs Monate hat er sich im neuen Eichenfass aufgehalten. Neu entwickelt wurde die T-Linie: Terroirgeprägte Weine, die aufgrund von Seltenheit nicht in der Preisliste aufgeführt werden. Vielversprechend kommt die Cabernet-Cuvée „Laura" (selbstverständlich: das Töchterlein ...) daher, geschaffen aus Cabernet. Mitos und Dorsa. Entwicklungsfähig, doch schlürfig-frühreif gibt sie Auskunft, wohin es mit dem Weingut gehen soll. Eine durchaus wünschenswerte Richtung oder: Ist der Winzer glücklich, freut sich der Weinfreund.

25 % Auxerrois hat Markus Hafner in Zeutern stehen. Daneben besitzt er Lagen in Oberöwisheim und natürlich in Stettfeld. Sehr leicht, beinahe höflich, eignet sich der 04er zu ätherischen Speisen. Ähnlich „soave" ist der Weißburgunder 2006 ausgefallen. „Schon etwas mundiger" tritt der Grauburgunder auf, „einer, der Spaß macht!" Er ist der „Classic-Linie" des Weinguts zuzuordnen – neben Riesling und Spätburgunder: „Drei Rebsorten. Drei Weine. Ein Sonderpreis."

Verblüffend, dass die Vermarktung zu 100 % direkt ab Hof funktioniert; so mittendrin im Getöse liegt Stettfeld ja nun auch wieder nicht. Mithin, Kundentreue ist eine der angenehmsten Formen der Bestätigung, die sich ein Winzer wünschen kann. Gefragt nach Zukunftsplänen, sprich Betriebsausweitungen, entgegnet Markus Hafner ohne Umschweife: „Immer." Es ist nicht überliefert, ob Petronius, Leibdichter am Hofe Neros, auf seinen Reisen auch nach Stettfeld gekommen ist. Wie dem auch sei, er hätte Gelegenheit gefunden, sich selber zu zitieren – zum Beispiel den berühmten Trinkspruch des Trimalchio aus den Satyrica: „eheu, inquit, ergo diutius vivit vinum quam homuncio. quare tangomenas faciamus. vinum vita est." (Ach je, sprach er, so lebt der Wein denn länger als ein Menschlein. Also lasst uns Prösterchen machen. Wein ist Leben.)

Wein- und Sektgut Hammerschmiede
Ubstadt

Leidenschaft Landwirtschaft.

Kaum ein Begriff ist im vergangenen Jahrhundert so heruntergekommen wie der des „Romantischen." Was war denn ursprünglich einmal damit gemeint? Ein gesteigertes Lebensgefühl, dessen Antriebskräfte zur Bildung umfriedeter Freiheitsräume innerhalb einer pragmatisch-brutalisierten Umwelt versammelt wurden. Cum grano salis lässt sich auch das Phänomen des Aussteigers (noch so ein Wort ...) vor diesem geistigen Hintergrund verstehen. Als die Pädagogin und der Physiker Brigitte und Lothar Blau in den Siebzigern die still gelegte und gelegene Ubstädter Hammerschmiede bezogen, um Landwirtschaft aus Leidenschaft zu betreiben (zunächst mit Hühnern), war wohl ein idealistischer Ansatz mit Ausschlag gebend: Etwas gut machen, wo so viel schlecht gemacht wird.

Um einen weiteren patinierten Ausdruck zu verwenden: Es ist die Wahrnehmung einer fremd-vertrauten Aura, die beim Anblick der Hammerschmiede verblüfft und gefangen nimmt. Einst hat der Kraichbach hier die Schmiedehämmer bewegt – und noch immer ist es dieses Beieinander von Bach und Behausung, das jenes „Genau-so-muss-es-sein-Gefühl" aufkommen lässt. Wäh-

Seegrabenstr. 1
Ubstadt-Weiher
07251 961555
www.weingut-hammerschmiede.de

Der Garten der Hammerschmiede:
So hinreißend wie unerwartet.

rend im inzwischen rings umzingelnden Neubaugebiet Zwergwuchsrabatten, Tujas und Jägerzäune dominieren, umarmen Holunderbüsche (sic!), breit schattende Laubbäume und Dutzende Oleander das Anwesen.

Ein Gespür für das Tunliche und Ziemliche ließ das nicht zu überschätzende Engagement der Blaus für die Hammerschmiede zu solch einem ästhetischen Triumph werden. Ob im bezaubernd gestalteten Weingarten oder im galerieüberwandelten Gastraum – überall vernimmt man die Stimme der Inspiration.

Wiewohl geschult durch seine Tätigkeit bei der Genossenschaft (im Direktanschluss ans Physikstudium), kann Lothar Blau als Prototyp des Autodidakten gelten. Hervorragend harmonieren seine Weine mit der Badisch-Mediterranen Küche, die vom Flammkuchen (u. a. „grün" mit Kräutern der Provence oder mit Trockentomaten und Sardellen) bis zur „Neigungsgruppe Nudeln" findigen Einheimischen und kulinarischen Touristen intensives Wohlleben beschert.

Weniger hochdramatisch als die gleichnamige Oper, aber intonierungssicher und mitreißend, macht der weiße „Fidelio" den Auftakt. Auch ein Rosé aus Spätburgunder darf den hehren Namen tragen; ab 25 Grad Außentemperatur dürfte es schwer fallen, davon noch einmal loszukommen. – Erstaunlich säurebetont stürzt sich die 2002er Cuvee aus den sonst so feinsinnigen Sorten Auxerrois und Weißburgunder in den Gaumen. Dafür crèmt der Kraichtaler Spätburgunder Auslese '03 die Geschmacksnerven üppig ein mit schöner Fruchtreife: monströses Potenzial, flüssiges Denkmal eines großen Sommers.

Nach Tochter Lena wurde ein Rosésekt benannt. Vier weitere Kinder beleben die Hammerschmiede – überhaupt: „Das ist ja das Schöne, dass man täglich Abwechslung hat; alles andere ist arebet," verweist Lothar Blau auf die (nicht nur) mittelhochdeutsche Erkenntnis, wonach entfremdete, stereotype Tätigkeit dem Menschen nicht gemäß sein könne.

Vollkommen überzeugt die Souveränität, die den Winzer auf Prämierungen mittlerweile verzichten lässt. Es ist ja das alles auch gar nicht nötig. Selber schuld, wer den Weg in die Hammerschmiede nicht suchet und findet. Die Pädagogin im Hause würde wohl von einer reinen „Komm-Struktur" sprechen ...

Flammkuchenseligkeit
in der Hammerschmiede.

Weingut Klumpp
Bruchsal

Am Anfang aus Spaß an der Freud' ...

Heidelberger Straße 100
Bruchsal
07251 16719
www.weingut-klumpp.de

Nouvelle Epoque Noir – das klingt so programmatisch wie selbstbewusst. Welchen Sinngehalt gilt es zu bergen, wenn Uli Klumpp eine „Neue Ära" mit diesem barriquegereiften Weinbrand einläutet? In Abgrenzung zur Belle Epoque sind Plüsch und Überladenheit im Weingut Klumpp nicht anzutreffen; allzu sachlich-asketisch darf es aber auch nicht zugehen, wenn die ökologisch fundierte Idee des „Guten Lebens" nicht zum bloßen Etikett werden soll. Die Synthese haben die Klumpps selbst geschaffen: Nach EcoVin-Maßstäben wirtschaftend seit 12 Jahren, mit internationalen Preisen überhäuft, familiär-nonchalante Atmosphäre am grünen Rand des grauen Bruchsal, dazu ein Weinbistro, wo Lebensart und Genusskultur auf angenehm unprätentiöse Weise gepflegt werden – voilà, wenn das keine vita nova, kein Paradigmenwechsel, kein urbar gemachtes Neuland ist!

Nach dem Ende der anekdotenreichen „Wippels Weinstube" in der (ehemaligen) Bruchsaler Altstadt – was so manchen seines Lebens-Mittelpunkts beraubt haben dürfte – finden wir im von Klumpp'schem Einfallsreichtum gesegneten Weinbistro die richtige Mi-

Weinglas und Staffelholz.
Vater und Sohn Klumpp kosten vom Roten.

schung, wo das Beste des Überlieferten mit dem Überzeugenden des Neuen Verbindungen eingeht. Bedingt durch die permanente Ausweitung des Weinguts, beschränken sich „Mariettas Küchenphantasien" mittlerweile auf ca. 8 Abende / Kurse pro Jahr. Weiträumige Voranmeldung wird strikt anempfohlen.

Frau Klumpps Phantasie scheinen keine Grenzen gesetzt. Neben in jahrzehntelanger Erfahrung zur Vollendung gereiften Schweinenieren in saurer Sauce regen gegrillter Gemüsesalat mit Bärlauchmousse und Frischkäse-Tarteletts oder Kartoffelklöße mit Ricotta-Kräuter-Füllung die Ausprobierfreude an. Auch die Sauerampfersuppe mit Strohkartoffeln erscheint in höchstem Maße nachkochenswert.

Der Seniorchef, welcher Sensorik-Seminare bis in die Schweiz hinein leitet, geht bei aller Betriebsplanung immer noch genialisch-spontan vor. Da kann es schon mal vorkommen, dass er vom häuslichen Kaffeetisch aufspringt und mit dem Traktor hinaus fährt in eine der verstreuten Lagen bei Bruchsal, Zeutern, Unteröwisheim, Ubstadt – weil er fühlt, dass ihn der Weinberg jetzt braucht. So im Hochsommer 2003, da er zum Entsetzen der umstehenden Winzer die Erde auflockerte und am 20. August (!!) die Lese begann. Der Dank für die Fürsorge lässt nicht allzu lange auf sich warten. Im Herbst, wenn die physiologisch vollreifen Trauben handgeerntet werden (Kerne zerkauen – aha, nicht mehr bitter, also: Helfer, bitte antreten!), spätestens bei der Probe des neuen Jahrgangs wird klar, dass hier etwas ganz Besonderes läuft. Europaweit gesammelte Erfahrung verschmilzt mit der individuellen Fähigkeit, den Boden zu lesen, das Wetter zu riechen, die Rebstöcke zu hören ...

Kaum einer weiß so viel über den önologischen Vorfahren Bronner aus Wiesloch wie Klumpp. Der Auxerrois 2004 Kabinett trocken ist die schönste Referenz, die sich der alte Weinforscher hätte wünschen können. Es ist darin eine speziell abgerundete Fruchtigkeit, die sich vergleichbar im Pinot Rosé Sekt Brut findet – welchselbiger imstande wäre, ein komplettes Menü allein nuancenvariabel zu begleiten. Kaum notwendig zu erwähnen, dass dieser badische Champagner bei der EcoVin-Prämierung in Freiburg vorne lag und Kollegen aus der Original-Champagne ins Grübeln brachte.

Die Klumpps können einfach alles.
Traditionelle wie neue Sorten fühlen sich gleichermaßen gut behandelt.

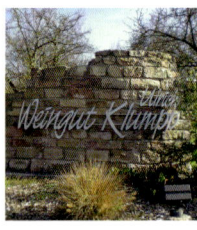

Naturintegrativer Ansatz.
Was viele für unmöglich hielten, beweist das Weingut Klumpp Flasche für Flasche: umweltschonende Top-Weine.

Ach ja, die Klumpps und die Auszeichnungen ... Hätte es jemand für möglich gehalten, dass der renommierte Europäische Weinpreis „Best of Bio" für Rotwein – vor Spanien, Italien, Frankreich, Österreich – einmal nach Deutschland gehen würde? Nach Bruchsal, für einen Spätburgunder? Auf der Biofach 2005 stammten zwei von drei Barrique-Siegern vom Weingut Klumpp. Noch Fragen?

Freilich: Wie soll es, kann es jetzt noch weiter gehen? Mit neuen Lagen (eine Bordeaux-Blend bei Unteröwisheim – Wahnsinn), neuen Sorten: Sauvignon Blanc, Shiraz, Cabernet Sauvignon, Merlot, Cabernet Franc. Der Weinausbau liegt inzwischen in den Händen von Sohn Markus. Der großartig ausgewogene Jahrgang 2005 oblag schon ganz seinem frühvollendeten Können. (Wenn auch der Herr Papa zu mitternächtlicher Stunde den einen oder andern Blick in den Keller zu werfen wagte ...) Für seine Diplomarbeit über Rotweinbereitung hat Markus Klumpp vor kurzem die höchst mögliche Auszeichnung erhalten. (Was denn sonst?) Andreas Klumpp, der jüngere, wählt für seine Ausbildung ebenfalls die via regis: Von Christmann über Deinhard zu Knipser. (Wo denn sonst?) Das ist die Kategorie.

„In diesem Jahrgang wird sich die Spreu vom Weizen trennen," vermutet Markus Klumpp vom Problemjahr 2006. „Die dreifache Zeit haben wir gebraucht für die Handlese." Die Top-Gastronomie der Region wird die Karaffen wienern. Die weißen Sorten standen bereits im Februar 2007 auf festen Füßen. Ausgewogen, wundervoll, extraktreich der Auxerrois, der Weiß- und Grauburgunder, der Blanc de Noir. Seit einigen Jahren im wahrsten Sinn der Renner im Frühjahr: ein vielfach prämierter Lemberger Rosé, der jedesmal bei seinem Erscheinen einen regelrechten Run unter den Fans auslöst.

Gutsweine wird es aus 2006 keine geben. Dafür auserlesene Editions-Weine. Königin der 3-Stern-Premiumlinie ist die Cuvée „M". Zehn Monate Barrique-Reife, je ein Drittel Cabernet, St. Laurent und Spätburgunder, limitiert auf tausend Flaschen. Ein Wein, den man bei jedem Schlückchen fragen möchte: „Wer bist Du?" Und er gibt Antwort. Tiefgründig, geistreich, ausführlich. Ein Monolog der Erde.

Rummms!
Die Cuvée M: ein zärtliches Machtwort, ein Ausrufungszeichen, ein großer Monolog der Erde.

Rechtzeitig reservieren!
Der Austragungsort von Mariettas Küchenphantasien.

Schloss Bruchsal

Engagement und Belebung

Das Bruchsaler Schloss steht nicht einfach nur steif in der Gegend herum wie viele seiner Kolleginnen und Kollegen. Nein, ein hoch aktiver Kreis einfallsreicher Gesellen belebt das Schlossinnere mit weinorientierten Kultur-Aktionen. Hubertus Kuhnert, ehemaliger Leiter des Hochbauamts Bruchsal, übernimmt für die Staatliche Verwaltung Schlösser und Gärten zwei der vier Sonderführungen pro Jahr. An verschiedenen historischen Stellen wird Halt gemacht, Wein probiert – und Kuhnerts so kenntnis- wie geistreichen Ausführungen gelauscht. Zehn Kraichgauer Winzer und Genossen haben sich zusammengeschlossen und im Hofkontrollamtsgebäude den Weinschauraum eingerichtet. Leicht lässt sich in diesem Ambiente die Verbindung zum Weinbau zur Zeit der trunkliebenden Fürstbischöfe herstellen; zweifellos wird das omnisensuelle Verstehen durch die leibhaftige Aufnahme Kraichgauer Getränke unterstützt. Damit nicht genug: In direkter Nachbarschaft wurde von Dr. Wolfram Metzger eine Historische Gaststätte mit musealer Darstellung eingerichtet. Auch hier bleibt der Wissensdurstige nicht aufs Trocken-Theoretische angewiesen. Der Stammtisch tagt unter den beredten Motto: „Dieses Land kannst du nicht leer saufen."

Schloss Bruchsal
07251 742661

Das Musikautomatenmuseum. Generationsübergreifend und anspruchsvoll; eine von vielen ständigen Ausstellungen im Bruchsaler Schloss.

Aus den Arkaden wird geschossen und in den Kabinetten wird gespeist schreibt Gartenpapst Hirschfeld 1782 über das Belvedere im heutigen Stadtgarten.

Im Kraichgauer Halbmond
Östringen – Odenheim – Neuenbürg – Unteröwisheim

ROUTE 5

Dankbare Äbte sind in der Geschichte kostbar, weil selten. In der skurrilen Konkurrenz um den wahrhaft und wirklich einzigen Brunnen, an dessen Wassern der naiv-dödelige Siegfried vom Charaktermenschen Hagen erstochen wurde (nun gut, andernorts wird auch mit Mord und Totschlag in Tourismus gemacht), hat Odenheim ein Sonderdokument vorzuweisen: „Odenheim vor dem Odenwalde ..." steht da in einer Abschrift des Nibelungenliedes zu lesen. Dieses Versstück hat sich als Fake erwiesen. Ein Abt des Stiftes Odenheim soll den Einschub getätigt haben: Aus Dankbarkeit gegen seine Odenheimer Bauern. Entweder waren diese – im Gegensatz zur mönchischen Milde – mit staunenswerter Undankbarkeit ausgestattet ... oder es hat sich um eine einmalige Benefiz-Aktion gehandelt. Denn nicht nur zu Bauernkriegszeiten war die feldarbeitende Kraichgauer Bevölkerung nicht besonders gut zu sprechen auf ihre wenig asketischen Klosteroberen. Zank, Hass und gewalttätige Auseinandersetzungen bestimmten, wie der Heimatforscher Leopold Feigenbutz weidlich ausführt, weit eher den Umgang miteinander.

Zu einer der merkwürdigsten Begebenheiten der Kriegsgeschichte kam es während des Bauernkriegs auf dem Hochplateau zwischen Unter- und Oberöwisheim. Ein Söldnerheer war von Heidelberg ausgezogen, um gegen den „Kraichgauer Haufen" final vorzugehen. Planstabsmäßig tat man auch ein paar herumlungernde, zudem bewaffnete Bauern auf, darunter eine Vielzahl Winzer. Binnen kurzem vermehrte sich dieses Häuflein allerdings so beträchtlich (pensionierte Geschichtslehrer würden wahrscheinlich hinzufügen „wie von Geisterhand ..."), dass die Soldaten des Pfalzgrafen plötzlich extrem in die Minderzahl gerieten. In völliger Unkenntnis der Clausewitz'schen Kriegsregeln gestatteten die Bauern den gedungenen Soldaten den

So sieht sie aus, die kleine Rebe.
Zu diesem Zeitpunkt kennt niemand ihre Bestimmung.

Durstiger Klosterbruder.
Das Bild hat sich festgesetzt, vom Altarbild bis zur Besen-Malerei.

Das Rote Kreuz bei Östringen, Schauplatz einer Mordtat wärend des 30-jährigen Krieges.

Rückzug nach Heidelberg – ehrenhalber. Den Ausgang der Geschichte ahnt man bereits: Kaum zurück im Schloss, wurde Verstärkung geordert und ab ging's so schnell als möglich zurück ins Gebiet der aufständischen Herumlungerer. Es entspricht der Logik der Macht, dass nunmehr die Tugenden der Barmherzigkeit und Ritterlichkeit für eine Weile ausgesetzt wurden. – Mehrfach fielen ganze Dörfer, ungezählte Höfe brach. In düstern Waldstücken finden sich noch immer Reste aufgegebener Siedeleien. Es ist ein melancholisches Unterfangen, solche Örtlichkeiten aufzusuchen. In der Nähe des „Erlenbrüchle" bei Östringen, wo die alte Zopf-Kapelle übrig geblieben ist, hat auch dereinst ein Dorf geblüht. Ungerührt gluckert der Thalsbach Richtung Rheinebene. Mit dem Weingut am Thalsbach wurde in jüngster Zeit ein Zeichen neuer Lebendigkeit in das geschichtsträchtige Tälchen gesetzt. Denn immer wieder versteht es der Mensch, Fatalismus und Zerstörungswut nicht das letzte Wort zu lassen. Und darauf kommt es schließlich an. Was meint der junge Schiller, Sohn des Weingelehrten Johann Caspar?

Der bessre Mensch tritt in die Welt
Mit fröhlichem Vertrauen ...

Wie eine gebogene Mittelachse verläuft ein – freilich unterbrochener – Rebgürtel mitten durch den Kraichgau: Von Östringen über Odenheim, Neuenbürg nach Unteröwisheim. Hier finden wir in nuce, was das Bild des Kraichgaus im Gedächtnis der Kenner bestimmt:

Poetische Aussichten vom „Neiberger" Guggugsnescht über die Wehrkirche St. Lukas zum Silberberg.

jene kleinteilige, mal mehr, mal weniger gewellte Landschaft mit bunter Mischkultur, historischen Zeugnissen bis zurück in fernste Vergangenheiten, von groß dimensionierten Kirchenbauten überthronte Dörfer, die trotz erheblichen Wachstums gewachsene Sozialstrukturen bewahren konnten ... und dann und wann ein Wingert.

Das Kraichgauer Weinrätsel (überall Weine, nirgendwo Reben) gilt in besonderem Maße für Östringen. Selbst ausgewiesene Phantasten, die ein Großteil ihres Lebens im romantischen Widerstand gegen den eliminatorischen Utilitarismus (na, na ...) verbringen, dürften es schwer haben sich vorzustellen, was passiert, wenn man ein paar Meter von der Hauptstraße – einer beliebten Mautzoll-Sparroute für Lastwagen-Brüllochsen – abweicht und sich nach Süden wendet. Ob bei Honolds auf dem Hummelberg oder weiter unten um das Weingut am Thalsbach herum: Im Kontrast entfaltet sich die landschaftliche Schönheit umso üppiger.

Während Ludwig Honold auf elterliche Vorarbeit zurückgreifen konnte und einen hoch angesehenen, viel besuchten Winzerbetrieb mit variantenreicher Angebotspalette etabliert hat, riefen Birgit Frost und Axel Rothermel erst vor wenigen Jahren das Weingut am Thalsbach ins Leben. Von Anfang an setzen die beiden Weltgereisten auf höchste Qualitäten und steuern somit einen weiteren schimmernden Stein zum großen Kraichgauer Wein-Mosaik bei.

Im nahe gelegenen Odenheim gelang es Elisabeth und Karl Hirsch, gegenüber der Kirche St. Michael ein Weingut mit enorm einprägsamem Namen aufzubauen: **Petite Willegaß**. Was der elsässisch anmutende Wortklang auslöst, wird im behaglich hellen Innern rundum eingelöst: Autochthone, erdverbundene Weine und in ebenso hoher Handwerkskunst zubereitete Regionalküche.

Ernsthaft würde niemand zögern wollen, Neuenbürg zum anziehendsten, reizendsten Örtchen im mittleren Kraichgau zu erkiesen. Aus den Fenstern des **Guggugsnescht** fällt der Blick auf die St. Lukas-Wehrkirche und den rebenbestandenen Höhenzug. Fritz Zorn hat hier eine Idealkomposition aus Weingut, Besenwirtschaft und Lebenskulturwerkstatt geschaffen; befände sich dergleichen in der Weinpfalz, man müsste wahrscheinlich Jahre im Voraus reservieren. (So genügen Monate.)

Schweinebauch mit Zwiebelschmelz

Inspiration: Guggugsnescht

Um ein Gericht mit Schweinebauch fachgerecht zuzubereiten, bedarf es zunächst einmal eines Schweinebauchs. Den erhalten Sie vom Metzger ihres Vertrauens: Schön zart sollte er sein (der Metzger auch), sanft geräuchert und nicht zu mager. Daumendicke Scheiben legen wir unter oder auf den Grill, bis sie sich mallorquinisch zu bräunen beginnen. Inzwischen sind wir mit dem Zwiebelschmelz schon fertig: Die Zwiebeln haben wir geschält und geviertelt, überbrüht und wieder abgetrocknet (was man doch manchmal für einen Aufwand treibt ...). Sodann werden die Guten in nicht zu wenig Butterschmalz scharf angebraten, mit einem Händchen voll Zucker versehen, mit Wein und Fleischbrühe aufgefüllt, gesalzen, gepfeffert und muskatiert und wenige Minuten vor Darreichung mit Semmelmehl bestäubt, das wir beherzt unterrühren, dergestalt, dass eine sämige, klebrige und ziemlich eklige Masse entstünde. Wenn sie nicht so lecker wäre!

DER SPAZIERGANG Weil man's erlebt haben muss: Von der Hauptstraße, unweit des hübschen Fachwerkbaus **Zum güldenen Becher**, mitten in der Stadt dem grünen Hinweisschild „Weingut Ludwig Honold" folgen. Und dann brav die ganze Neubauvielfalt durchtraben. Bis der schmale Feldweg Fernsichten freigibt, die Sie nicht einmal vergessen könnten, wenn Sie sich die allergrößte Mühe gäben. Es empfiehlt sich, am historischen Wegkreuz Halt zu machen. Wir befinden uns auf dem **Jakobsweg**! Aber bevor Sie gleich gen Santiago de Compostela losmarschieren, schauen Sie zuerst zwecks Marschverpflegung bei Honolds rein.

Im Kannenbesen.
Einer der wenigen Gewölbekeller-Weinstuben im Kraichgau.

Ein nicht unähnliches Konzept verfolgen die Gärtners in Unteröwisheim. Zusammen mit Oberöwisheim verfügte das Örtchen im Mittelalter über eine gewaltige Rebfläche. Ein paar südgeneigte Steillagen sind geblieben, so fein und viel versprechend, dass sogar der Bruchsaler Uli Klumpp hier Weinberge erworben hat. Die Familie Gärtner bietet im **Kannenbesen** so ziemlich alles, worin sich die Ausflügler aller Länder seit jeher vereinigen: Selbstgekeltertes und -gebranntes, hervorragende Speisen; dazu eine Spezialität, die auf diesem Niveau im Kraichgau einzigartig sein dürfte: Most. Aus Äpfeln, Birnen und Quitten.

Erquickend ist natürlich auch der Neuenbürger Spaziergang: Vom Guggugsnescht durch den friedsamen Ort hinauf auf die Weinbergshöhen. Und wieder zurück. Was u. a. den Vorteil birgt, jetzt wieder genug Appetit zu haben, um sich an den Schweinebauch mit Zwiebeln zu wagen.

Unteröwisheim:
Kleinteilig, individuell. Lagen, die selbst einen Uli Klumpp zum Kauf bewegen.

Weingut Honold
Östringen

Es muss klar sein, dass alles aus einem Keller kommt.

Östringen gehört zu jenen Straßenstädtchen, wo man unwillkürlich die Geldbörse zückt, um für eine Untertunnelung zu spenden. Nur zu verständlich, dass die Honolds vor über 10 Jahren die Initiative ergriffen und Leben und Arbeit nach draußen verlagert haben. „Nach draußen" klingt erst einmal nicht gerade berauschend: Hört man das Gegröle der Schwerlaster halt ein bisschen leiser ... Das denkt aber auch nur der arglose Erstbesucher. Aus dem ehemaligen Zigarrenindustrieort führt ein unscheinbares Landsträchen den Hügel hinauf. Immer noch vermutet man nichts Dolles. Aber dann, plötzlich und unerwartet: So muss das sein, wenn Petrus die Goldene Pforte auftut. Gefilde von umschmeichelnder Lieblichkeit, vergleichbar allenfalls der Rebgarten-Landschaft um Keltern-Ellmendingen oder Ochsenbach.

Vielleicht geht ein gewisser Segen vom Jakobsweg aus, der hier durch Hohlwege und über Höhen führt. Eher selten kommt es vor, dass ein ermatteter Pilger vor Honolds weitläufigem Anwesen zusammenklappt. Dann aber wird er nach altem Brauch geatzt, geletzt und wohl gebettet – falls er's nicht vorzieht, im Garten im Zelt zu schlafen. Rosenkranzweg heißt eine der gut versteckten Lagen. Wohl nicht ganz zufällig.

Damit genug vom religiösen Überschwang. Der Familienbetrieb Honold macht einen durchaus diesseitig-aufgeweckten Eindruck. Ein kaffeehausartiger Empfangs- und Verköstigungsraum lässt kaum kirchliche Assoziationen aufkommen – wiewohl der Blick bis hinüber zur Letzenberg-Kapelle schweift. Dinge, die andernorts in Vergessenheit geraten, erfahren hier besondere Aufmerksamkeit. „In Östringen wird der Müller-Thurgau geliebt, getrunken und angebaut." Aus bis zu 40 Jahre alten Anlagen gewinnt Ludwig Honold charaktervolle Essenzen – geeignet nicht zuletzt für raffinierte Cuvées. „Anthelu" (aus den Anfangsbuchstaben der Familien-

Am Hummelberg 1
Östringen
07253 278627
www.weingut-honold.de

Honold,
das Weingut am Jakobsweg.

Ludwig Honold:
Vielseitig und fest verwurzelt auf dem Höhenkamm.

mitgliedervornamen zusammengebastelt) heißt so ein auf die Flasche gezogener Sommerurlaub: Dropsiggrasig-zitrusfruchtig, komponiert aus den entsprechenden Bestandteilen Müller und Sauvignon Blanc.

Ein erster Anfall von Unglauben: Doch der gilt dem günstigen Preis. „Wein soll kein Luxusobjekt sein," dekretiert Ludwig Honold unmissverständlich – und bleibt die praktische Umsetzung keineswegs schuldig. Seine an Classic-Richtlinien orientierte Sonderserie für den gehobenen Geschmack stellt einen produktethischen Glücksfall für Menschen wie dich und mich dar, die einen organisch-andachtsvollen, sprich täglichen Umgang mit dem Weine pflegen.

„Wir müssen diesem Rotwein-Boom Adé sagen!" Ludwig Honold sieht Weiß, wenn er die Vorzüge der heimischen Lagen preist. Dafür können die Weißen ruhig auch einmal gut im Futter stehen. Es sind folglich nicht gerade Rohkost-Produkte, die das Sortiment so verlockend machen. (Wer die 13 %-Marke grundsätzlich scheut, der ist meist auch imstande, seine Sauce Bechamel mit Margarine anzurühren ...) Mal sehen, inwieweit das Schule macht – denn Honold ist einer der wichtigen Ausbildungsbetriebe im Kraichgau. So manch junger Fant erhielt hier den Ritterschlag (wahrscheinlich mit dem Rebmesser) sowie lehrreichen Einblick in die Tiefen des Fachs.

Gerundet und geschliffen, mit original Kraichgauer Nase, bietet der Riesling ein Musterbeispiel handwerklicher Hochreife und geistvoller Gediegenheit. Die Künstlerinnen-Etiketten hat Frau Mohr aus Mannheim beigesteuert. Anlässlich des Weißburgunders hätte Gauguin vermutlich eine holde Östringer Bauerstochter mit Armen voller Aprikosen und Bananen gemalt.

Ohne allzu sehr an den sanitären Glamour der 70er erinnern zu wollen, fällt einem beim Auxerrois unvermittelt der Wahlspruch ein: Da weiß man, was man hat. Mit einem rechten Heißdurst erwarten wir die Ergebnisse der pilzresistenten Versuchsanbauten mit ungewohnten Cabernet-Sorten: Carbon und Cortis. Ob das wohl für den „Weißen Honold" eine Herzensangelegenheit werden wird? Abwarten.

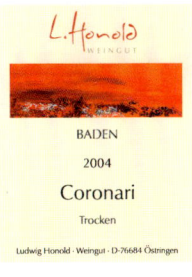

Doch was heißt hier eigentlich weiß? Sicher: Chardonnay, Grauburgunder und vor allem Gewürztraminer aus dem Barrique verfügen über Eindringlichkeit und kaum zu widerlegende Überzeugungskraft. Auch die anspruchsvolle Cuvée Coronari aus Grauburgunder, Chardonnay und Auxerrois verrät die Wein-Politik der ruhigen Hand; aber muss sich darob denn die dunkle Schwester verstecken? Mitnichten. Vermählt aus Spätburgunder, Lemberger und Dornfelder, empfängt die rote Coronari den überraschten Näscher mit Südkräutersträußen und einschmeichelndem Wesen. Und jene Spätburgunder-Barrique-Auslese von 2003 gehört fraglos zu den großen Roten, die der Kraichgau bislang hervorgebracht hat.

80 bis 90% der Gewächse werden im Umland vermarktet. „Ich hab noch einen Händler in Berlin," modifiziert Ludwig Honold einen bedeutenden Gassenhauer. Aber: „Ansonsten versuchen wir einfach, in der Region zu bleiben." Und das ist gut so.

Sanft abfallend:
Östringer Reben
mit guter Aussicht.

Weingut am Thalsbach, Birgit Frost und Axel Rothermel
Östringen

Ich war ein wilder Wein, jetzt sedimentier ich.

Kraichgauer
Weinstraße 1
Östringen
07253 2789900
www.thalsbach.com

Typisch Kraichgau:
Kleine Farm
am Ulrichsbruch
bei Östringen.

In Sagen und Legenden wird der Unterschied zwischen Daheimgebliebenen und Weitgereisten als fundamental beschrieben. Da ist es fürs harmonische Miteinander von Vorteil, wenn beide – in diesem Fall Birgit Frost und Axel Rothermel, die sich zur Gründung von Familie und Weingut zusammenfanden – den weiten Blick riskiert haben. Dass ausgerechnet eine Freiburgerin von sich sagt: „In Südafrika hab ich das Weintrinken gelernt," entbehrt nicht einer modernen Pointe. Im Auftrag einer Waldorfer Software-Firma, deren Namenskürzel wir da und dort im Kraichgau begegnen, drang Birgit Frost, gewesene Beamtin für Städteplanung und Baugenehmigung, bis ans Kap der tosenden Stürme vor.

Den übrigen Teil der Wein-Welt deckt Axel Rothermel ab. Welch ein Bogen! Erste Ausbildung bei den Kraichgauer Fackel-Trägern Hoensbroech und Klumpp, zwei Jahre Kellermeister bei Rippon Vineyard in Neuseeland, USA, Brasilien, Japan – und dann nix wie zu-

rück nach vorn zu Erhard Heitlinger nach Tiefenbach. („Der hat den Kraichgau geöffnet!") Und heute? „Ich bin gern daheim." Das klingt bei Axel Rothermel nun alles andere als bieder-schlafmützig. Vielmehr fühlt man sich erinnert an die Barlach-Plastik „Das Wiedersehen": Einer ist zurückgekehrt. Schon wahr, das ist er; aber angefüllt mit geheimen Erlebnissen, schimmernd vor Ferne ...

Zurzeit zeigt sich die internationale Orientierung noch weniger in der Anpflanzung entsprechender Rebsorten – „In den letzten fünf Jahren mussten wir unsere Grundseite aufbauen" (bislang zwei Hektar Eigenes) –, dafür umso mehr in einem traditionell innovativen Service: contract winemaking. Gastronomen, Weingüter und Privatpersonen wird die Gelegenheit geboten, „die komplette Abwicklung bis zur Flasche" in Rothermels Hände zu geben. „Lohnausbau" heißt der vergleichsweise nüchterne deutsche Begriff; dafür ist er in hiesigen Ohren weniger missverständlich als z. B. winemaking.

Denn Axel Rothermel ist Winzer und Kellermeister, kein Chemiker. „Mein Herz schlägt biologisch." Im August '06 begann sich der Betrieb ökologisch umzustellen. Beim Spaziergang durch die wunderhübschen Lagen am Hummelberg kann es geschehen, dass einem plötzlich lieblich duftendes Fenchelöl in die Nase steigt. „Sanfter spritzen" könnte man diese beispielgebende olfaktorische Maßnahme überschreiben.

Thema Schönheit: Es können nicht allein praktische Gründe gewesen sein, die zur Ansiedlung des Weinguts am Thalsbach in diesem Talgrund führten: eine Nische des Wohlgefühls, durchmurmelt vom namensgebenden Bächlein – und ein Kinderparadies. Nicht nur für theoretische Kinder selbstverständlich: Serena und Josef, die beiden Sprösslinge, nutzen den Grünbezirk weidlich. (Wenngleich die Leistungsfähigkeit der Großrutsche eher skeptisch beurteilt wird.) Um den Druck auf Birgit Frost, hier herunten doch alsbald ein kulinarisches Angebot zu schaffen, noch weiter zu erhöhen, sei hier vor aller Welt die Information mitgeteilt: Sie kann südafrikanisch kochen ...

Als eines der Hauptindizien im weltweiten Spitzenweinbau kann die Einbindung der Säureeleganz in den Gesamtcharakter genannt werden. Die sämtlich durchgegoren trocken ausgebauten Thalsbach-Weine (der

Angekommen:
Axel Rothermel vor neuen Barriques.

Neues Etikett:
Die ehemalige Thalsbach Weinkellerei heißt jetzt „Weingut am Thalsbach". Es wird ausschließlich nach ökologischen Richtlinien gewirtschaftet.

Marquis lässt grüßen!) nötigen dem sensuellen Fachverstand jenes spontane „Oha!" ab, das schon immer am Anfang der Verleihung höherer Weihen stand. Die in Edelstahl und Barrique ausgebauten Thalsbacher besitzen allesamt jene unmittelbar einleuchtende, klare Zeichnung. Packend, mitreißend der Riesling aus dem Ulrichsbruch (schon mal gehört? nicht? dann bitte vormerken!): Ananas, Aprikose, Mirabelle ... ein Stammplatz in der Kraichgauer Riesling-Champions-League ist ihm sicher.

Indes wir im umgebenden „Burgunderland" häufig gemütvoll-pausbäckige Weiß- und Grauburgunder antreffen, bezirzen die Thalsbach'schen Pinot Blanc und Gris durch Anmut, Schlankheit und sanfte Hintergründigkeit. Nicht nur beim Wein- und Hoffest gilt der fetzige Rosé als Renner: Er ist ein melodischer Hilfeschrei nach gleichrangig accompagnierender Küche (Frau Frost ...?). In der Funktion als „Opener" ist ein weiterer Konkurrent hinzugekommen: Auf nachdrücklichen Wunsch wurde ein Secco blanc geschaffen, carbonisiert – wo sonst? – im Sekthaus Raumland. Rivaner, Riesling und Weißburgunder tanzen darin Ringelreihn. Oder war es vielleicht Mambo?

Birgit Frost:
Gleichrangige Partnerin im Weingut.

And now – the winner is ... Sollte demnächst inmitten der Vielzahl von Prämierungen auch ein Rotwein-Oscar verliehen werden, wäre dies die angemessene Ankündigung für den Pinot Noir 2003. Solche Weine greifen nach den Sternen – und erreichen sie – auf der Himmelsleiter der Aromatik. Eine gewisse Scheu befällt den Verkoster, hier beschreibend tätig zu werden. Also: Selber probieren! Zumindest die Folgejahrgänge, welche die Fruchtüppigkeit seidig einzukleiden verstehen.

Das kleine, verspielte Brüderchen, ausgezeichnet cuvetiert, heißt Fundo, was durchaus nicht auf fundamentalistische Strebungen hindeutet. Es ist die gelassen-selbstbewusste Bezeichnung der Hiesigen, nicht von woanders her, sondern „vun do" zu sein. Und betrachten wir das Weingut am Thalsbach des Näheren und Weiteren, so kommen wir unumwunden zu der Auffassung, dass es damit vollkommen seine Richtigkeit hat. Vielleicht sollte uns Axel Rothermel mit einer Treueversicherung beglücken; in Anbetracht seiner gefährlichen Reiselust schlagen wir als passenden Namen für eine neue Cuvee „Bleibdo" vor.

Weingut Petite Willegaß, Karl Hirsch
Odenheim

Wir sind Quereinsteiger, allerdings schon immer sehr mit Wein behaftet.

Wo bleibt eigentlich die Dissertation, welche die von Winzern geleistete Umdefinitionsarbeit würdigt, wodurch „die Familie" von einer muffig-autoaggressiven Verfallserscheinung des Spätbürgertums zur Keimzelle lebensbejahender Erneuerung geriet? „Was ist besser als Familien, junge Leute?" fragt Karl Hirsch – dabei hat er natürlich nicht zuletzt die Kundenschichten der Zukunft im Sinn. Aber auch im Weingut selbst wird die Chance generationenübergreifender Kooperation genutzt: „Wir haben auch noch unsere gute Oma. Die wird immer gelobt, wenn sie in der Besenwirtschaft im Kreise derer erscheint, die sich zuvor an ihrem unübertrefflichen Kartoffelsalat delektiert haben."

„Keine Maschine kommt bei uns zum Einsatz," wenn die Schupfnudel, des Hauses Markenzeichen, entsteht. Eine jede wird einzeln in der Pfanne gewendet, um auch höchste Konsistenzansprüche zu befriedigen. Für alle unter 13 Jahren gilt: dazu gibt's Apfelbrei. Klar, auch der ist selbst gemacht und hat mit den im Handel erhältlichen überzuckerten Filtrationsrückstandprodukten nichts als den Namen gemein.

Was für viele junge Winzerbetriebe gilt, hat sich auch in Odenheim bewährt: Die Besenwirtschaft „ist eine sehr gute Verkaufshilfe." Und – wie meistens – die Hauptgeschicke der avancierten Vesperstube werden von weiblicher Hand gelenkt. Elisabeth Hirsch steht sowieso häufig am Anfang eines lukullischen Besenabends – und zwar in Gestalt des zartfruchtigen Rivaners „El'secco". Wie das Präludium in der Kirche nach wenigen Tönen bereits Auskunft gibt, ob einer Orgel spielen kann oder nicht, entlockt der modern gemachte Perlinger dem önologischen Adepten umstandslos

Mittelstraße 1
Östringen-Odenheim
07259 1085
www.weingut-hirsch.de

Weithin sichtbar von den Kraichgau-Kuppen:
Odenheims St. Michaelskirche.

jenes Augenzwinkern, welches besagt: Hier bin ich recht, hier hau ich rein. (Herr Geheimrat, bitte verzeihen Sie!) Von raffiniertem Planungstalent zeugt der Umstand, dass der Beschluss des Tages sehr gerne mit einem „Charly" benannten Weinbrand getätigt wird, einer Art Selbst-Tribut des Hausherrn; so findet man sich gewissermaßen in die Mitte genommen vom gastgebenden Ehepaar Hirsch – in einer Atmosphäre vorurteilsfreier Willkommenheit.

Ein weiterer beziehungsreicher Etikettentitel lautet Nibelungengold – eine erquickliche weiße Cuvée, Anspielung auf den selbstverständlich „einzig wahren

Idyllischer grasen:
Mischkultur bei Odenheim.

Siegfriedsbrunnen" an der Ortsausfahrt Richtung Östringen. Nicht unwahrscheinlich, dass der gern kostensparende Hagen an der nahen Haltestelle dem Anrufsammeltaxi entstiegen ist.

„Noch ein bisschen im Dornröschenschlaf, der Kraichgau," diagnostiziert Karl Hirsch nachvollziehbarerweise. Allerdings – „seit der Stadtbahneröffnung" vor wenigen Jahren kommen die Gäste direkt vor die Tür gezuckelt. Ein angenehmer Service, den nicht nur das weinfreudige Karlsruhe zu schätzen weiß; bis aus Rastatt und Baden-Baden rücken bacchantische Interessengemeinschaften an. Man sollte zwar annehmen, in der nördlichen Ortenau gäbe es auch so was wie Wein – aber eben keine Besenwirtschaften mehr wie die Petite Willegaß!

Indessen die Weißweine mit der Weißburgunder Auslese ihren Höhepunkt finden, wird die Hierarchie der roten Brüder mit dem heftig umworbenen „PortuS" eröffnet: Genial und einfach zusammengezogen aus Portugieser und Spätburgunder. Entspannt und erfrischend, mit gutem Boden, verkörpert der St. Laurent einen Rotwein-Typus, dem man in Deutschland nicht alle Tage begegnet. Ähnlich gut kommt der zartcremige Regent bei der Hirsch-Gemeinde an. Vom Spätburgunder gibt es eine Barrique-Ausgabe; für Odenheim dürfte sie den Gipfelpunkt der Wein-Kunst markieren.

„Umweltschonend so weit es geht," verfährt Karl Hirsch in den Weinbergen. Mitgeschöpflichkeit und Geschäftssinn vereinen sich in seiner Einschätzung der Nützlinge: „Die schaffen unentgeltlich sieben Tage die Woche." Bei solch profunder Unterstützung hat man auch die Energie zu ungewöhnlichen, nachahmenswerten Initiativen: Außer-Haus-Weinproben mit kulinarischer Untermalung finden inzwischen im halben Bundesgebiet statt. Bad Homburg, Dortmund, Münster, Bremen, jene ob ihrer Rebenarmut bedauernswerten Städtchen des Nordens, waren bereits Schauplätze der attraktiven Just-in-time-Bankette.

Wer weiß, bei diesem sympathisch-caritativen Eroberungsdrang wird der „Odenheimer Königsbecher" wohl eines Tages auch im Bremer Ratskeller kreisen – als Repräsentant einer Region, deren Winzer weit über den Horizont des Knetemachens hinaus gute Ideen entwickeln.

Schupfnudeln mit Apfelbrei

Rezept:
Elisabeth Hirsch

1 kg Kartoffeln werden in der Schale weichgekocht, behutsam gepellt und warm ganz vorsichtig zu Brei zerquetscht. Bitte auskühlen lassen und sodann mit 250 – 300 g Mehl und zwei Eiern zu einem festen Teig kneten, woraus 1 Rolle gerollt wird. Da können wir uns dann eine Scheibe abschneiden, rollen erneut (daumendick) und schneiden schon wieder Scheiben ab – und zwar 1 cm dicke. Auf und über einer bemehlten Arbeitsplatte wird nunmehr geschupft, d.h. die Stückchen werden so gewälzt, dass sie vorne und hinten spitz sind. (Man könnte auch sagen oben und unten.) Portionsweise kommen die Fertiggeschupften in kochendes Salzwasser hinein. Wagen sie sich an die Oberfläche, müssen sie ihren Vorwitz sogleich büßen, da sie mit dem Schaumlöffel gnadenlos aus der gemütlichen Brühe gefischt und in kaltes Wasser gelegt werden. Nach dem Erkalten dürfen sie dann wenigstens abtropfen.

Schließlich werden die Schupfnudeln in Butterschmalz von allen Seiten links und rechts, quer und längs gebraten und gesalzen, nebenbei auch gebräunt. –

Wie Sie Apfelbrei machen, das müssen Sie schon selber wissen. Die Kombination jedenfalls ist nicht nur was für Butzewackele. Übrigens sind heiße Buttersemmelbrösel klasse dazu. Oder man lässt den ganzen Süßkram weg und adelt die schupfigen Nudeln, indem man sie als Beilage zu Sauerkraut mit Grillripple serviert. Heidernei!

Weingut Zorn
Guggugsnescht
Neuenbürg

*Ebbes Schee's is halt
ebbes Schee's!*

Prof.-Hubbuch-Straße 21
Kraichtal-Neuenbürg
07259 1656
www.guggugsnescht.de

*Fritz Zorn, der sich auf Wein versteht,
Lyrik, Musik und Elektrizität ...*

In Anlehnung an seinen poetischen Vorfahren Hans Sachs, könnte man solcherweise eine Charakterisierung des Kraichgauer Originalgenies beginnen. Angesichts der Vielfalt von Talenten, dürfte es ein ziemlich umfangreiches Poem werden. Wenn man bedenkt, wie die Leute vor Erfindung der Satellitenschüssel auf dem Lande die Zeit herum gebracht haben (wenn sie nicht gerade dabei waren, sich buckelig zu schuften), so kommt man auf allerlei, was heutzutage meist in Heimatmuseen und Brauchtumsgruppen ausgelagert wird. Vielleicht ist es das, was einen vor Behaglichkeit schnurren macht, wenn man das Neuenbürger Guggugsnescht betritt: die fortdauernde Lebendigkeit einer unverbrauchten, uneitlen Kreativität, von der sich die zeitgenössische Lebensqualität-Schwafelei nichts mehr träumen lässt.

„Nebel hängt wie Rauch um Haus ... ohne Not geht niemand aus ..." (Morgenstern). Nicht so die Neu-

Meister Eder?
Beinahe. Fritz Zorn,
das Multitalent.

enbürger; selbst im düstersten November haben sie Besseres zu tun als sich von Mattscheibengeflimmer sedieren zu lassen. Dann (freilich nicht nur dann) wird im Guggugsnescht getafelt, gezupft und aufgespielt, Fritz Zorn bläst in Hörner verschiedenster Größen bis hin zum Alp-, Gattin Bettina Zorn singt und zupft die Gitarre. Selbstgereimtes vom „Badischen Busch" mit den üblichen Hauptthemen der abendländischen Dichtung öffnet den Sinn für Betrachtungen und Reflexionen, für die sich der bescheiden vor sich hin bosselnde Normalbürger gemeinhin selten Zeit nimmt.

Fritz Zorn:
Schräg rechts von vorn, ein Wirt von echtem Schrot und Korn.

Die Öffnungszeiten von Zorns Nest, einem umgebauten Hühnerstall (sic!), verkündet ein – selbstverständlich gereimter – Hauskalender. Wir wissen nicht, ob in der Küche eine eigens angestellte Lohnpriesterin die Speisen mit besonderer Weihe versieht; was aber in Richtung Gaststube getragen wird, ist von solcher Güte, dass ein beständiges Gurren der Wohligkeit den Saal erfüllt. Unergründliche Burgunderschinken, pietätvolle Schlachtplatten, Grumbirawurscht, gegrillter Schweinebauch mit Zwiebeln, die Mutter aller Schwartenmagen, das Besenbrot vom Bäcker nebenan ... sollte jemand mal auf den Gedanken kommen, die internationale Therapie-Szene um ein Fress-Seminar zu bereichern, hier wäre der geeignete Tagungsraum!

Es gibt ja nimmersatte Ästheten, die sämtliche erfahrenen Annehmlichkeiten immer auch mit Ergötzlichem fürs Auge zu kombinieren trachten. Hierzu wäre es nötig, rechtzeitig im Gastraum zu erscheinen und sich geschickt so zu platzieren, dass der Blick durchs Fenster jenes Bild erfasst, wo Kirchturm, Dächer, Weinberg in schönsten Proportionen zueinander stehen. Muss das faszinierend sein, in so einer Einzellage wie dem Silberberg (!) Trauben zu bauen! Jeder Wein ein Silberberg-Werk. Wobei dem Auxerrois 2005 die Rolle des Steigers zukommt. Eine Pionierat, ein saftiger Geselle, der was zu erzählen hat; der Nobilitierungszeuge der Einzellage.

Trotz Burgunder-Schwerpunkt hegt Fritz Zorn „eine Leidenschaft für den Müller-Thurgau." Die Weißen, zumal den Riesling, zeichnet eine feine, gut verträgliche Säure aus. „Mir wolle ja kein Massewein!" In der Tat, das lässt sich verifizieren – und zwar mit dem ersten Schluck. Dabei sollte nicht unerwähnt bleiben, dass

Die singenden Zorns:
Einfalls- und melodienreich, sind sie für manchen Schwank zu haben.

Zorns menschenfreundliches Gemüt vor der Preisgestaltung nicht Halt macht; auch der Normalverdiener darf sich in Neuenbürg besondere Wünsche erfüllen.

Mit den Cuvées Zornissimo (weiß) und dem schon länger durchgesetzten Zornello (rot) kommt ein Vorgeschmack neuer Zeiten ins Glas geplätschert. Denn während Vater Fritz, im früheren Leben für das Haus Menzingen im Strombereich tätig („Der Elektriker von der Schwanenburg" – die Operette hat Léhar verpasst!), den Betrieb erst aufbauen musste, erfährt Sohn Benedikt von Anfang an gründliche fachliche Betreuung. Nach einem zweijährigen Aufenthalt in Endingen hat er sich der Honold'schen Schule angeschlossen. „Unser Künstler," wie die Eltern unter Hinweis auf Benedikt Zorns graphisches Talent nicht ohne Stolz vermerken, dürfte beim überraschenden Zornello seine Handschrift bereits angedeutet haben. Was gibt es Erfreulicheres für die ältere Generation als wenn die jüngere das Werk fortsetzt und zur Vollendung führt?

„Mit ihrem Unnamen sind die Neiberger (Neuenbürger) die Guggug." Dass hier je jemand aus dem Nest gedrängt worden wäre, haben wir allerdings nicht vernommen. Wäre auch wirklich gemein. Stattdessen sorgen die Zorns dafür, den Ruf Neuenbürgs über die Grenzen dieses traumverlorenen Tales hinaus in die Welt zu musizieren. „Mir sin inzwische jedes Johr im Radio." Solange es noch kein Geschmacksradio gibt, muss man trotzdem immer mal selbst hinfahren. Und wenn man Glück hat, liest Fritz Zorn gerade seine Symphonie in B vor: eine sprachvirtuose Betrachtung über den Badischen Wein, worin jedes Wort mit „B" beginnt ...

Zum Kannenbesen, Kurt und Klaus Gärtner
Unteröwisheim

Die Brennerei hemmer hochlebe lasse!

„Das werden Sie weit und breit nicht kennen!" Eine milchig rote Farbe hat es – und es ist flüssig. Roter Sauser? Nein. Riecht nach Apfel. Ist auch Apfel. Eine neue Sorte, wie Klaus Gärtner erklärt; eine mit rotem Fruchtfleisch. Darum: Roter Apfelsaft! Merke: Im Tonnengewölbe des vor neun Jahren gegründeten Kannenbesen lauern Überraschungen.

Da wir schon bei der in diesem Buche häufig vernachlässigten Pflanzengruppe der Nicht-Trauben sind: Mit ihrem gleichnamigen Buch hat Gudrun Mangold an das Volksgetränk „Most" erinnert. Es scheint nur bedingt verständlich, dass er kaum nachgefragt wird, wo Traubenwein zur Auswahl steht; weist ein Most die Güte, Fülle und Schlürfigkeit auf wie der im Kannenbesen angebotene, so stellt er eine reizvolle Alternative zum weinigen Aperitif dar. Den Gärtners ist nicht genug zu danken: Ihr wohl abgestimmtes Apfel-Birnen-Quitten-Getränk hat im Kraichgau nicht seinesgleichen. Obstwiesen gäbe es ja mehr als genug, um dem guten Beispiel nachzufolgen.

In all der Vielfalt der umgebenden Fruchtfülle gerät beinahe vergessen, dass Unteröwisheim eigentlich für seine Kirschen berühmt ist. Klaus Gärtner (ein gelernter Koch, dessen Ehefrau praktischerweise als Serviererin ausgebildet ist) und sein Bruder Kurt machen das Beste, was sich mit den steinigen roten Dingern anfangen lässt: Brände. Hier liegt ein Schwerpunkt der weit gespannten Tätigkeiten des Kannenbesen-Teams. Und der gesättigte Besen-Gast nimmt's dankbar an, wenn ihm nach Hirschgulasch mit Spätzle, Kessel- und Salzfleisch mit Zwiebelschmelz etwas inspiriert Hausgebranntes serviert wird.

Besondere Erwähnung verdient auf jeden Fall der „Besenteller", bestehend aus Leberknödel, Fleischküchle, Schweinebauch und kleiner Haxe – wobei Letztere

Herrenstraße 28
Kraichtal-Unteröwisheim
07251 63409
www.kannenbesen.de

Unteröwisheimer Alleinstellungsmerkmal:
Roter Apfelmost, neben dem vergorenen Most ein weiterer guter Grund für die Anreise.

Durch die Täler, durch die Auen ...
Wiesenidyll bei Unteröwisheim.

nicht direkt ins Gewicht fällt, da sie so überzart auf den Gaumen rinnt, dass man sich bald fragt, wie die Gute dermaßen schnell vom Teller hat verschwinden können. (Vielleicht war's ein sonst sehr vertrauenswürdiger Tischnachbar, den ein nachvollziehbarer Trieb übermannt hat?)

„Es soll auch einer mit fünf Euro satt werden können bei uns." Ein sozialkulinarischer Aspekt, der nicht eben oft anzutreffen ist. Die gute Mahlzeit mit dem Viertele dazu, das sollte eigentlich in den Geltungsbereich der menschlichen Grundrechte gehören. Wird aber leider meist als Kann-Leistung erachtet. Nicht so im Kannenbesen, wo man sich in Fragen der politischen Ökonomie auf der Höhe der Zeit befindet.

Beim Weine streben die Gärtners die Kabinett-Klasse an. Tatsächlich ist es ihnen gelungen, hier, im Tief-Badischen, einen Trollinger-Lemberger auf der Karte zu verankern: plüschrot und besänftigend, eine abgerundete Angelegenheit! Offen vom Fass gibt es auch Riesling und Müller-Thurgau. Der Besen-Star ist allerdings ein Spätburgunder Weißherbst aus der Flasche; flexibel als Begleiter, scheut er auch vorm Besenteller nicht zurück.

Bei den „Menüvorschlägen" für die besondere Gelegenheit schimmert durch, dass Klaus Gärtner wahrhaft ein Mann vom Fach ist. Alles, was die Badische und Über-Badische Küche beliebt gemacht hat, zeigt sich vertreten. Es gibt sie noch, die guten Suppen: Im Kannenbesen treffen wir Bekannte aus Kindertagen

Im tiefen Keller:
bei einigen Gläsern voll Reben ...

Bruderhilfe:
Im Kannenbesen schafft die Familie zusammen.

wieder – die heiße Fleischbrühe mit Markklößchen und Grünkern etwa. Oder mit Flädle. Manches lässt sich kaum lesen, ohne die Speichelproduktion peinlich anzuregen; oder wie geht es Ihnen bei Schwarzwälder Schäufele in Trollingersoße mit Bratkartoffeln und Salat?

15 Vereine vor Ort, Stadtbahnanschluss nach Karlsruhe, wald- und wiesenreiche Wanderwege ... über mangelnde Inanspruchnahme dürften sich die Gärtners kaum beklagen. Zum Glück befindet man sich bereits seit längerem im Besitz einer Vollkonzession. Und wer weiß – womöglich kann Unteröwisheim bald wieder an spätmittelalterliche Traditionen anschließen, als hierorts ein Wein-Maelstroem von unvorstellbaren Ausmaßen zirkulierte. Kooperation zwischen dem ebenfalls hier ansässigen Weingut Feil und dem Kannenbesen besteht bereits ...

Eingedeckt.
Festgesellschaften frequentieren den Kannenbesen periodisch.

Burg Hornberg.
40 Jahre Krieger, 40 Jahre Winzer;
die heutige Bewährungshilfe würde Götz von
Berlichingen eine positive Tendenz bescheinigen.

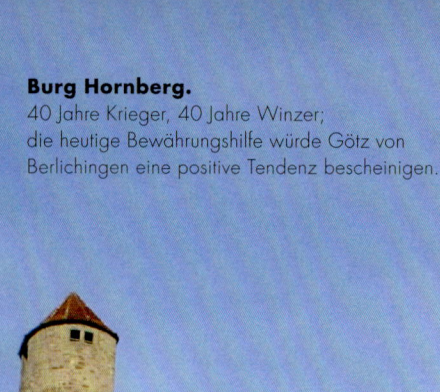

Geheimnisse
der Burgen und Gehölze
Hornberg – Weiler – Hilsbach

ROUTE 6

Wenn 25-jährige Gelegenheitsesoterikerinnen von den Mondzyklen sprechen, ist solcherlei als individuelles Identitätsmerkmal auf jeden Fall schätzenswert; wenn der alte Franz Markheiser – eine Erscheinung, die unbedingt mit dem Beiwort ehrwürdig zu versehen ist – die Auswirkungen der Mondphasen auf den Holzeinschlag schildert, kann er sich eines generellen (wieder erwachten) Interesses sicher sein. Vom Schlagdatum, ja von der Uhrzeit hängt ab, ob sich das Holz wie kühle Butter modellieren lässt oder besser für Mühlräder taugt, für Kamine gar: wohlgemerkt, nicht zum Verheizen, sondern als unbrennbarer Schlot, haltbar für Jahrhunderte.

Holz ist die Mami des Weines. Kein anderer Berufszweig verfügt in diesem Spektrum über derart weit zurück reichende interdisziplinäre Spezialkenntnisse wie der des Holz- und Weinküfers. Seit acht Generationen gehen die Markheisers „zum Einkaufen in den Wald." Sie spalten, kochen, biegen, fassen das Holz. Für die bedeutendsten Betriebe im Kraichgau arbeitet Franz Markheiser Barriques auf, liefert bis an den Bodensee. „Jetzt sollt' man dreißig sein!" In den Jahren

150 Liter Metzelsupp.
Franz Markheiser auf dem Weg zum Gemeindefest.

des Niedergangs der Küferei haben die Markheisers Weingut und Besenwirtschaft zum wirtschaftlichen Überleben gebraucht. Heute ist es umgekehrt. Markheisers Rat wird im weiten Umkreis gesucht und geschätzt. Wer wäre schon in der Lage, die Holzqualität eines gesamten Gewanns einzuschätzen? „Kauft nicht im Dornschlag!" hatte der Großvater des Großvaters gemahnt. Im Nu haben wir 200 Jahre Holz-Kern-Kompetenz auf einem Haufen ... Als der Dornschlag dann übrigens doch gerodet wurde, war natürlich das meiste faul. Bedenkt Franz Markheiser die Mode der Fertigmöbel-Discounter, wird ihm ganz unwohl: „Des Geischdermöbel, do." Einmal mehr verzahnen sich ökologische Avantgarde und wohlverstandener Konservatismus – Anlass zu einer umfassenden konsumkritischen Neubesinnung, die aus dem Umgangswissen solcher Kopf- und Handwerker wie Markheiser ihre Grundlagen beziehen könnte. Noch sind ein paar davon unter uns.

Burg Hornberg,
eines der ältesten Weingüter der Welt.

Das zugleich abgelegenste und pompöseste Weingut des nördlichen Kraichgaus liegt erhaben und terrassiert am Hornberg, unter der Ritterburg des Götz von Berlichingen und seiner findigen Nachkommen. Heute führen Burgherr und Baron Dajo von Gemmingen-Hornberg und Graf Michael von Savary einen beispielhaften Betrieb, der Abenteuerlichkeit, Menschlichkeit und Qualitätsstreben vereint. Seit der Eberbacher Schollerbuckel brach fiel, klafft am Neckar eine vinologische Lücke zwischen Heidelberg und Neckarzimmern. „Das zweitälteste Weingut der Welt" markiert den letzten Vorposten Badens gegen Württemberg. Gleichwohl – auch dies ein Zeichen edler Gastfreundschaft – fristet zwischen den erhitzten Terrassenmauern neben Riesling, Traminer, Muskateller und hellen Burgundersorten auch der Trollinger ein freudig Dasein. Im nahen Gundelsheim befindet sich nicht nur der **Besen-Pavillon**, sondern auch der **Gutsausschank Alte Mühle** mit Vierburgenblick. Es erfreut der Anblick des Deutschherrenklosters vor der Terrassensteilwand; die süße Kunst der **Konditorei Schell** nicht minder!

Ungewöhnlich finster für den Kraichgau sind die Höhen des Großen Waldes. So heißt das Gebiet bis hinüber nach Hilsbach. Inmitten der Waldungen trifft man auf eine weitere Einzellage, den Hilsbacher Eichelberg, bebaut vom holzkundigen Küfer Franz Markheiser. Zwar

Nur ausnahmsweise stößt der Kraichgau bis zum Neckar vor. Die Reblagen der Burg Hornberg liegen zwischen allen Grenzen. Also hat man sie flugs dem Kraichgau zugeschlagen.

wurde die Weinbergsarbeit bei den Markheisers – zur Pein der nachwachsenden Genusswelt – drastisch zurückgefahren, weil keine Nachfolge in Sicht ist. Doch die in schöner Regelmäßigkeit geöffnete **Besenwirtschaft Markheiser** gehört nach wie vor zu den stimmungsvollsten im ganzen Kraichgau. Beste Schnäpse und heimatverbundene Speisen lassen an langen Abenden unter der Fassdaubendecke die Überzeugung reifen, mit dem Menschsein könne es eine ganz so schlechte Bewandtnis doch nicht haben.

Ein, zwei Hügelchen entfernt, im burgenbehüteten Weiler, hat ein anderer Meister des Holzes und der Dauben einen gut besuchten Betrieb aufgebaut. Mit der **Küferschänke** weist die Familie Zipse ein multioptionales Geschmackszentrum auf, wo es Gruppen und Einzelne zum Schmausen, Schlürfen, Schlafen meist zu wiederholten Malen hinzieht. Auf der Burg Steinsberg, dem oftmals so geheißenen „Compass aff dem Craichgaw," hat einst der seinerzeit enorm populäre Troubadour Spervogel Minne gesungen. Heute sitzen wir breit und behaglich im **Burgrestaurant Steinsberg** und gaffen offenen Mundes in die Gegend.

Am nahen Bauernhof Lerchennest bei Steinsfurt wurde eine herrlich skurrile Gedenktafel angebracht: „Hier blieb auf seiner Flucht am 4./5. August 1730 Friedrich der Große dem Vaterland erhalten." Mit anderen Worten: Sein militaristisch-brutalistischer Herr Vater ließ den Kronprinzen nebst seinem Begleiter Leutnant von Keith arretieren. Für diesen und den eingeweihten Hans Her-

Das Lerchennest:
Einen Augenblick lang vom Mantel der Geschichte umweht.

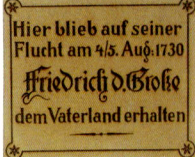

Kloster Lobenfeld:
Das kleine Maulbronn. Einst Keimzelle kultureller Entwicklungen, heute ein Refugium der Stille.

mann von Katte endete die Geschichte unter dem Richtschwert. Wäre von Keith nicht so dusselig gewesen und hätte nicht aus Versehen einen Diener geweckt, wer weiß ... vielleicht hätte der zweite Friedrich im Ausland eine Karriere als Soloflötist eingeschlagen, und ein paar Dutzend Eroberungskriege wären späteren Jahrhunderten erspart geblieben.

Zwischen Aglasterhausen und Zuzenhausen werden heute keine Reben mehr angepflanzt. Dennoch verströmt der nördliche Kraichgau einen besonderen Liebreiz: das Kloster Lobenfeld, dem erst in jüngster Zeit renom-

DER SPAZIERGANG Eine mehr denn einprägsame Erkundung steht uns heute bevor. Wir entsteigen in Neckarzimmern der Bahn, besuchen das **Alte Schloss** und schleichen uns durch die Terrassenlagen nach oben; schräg zwischen Himmel und Sonnenaufgang hängt die **Götzenburg**, versehen mit einer tugendsamen Gaststätte für Edelfräuleins, Pagen und Wanderer. Weiter oberhalb des Neckars entlang promenieren wir in Richtung Gundelsheim, bewundern das **Deutschherren-Kloster** und quälen uns mit der Entscheidung, welchen Besen wir wählen sollen – den **Pavillon** mit seinen würzigen Rosés oder den Gutsausschank des Weinguts Hornberg, die **Alte Mühle**: beste Lage, bestes (günstiges!) Essen, beste Weine!

miersüchtige Architekten zu Leibe rückten. Eine preiswürdige Synthese ist dem **Landgasthof Remise** in Schwarzach gelungen: Hier ergänzen französische Speisen (unverschämte Münster- und Ziegenkäsegratins ...) und bezahlbare Weine die Genusslandkarte. Gleich um die Ecke: ein kinderdurchwuselter Wildpark. Und Zuzenhausen ist sowieso der Hammer: Des **Mühlenbäckers** Holzofenbrot und ein herrliches Café sowie die **Adler-Brauerei** mit ihren phantastischen Dachsenfranz-Bieren machen den Ort kulinarisch gewissermaßen autark.

Alte Mühle: Das schönste Gasthaus im Neckartal und der Gutsausschank des Weinguts Hornberg.

Terrassen, Steillagen. Vom bloßen Anschauen fängt man schon an zu schwitzen.

Weingut Burg Hornberg
100 % Muschelkalk,
100 % Terrassen-Steillagen,
100 % Handarbeit.

Neckarzimmern
06261 5001
(Tel. ab 10 Uhr)
www.burg-hornberg.de

Auf der Terrasse der Alten Mühle.
Graf von Savary im Gespräch mit dem Autor.

Rilke wäre entzückt gewesen. Barfüßig kommt der blonde Knabe die vierhundertjährige Sandsteintreppe herunter gehoppst. Paul – Sohn von Burgherr und Baron Dajo von Gemmingen-Hornberg – sucht nach seinem Papa. Das ist nun kein ganz so leichtes Unterfangen im Unteren Schloss zu Neckarzimmern, einem weitflügeligen Renaissancebau, der die Herren vom Hornberg seinerzeit schicker und bequemer deuchte als die hochaufragende, hochmittelalterliche, hochberühmte Götzenburg auf dem Berge.

Den Papa findet Paul in der Küche. Soeben hat der Baron zwei dahergelaufene, troubadourige Weinjournalisten mit einem 600 Euro teuren Eiswein aus dem Jahre 1990 aufs Trefflichste traktiert, einem Honig-Marille-Destillat mit zärtester Limettensäure, wiewohl Riesling, gereift – man erstaune! – im Barrique. (In Parenthese: Man sollte sich rechtzeitig überlegen, mit welchen Geschichten man seinen Enkeln auf dem Sterbebett auf die Nerven gehen will; das wäre so eine ...)

1990 ... da begann der in Geisenheim diplomierte Baron gemeinsam mit Graf Michael von Savary, dem Geschäftsführer, das Steillagen-Terrassenweingut von Grund auf zu reformieren. In selbigem Jahre wuchs der erste und einzige Eiswein. Seither ist es dafür zu warm in den mikroklimatisch besonders begünstigten Lagen Wallmauer und Götzhalde. Riesling ins Barrique – das galt damals nachgerade als tollkühn. Und gibt zugleich einen Eindruck von der unkonventionell-forschen, zupackend-schalkhaften Verfahrensweise der adligen Freunde. Ein paar Jahrhunderte zurück ... und man könnte sie sich vorstellen als Fourageure des Königs; die feindlichen Kostmeister hätten manchen Grund gehabt sich zu enragieren.

„Ich wollt's nur ein halbes Jahr machen. Aber es hat nicht geklappt," beschreibt Graf von Savary, PhD in Pädagogik und Psychologie, seine Entwicklung zum detailkundigen Verwalter. Der pädagogische Part seiner frühen Studien kommt immer noch jeder Menge Schulklassen zugute, die in Quiz-Führungen die einem Bubentraum entstiegene Burg besuchen.

Es kann nicht verwundern, dass der Hauptteil der Hornberg-Weine bereits einem Stammkunden-Kreis ausgepichter Kenner zufließt, welcher diese vergleichslose Mineralität zu schätzen weiß. „Wir produzieren nach französischem Vorbild," führt von Savary aus. Nimmermehr werden die Weine vermittels Gelatineschönung oder Gerbstoffreduzierung für die Frühjahrsproben fit getrimmt. „Wir gehen ganz nach der alten Tradition vor: Ein Jahrgang am Stock, einer im Fass und einer in der Flasche."

Bis zu 10 Jahre dürfen sich die Parzellen im Turnus erholen, bevor sie wieder neu bestockt werden. Die aktuellen Reben stammen größtenteils aus den 60ern. Aufwändiger könnten Pflege und Lese nicht sein. „Da bleibt nicht viel unterm Strich übrig," rekapituliert der Baron. Immobilienbesitz ermöglicht den kostspieligen Weinbau.

Sans doute – die auf nostalgisch gestaltete Flaschen gezogenen Endprodukte offenbaren sämtlich eine zu höchster Anerkennung nötigende Charakterstärke. Von der weißen Cuvée 2002 Kabinett trocken mit prachtvoller Süße-Säure-Balance und weiträumigem Nachhall bis zur 97er Traminer Auslese trocken lauscht der Gaumen Meistererzählungen von Gestein, Geschichte und Fachkundigkeit.

Von La Rochelle nach Neckarzimmern:
Graf Michael von Savary.

Weingut Burg Hornberg.
Portal des Unteren Schlosses zu Neckarzimmern.

Ausritt auf dem Fass.
Baron Dajo von Gemmingen-Hornberg „nebst" Nachwuchs.

Im Vergleich der beiden Rieslinge von der Götzhalde aus '99 und 2003 offenbart sich die Kunst der Metamorphose; indessen der Sonnenjährling fruchtiger, mit dezenter Bitternote von Rosé-Grapefruitschale im Auftakt gefälliger erscheint, breitet der ältere Bruder strahlende Säure und Edelfirne über die Geschmacksknospen aus. Ferne Rosen-Muskat-Anklänge erinnern an die Verwandtschaft des Rieslings mit dem Gewürztraminer. Ein pfiffiges „weißes" Pfefferl gibt der Spätlese etwas von einem ewigen Jungbrunnen.

Dem cremig-säurigen Chardonnay von 2003 ist ein angenehm bittrer Mineralton eigen; üppig wie ein

Neckarumflossen:
Eckchen in der Alten Mühle.

Ruländer wölbt er sich aus dem Glase. Der 99er Muskateller hingegen überrascht vollends durch kompromisslose Trockenheit – ein Spektralglas der Aromenvielfalt, heftige Wünsche nach foie gras evozierend.

Ferner sind ein ungewöhnlicher, gereifter Trollinger von 2002 und ein Riesling-Sekt extra brut vehement zu loben: Denken wir daran, dass der Boden dem der Champagne gleicht. Aber der Hornberg-Sekt durfte sich 3 Jahre auf dem Hefebett herumlümmeln, nicht bloß 9 Monate ...

Ignoranten, die Historie für einen trostlosen Zeitvertreib pensionierter Lektoren halten, sollten einmal den Weinverkauf droben auf der Burg besuchen. Unweit des wehrhaften Haupthauses, worin eine bedeutende Handschriftensammlung lagert, befindet sich der ungemein lebendige Verkostungsraum. Plötzlich steht man der Originalrüstung des Götz von Berlichingen gegenüber. Der Meistzitierte verbrachte seine letzten 45 Lebensjahre auf der Burg. Und er verbrachte sie sinnvoll: mit Weinbau. – Nicht unerwähnt soll bleiben, dass ein anderer Geschäftsbereich der Gemminger Unternehmen hier heroben aus Restaurant und Hotel besteht, beide so exquisit gelegen und geführt, dass manche einfach nicht anders können als hier Hochzeit zu feiern.

Nicht zu verfehlen: Die Alte Mühle liegt direkt am Gundelsheimer Neckarufer.

Baron Dajo von Gemmingen-Hornberg und Graf Michael von Savary, die Unermüdlichen, haben eine ganze Reihe innovativer Projekte initiiert. In Gundelsheim, über den Neckar vorkragend, wurde das Zauberbild eines Gutsausschanks geschaffen. In der „Alten Mühle" sollen Familien „für unter 20 Euro" lukullische Stunden verbringen dürfen. Doch auch Alleinstehende bzw. -sitzende delektieren sich an Hornberger Weinen, an Bratwurstbrot, Maultaschen in Butter geschwenkt mit Rieslingzwiebeln, Bratkartoffeln mit Krautsalat ... und einem Urlaubsblick auf vier Burgen, Terrassenhänge und rhythmisch kutternde Neckarschiffe. Wohlgemerkt: Hier werden Arbeitsplätze geschaffen. Und heimische Biobäcker, Metzger und Bauern unterstützt. Mit Steinen von der Hornberger Burg wurde die Mühle mittelalterlich in Szene gesetzt; Experte und Faktotum ist Nikos Barall, der seinerzeit ebenso gut als Dombaumeister, Vogt oder Burgschlingel durchgegangen wäre.

Kehren wir noch einmal zurück zum Stadtschloss nach Neckarzimmern. Unterhalb der umwerfend groß-

Zu Füßen des Rebhangs.
Das Weinschloss hinterm verwunschenen Park.

zügig erbauten Giebelfronten gähnt eine weitere Besonderheit: Der Weinkeller aus der Schlossgründungszeit, ein 6,20 m hohes Tonnengewölbe, 12 Meter breit und 40 lang. Schwarzschimmelbewachsen und zyklopisch wölbt sich die Natursteindecke über Fässer und Tanks. Eine eigene Quelle gluckert vor sich hin. „Das Wasser ist von bester Qualität. Wir wollen sie fassen und nach draußen leiten. Zur Straße, für die Leute, zum Selberzapfen," deutet von Savary nochmals den gastfreien Charakter des Weinguts an. Naheliegend die Anregung, neben dem Wasser- noch einen Weinhahn anzubringen.

Hinter dem Schloss, dem Weinberg zugekehrt, liegt ein Schlossgarten mit hohem Verwunschenheitsfaktor. Bis hierher gediehen einst die Reben. Beinahe unnatürlich warm ist es an dieser Stelle. Man fühlt sich erinnert an Heinrich Leutholds erlesen-morbides Gedicht „Die zerfallene Vigne."

Der Satyr, der einst mit Grinsen
Die sträubende Nymphe liebkost,
Hier liegt er, umwuchert von Binsen,
Verstümmelt und übermoost.

Aber bitte, so weit ist es hier noch lange nicht. Im Weingut Hornberg deutet durchaus nichts auf Verfall. Im Gegenteil, das Umland wird sich auf weitere Ideen von Graf und Baron gefasst machen müssen. Und wer weiß, was geschieht, wenn erst der kleine blonde Nachfolger zum Weinbaron herangereift ist ...

Hotel-Restaurant Küferschänke
Weiler

Am liebsten sitzen sie bei uns im Fass.

Stellen Sie sich vor, Sie leben in Sinsheim, und Ihre Tochter feiert übermorgen Konfirmation. Was würden Sie sich wünschen? Wenn die Großfamilie sich zusammenklumpt, darf es schon mal sehr gut bürgerlich sein. Alle sollen was von haben – Onkel Ernst kriegt seinen Selbstgebrannten, Tante Anneliese kann sich zwischen Mittagessen und Kaffee am Burgberg („Kompass des Kraichgaus") die Füße vertreten, Großmama Mathilde wird mit Spätburgunder gegen Aufregung behandelt, ihre Älteste darf mit diesem hergelaufenen Halbakademiker im betischten Holzfass turteln – und Sie selber finden Ihr Genüge in einem Kellermeistersteak mit Weinblättern. Sonst noch was gefällig?

Seit 1983 empfängt die Küferschänke zu Sinsheim-Weiler – freilich nicht nur Konfirmationsgesellschaften, sondern auch Ausflugsgruppen, Messe-Gäste sowie sonstige Sinn-Sucher, die dem langen Tag durch eine

Kaiserstraße 83 – 85
Sinsheim-Weiler
07261 2418
www.kueferschaenke.de

Burg Steinsberg, thronend über dem Örtchen Weiler.

Hübsch dekoriert.
Details im Laden der Zipses.

In diesen Fässern kannst du schmausen.
Eine prima Idee von Heike und Bernd Zipse!

ausgiebige Mahlzeit etwas Sinn zu geben suchen. Beschaulich-rustikal sitzt sich's in den drei eigenen und vier ungarischen Riesenfässern. Ausgezeichnete Griebenwurst, Schlachtplatte mit Weinsauerkraut und vielfältige Rumpsteakküche stellen Mund und Magen zufrieden.

Im Weinkarussell, bestückt mit selbst angebauten Steinsbergern, fliegt der birnig-seidige Grauburgunder am höchsten. Für späte Stunden zeigt sich der klassische Ruländer mit dem raunenden Namen „Sieh dich für" bestens präpariert.

Von Pforzheim kam Willy Zipse einst daher gewandert; die Küfer-Vergangenheit lässt sich angesichts zahlreicher Werkzeuge an den Wänden ausführlich studieren. Heute führen Heike und Bernd Zipse den Betrieb als Unternehmen mit Familienanschluss. Moderne Zimmer, Frühstücksraum und ein volksmusikdurchrieseltes Restaurant zeigen nachdrücklich das Gespür für die Bedürfnisse breiterer Kundenschichten. Freunde des Außergewöhnlichen werden das Menü wahrscheinlich mit einem in Saarburg (!) ausgebauten Chardonnay-Sekt beginnen und mit einem Steinsberg Traminer Eiswein beschließen.

Nun sei doch noch verraten, was es mit diesem warnenden „Sieh dich für" auf sich hat, und warum die Weilerer „die Bären" genannt werden: Einst floh ein Vorfahr in Angst vor einem Kartoffelsack, der an einen Baum gelehnt war. Dies wäre nun ganz und gar unverzeihlich, da Kartoffelsäcke bis dato seltenst durch Übergriffe auf Menschen hervor getreten sind; allerdings hielt der gute Mann den Sack für einen Bären, was uns allen schließlich jederzeit passieren könnte. Den Jokus, derlei geschehe allenfalls in Folge erhöhten Ruländer-Konsums, wollen wir uns jedoch dezent verkneifen.

Weingut Markheiser
Hilsbach

Die Gräfin von Paris im Holzfass.

Es ist, als sähe man einen herrlichen Film, hat aber bereits das melancholische Ende gelesen. Dennoch hofft man bis zuletzt auf eine gnädige Wendung der Geschicke. So ganz will man sich dieser Hoffnung im Falle Markheiser auch nicht entschlagen – angesichts der Tatsache, dass die Weinproduktion nach und nach eingestellt werden soll. Mitten im Waldesrauschen gelegen, stellt der Hilsbacher Eichelberg etwas ganz Einzigartiges dar; aus dem Landschaftsbild will man ihn sich gar nicht weg denken.

Hilsbach im Kraichgau. Hier scheint alles unberührter, in gewachsener Harmonie belassen. Von den Häusern am Kirchhügel darf im Abendlicht auch mal ein wenig Patina schimmern, ohne dass der Renovierungsbeauftragte vom Hornbach gleich mit Eimern voller Einheitsweiß vorbeikäme. Schön im Sinne abwechslungsreich-bunter, dabei zweckmäßiger, alt überlieferter Formgesetze, bauen die Bauerngärten schräg an-, über- und hintereinander an. Seit Generationen viel befahrene Wege verlieren sich in Waldungen; wie oft mag Franz Markheiser hier gegangen sein, er, der Weise unter den Weinküfern, ein Vielkönner, ein Eingeweihter ...

Noch brodelt der Bollerofen in der vor Jahrzehnten selbst geschreinerten Besen-Stube. Noch gibt es die fabulöse Grünkernsuppe aus dem Topf von Frau Markheiser zu kosten, auch das zartsaftige Schäufele mit Kartoffelsalat und das Siedfleisch mit Meerrettich. „Warum kann es denn nun nicht immer so sein?" heißt es irgendwo bei Kempowski. So denken nicht nur die Stammgäste. Auch den Wanderern, auch den Neugierigen von der Sinsheimer Messe vermittelt sich unmittelbar beim Eintritt die Empfindung des Echten und Stimmigen.

1961 hat Franz Markheiser seinen Abschluss in Geisenheim gemacht. Der Weinbau allerdings wurde inzwischen zurückgefahren auf Portugieser rot und rosé. Doch mit Leidenschaft betreibt Markheiser nach wie vor

Unter der Stadt 14
Sinsheim-Hilsbach
07260 421 oder 410

Franz Markheiser,
der Holz-Weise
von Hilsbach.

Hilsbacher Idyll. Gesehen von der Besenwirtschaft Markheiser.

Was vom Eichelberg übrig blieb: Zur Zeit nur noch Portugieser ... und ein paar Restbestände.

die Brennerei. Spezialisten auf der Suche nach dem Außerordentlichen können hier reichlich fündig werden: Goldparmäne Herzstück, Topinamburbrannt, Kirschwasser aus dem Kirschholzfass, Schafsnase und reine Birnenbrände wie die „Gräfin von Paris", welche dem Holzfass-Bade entstieg. Einen Kracher stellt Markheiser mit dem „Zumsel" (zum selber Trinken) auf den Tisch – erdig beißend, kräutrig-belebend, sanft und grausam: eine unvergessliche Magendüngung.

An einem robusten Holztisch, der mit zwei, drei Renovierungen noch im Jahre 2316 (zur fulminanten 250. Geburtstagsfeier des Autors) als ausgiebige Prunktafel dienen könnte, werden mit Nachbarn und Bekannten Erinnerungen aus der Zeit ausgetauscht, „wie des Baureg'schäft soweit z'End gange isch." An Nachkriegszeiten, als man die endlich weggeschmissenen Säbel und Gewehre von den Äckern gesammelt hat. Vorzeitliche Maßregeln für's Überleben und Koexistieren von Mensch, Tier und Pflanze kommen zur Sprache – so als sei die zivilisatorische Übertechnisierung nur eine vorübergehende Sinnestäuschung. – Käferplagen? Ist doch klar: Wenn die Käfer nur 50 m fliegen können, pflanzt man Bäume der betroffenen Sorte halt 100 m auseinander. – Biergenuss? Eines Tags wird man schon wieder lernen, um wie viel besser das Gehopfte aus dem Holzfass schmeckt. Gar keine Frage. Wir lernen dazu.

Es bleibt zu hoffen, eine glückliche Fügung möge den Fortbestand des Hilsbacher Eichelbergs wie der Besenwirtschaft sichern. Vielleicht nimmt Franz Markheiser ja doch noch einmal einen gelehrigen Gesellen an und lässt ihn in den Tiefgrund seiner Kenntnisse Einblick nehmen. Vielleicht hat ja ein Würdiger schon irgendwo sein Bündel geschnürt ...

Einsiedler und ihre Gesellen
Elsenz – Eppingen

ROUTE 7

So was hat man ja öfter: Du gehst irgendwo lang – und weißt ganz genau: Hier war was. Was Besonderes, Unausdenkliches. Man müsste nur ein, zwei Meter tief graben, und mit Sicherheit stieße man auf – Elisinza, Alisinthia ... Fremd-geheimnisvolle Namen für den Einzugsbereich eines Flüsschens, wo der Weinbau zurückreicht in unvordenkliche Zeiten. Bis zurück ins Frühmittelalter gibt es Dokumente dafür. Was war in der Römerzeit? Und früher?

Bei Weinbergsarbeiten findet man immer wieder Brandstellen, die auf vorübergehende Ansiedlungen schließen lassen; Völker, die kamen und weiterzogen, wie es die Verhältnisse erforderten. Von drei Gehöften wird berichtet, die sich zu dem Ort Elsenz zusammengeschlossen haben – der unausgesetzten Plünderungen wegen. Ob es genützt hat?

Elsenz ... Es ist, als sei die Landschaft durchdrungen von einer subkutanen Wirkmacht; mitten durchs Gegenwärtige verläuft eine verschüttete Erinnerungsspur, die da und dort unvermittelt Gestalt anzunehmen vermag. Wie Wiedergänger vorzeitlicher Tiergottheiten erscheinen die träumenden Statuen auf dem Gelände des Weinguts Hockenberger. Tönerne und echte Katzen schlummern am Kachelofen. Nach den ersten

Mythische Erscheinung:
Thomas Hockenbergers Kater Strolch.

Eppinger Marktszene

Schlucken des spät gelesenen Chardonnay ist die Erkenntnis unabweisbar: Wir unterliegen einem Zauber, dem zu widerstreben vergeblich, ja unsinnig wäre ...

Der Ort Elsenz macht einen durchschnittlichen, regelkonformen Eindruck. Wieder einmal deutet zunächst nichts darauf hin, dass wir uns in einem traditionellen Weinbaudorf befinden. Nur die Tipps begeisterter Winzerkollegen (!) lassen uns den Weg zu Thomas Hockenberger suchen, einem Kurpfälzer in der badischen Diaspora. Mit Klugkeit und Modernität wurde ein Industriegebäude an der Straße nach Tiefenbach zum respektablen Gutssitz umgebaut. In der Weingalerie der Familie Hockenberger trifft lukullisch Bewährtes vorurteilsfrei auf Innovatives.

Den anderen Ortseingang flankiert das ebenfalls noch junge Weingut Georg Benz. Der naturnahe Betrieb expandiert auf gesunde Weise. Hier nun sehen wir auch Traubenstöcke: Gegenüber, in Richtung Eppingen, erhebt sich die alte „Freudenhälde" – wie kann ein so herrlicher Name einfach nivelliert und der Weinberg in das Großlagen-Ungetüm Spiegelberg integriert werden?!

Palmbräu-Stammhaus.
Wo alles begann.

Gewiss, Eppingen wird meist mehr mit der dort ansässigen Brauerei in Verbindung gebracht; es gibt aber auch dort eine eigene Weintradition, die in so erfreulichen Einrichtungen wie der **Talschenke** oder dem Alten Palmbräu-Haus **Zur Palme** fortlebt. Eppingen, während Pest-Zeiten Dependence der Heidelberger Universität, gehört zweifellos zu den beeindruckendsten Fachwerk-Ensembles in Deutschland. Anheimelnd ist die Altstadt eingebettet ins Garten- und Blumenland. Man lässt sich gern verlocken, in solcherlei Verwunschenheiten einzutauchen. Doch wie das so ist mit verzauberten Bezirken: Wenn man wieder auftaucht, ist sehr, sehr viel mehr Zeit vergangen als man je für möglich gehalten hätte. Rip van Winkel kam mit der S 4, sozusagen.

Noch eine Bemerkung in Sachen „Rettet das deutsche Bauernbrot." Die Eppinger **Öko-Bäckerei Stier** macht sich tagtäglich um unser duftes Kulturgut verdient (Brettener Laible!). An Markttagen verkauft der Rosbachhof aus Kleingartach phantastische Steinofenbrote und Hefezöpfe. Aber das Örtchen ist ohnehin einen Besuch Wert: Auf der **Leinburg** ward eine Höhengaststätte eingerichtet.

Weingut Hockenberger
Elsenz

Ein Ausgleich für Mannheim.

So kann's einem gehen: Eigentlich sucht man nur ein wenig Erholung im Grünen, und schon sitzt man auf dem Land fest. Für Thomas Hockenbergers Eltern war der 1966 angelegte Wingert in Elsenz mehr ein Ausgleichsprogramm für den Mannheimer Großstadttrubel; unter dem Goldengel der Christuskirche hat die Familie über drei Jahrzehnte hinweg ein Ladengeschäft geführt. Kaum ist die nächste Generation herangewachsen, wird aus Haustrunk und Hobby einer der meist empfohlenen Weinbaubetriebe im Kraichgau.

Es lässt sich kaum zusammenzählen, wie oft während der Recherchen zum Weinlesebuch der Name Hockenberger als „Tipp" genannt wurde. Vom Panzerglasspezialisten über den Besen-Gast bis zum Nachbarwinzer hieß es immer wieder: „Da müsst ihr unbedingt mal hin!" – selten jedoch ohne den Beisatz: „Der liegt ja ein bisschen seitab ..." Letzteres ein Grund, warum Hockenberger von den Sulzfeldern zur jährlichen Jungweinprobe hinzugezogen wird.

Nun, Thomas Hockenberger hat das einzig Richtige getan, wenn man als Städter ins ländliche Exil geht: Man umgibt sich mit Freunden, schafft was Gescheites und macht es sich schön. Im ehemaligen Tabakfabrik-Gebäude, das zu einem freundlich hellen Weingut mit

Sinsheimer Straße 47
Eppingen/Elsenz
07260 684

Gleich stark in Rot und Weiß: Hockenbergers blitzsaubere Kollektion.

DER SPAZIERGANG Die Quälerei wird fürstlich belohnt: Hinter dem Weingut Hockenberger muss man den Elsenzer Spiegelberg ein wenig suchen. Dann hinauf kraxeln. Im Weinberg – oder auf der Höhe, waldgeschützt – wandelt es sich dann bequem in den Tiefenbacher Teil des Spiegelbergs hinüber. Der Fernblick auf unbeeinträchtigt fließende Kraichgau-Wellen ist labend und versöhnlich. – Weniger Wanderwillige durchbummeln Eppingen am besten während einer Maiennacht. Wenn man nach der einen oder anderen Einkehr durch lauschige Gassen den **Fachwerkpfad** hinunter zum Bahnhof schlumpft, kommt man auf die unvernünftigsten Gedanken ... Gibt es wirklich noch keinen Liebesroman, der in Eppingen spielt? Auftrag vormerken.

Thomas Hockenberger: Winzer und Gourmet, Förderer der Künste ... und Mannheimer.

monatlich für ein Wochenende geöffneter Weinstube umgebaut wurde, haust auch der Bildhauer Ralph Nieling (echte Künstler müssen „hausen", das ist nun mal so), dessen in Haus und Garten ausgestellte Skulpturen Fertigkeit und Stilsicherheit im heiklen Grenzbereich zwischen Figuration und Abstraktion verraten.

Eine ungemeine kulturelle Aufwertung für die ganze Gegend bedeutet die Galerie in der Wein-Halle. Hier wird dem Experiment Raum gegeben. Zum Zeitpunkt unseres ersten Besuchs korrespondierten dreidimensionale Tafelbilder aus Meeres-Materialien auf subtile Weise mit der Fisch-Speisekarte. Beim zweiten Mal räkelten sich fotorealistische Öl-Models auf der rauhen Leinwand; wir haben vergessen, ob die während des Spargelwochenendes im Juni noch hängen.

Für die Küche zeichnet Mutter Hockenberger verantwortlich. Gemeinsam mit einer „gut eingespielten Freundin" richtet sie Dinge an, die Weinstuben-Standard entschieden hinter sich lassen. „Bärlauchmaultaschen" liest man da, alpenländische Spezialitäten ... Auch das weiß-grüne Spargelpotpourri in Riesling-Sahne mit grünen Nudeln klingt nicht eben zum Davonlaufen.

Über alledem sollte nicht vergessen werden, dass im Weingut Hockenberger sogar Wein gekeltert wird. Das ist umso lobenswerter, als man hier mit seiner Bestellung unmöglich fehl gehen kann. „Was jetzt mehr im Trend ist, sind die Burgunder. Und natürlich der Riesling". Der 2003er Kabinett trocken musste nicht einmal nachgesäuert werden und schmeckt doch so gar nicht wie aus einem tropischen Jahrgang – auch Jahre später.

Die Kirchenfenster, die der Schwarzriesling zieht (mehrfach belegte Barriques), müssten schon als bleiverglast bezeichnet werden. Der frömmste Reichtum ist doch immer der an Extrakten und edlen Glyzerinen. Neben der ungewöhnlich mineralischen, weder zu schlanken noch zu fetten Gewürztraminer-Spätlese aus 2006 steht auch ein „Cabernet Mitos" auf dem Programm, der mit dem Lemberger eine Liebesheirat eingeht. Diese Cuvée in Händen, beschreiten wir das imaginäre Herrenkabinett des Weines: ledrig duftend in schwarz-rot, Bitterschokolade auf silbernen Etageren. Nimmermüde riechend, schmeckend, finden wir hier Ersatz für die im Kraichgau weitgehend ausgerottete Tabak-Kultur.

„Im Most leicht aufgesäuert" wurde die Chardonnay Spätlese 2003. Na bitte, es geht doch! Die Integrationsbemühungen um die Weinsäure haben im wahrsten Sinne gefruchtet. Das ist ein zaubrischer Wein, ganz und gar nichts für Zweckrationalisten. – Je tiefer man sich auf die Reise in sein Inneres begibt, desto elementarer, logischer erscheinen die Zusammenhänge zwischen dem untergeganenen Elisintia und der neu erwachten Weininsel Elsenz, zwischen der Katzenskulptur auf dem Kachelofen und dem rot getigerten, wuscheligen „Strolch", der einem umstandslos auf den Schoß hopst.

Wir wollen nicht scheiden, ohne dem gutseigenen Sekt Reverenz erwiesen zu haben: Riesling brut von 1998 (60 (!) Monate Hefelager) und Schwarzriesling Rosé extra dry (2004), versektet im rheinhessischen Raumland, erweisen sich als weitere Marksteine auf dem Weg zur großen, anerkannten Qualitätsregion. Thomas Hockenberger trabt munter mit in der Spitzengruppe.

Am Elsenzer See.
Naturschutz zwischen Acker und Rebland.

Versenkung.
Thomas Hockenberger meditiert mit der Nase.

Weingut Georg Benz
Elsenz

Spitzenlagen, die keiner wollte!

Eppinger Straße 56
Eppingen / Elsenz
07260 1807

Georg Benz:
Jungdynamisch auf die sympathische Art.

So etwas wie Besessenheit muss wohl vorliegen, wenn sich einer mit Anfang 20, da andere vor lauter Schluffigkeit schon auf dem Weg zur Disco in der U-Bahn einnicken, an die 30 Glasballons nebst einem Satz gemischter Reben kauft, um im eigenen Weinberg und Keller privaten Versuchsanbau zu betreiben. Georg Benz ist ein geistiger Nachfahre Johann Philipp Bronners (Folge 2), des Rebenpioniers aus Wiesloch. Die Vielseitigkeit dieses Berufszweigs war es vor allem, was Benz alle Tatkraft aufs Winzerdasein werfen ließ. „Nachtarbeit im Keller" ist für den Familienvater obligatorisch.

Gut ausbilden ließ sich Georg Benz an den ersten Kraichgauer Adressen: Hoensbroech und Heitlinger. Bei aller Innovationsfreude wirkt sein Arbeitsethos ehern-konservativ: „... dann lässt es einfach der Stolz nicht zu, etwas zusammen zu kippen, was nicht zusammen gehört." (Wenn das Willy Brandt noch hätte hören können!) Die Cuvée ist Benzens Sache nicht in jedem Fall. Im stets gut besuchten **Café Bistro Jabers** in Neckargemünd, eine der wichtigen Gastro-Adressen für Benz-Weine, ist man jedoch durchaus offen für derlei Modernismen. Beim weit verbreiteten Schillerwein oder Rotling mahnt Georg Benz zur Vorsicht: „Wie zwei zusammengestopfte Hasen – irgendwann rupfen sie sich das Fell aus."

Wir haben es mit einem vorwiegend reinsortig ausbauenden Betrieb zu tun, wo ansonsten typische Verschnitt-Weine wie der Cabernet Mitos auch einmal solo auf die Flasche kommen dürfen. Im Falle Mitos ergibt dies ein anspruchsvolles, kompromissloses Geschmacksbild – alles andere als Massenware für den Handel, eher was zum Lutschen für ausgepichte Spezialisten. „Die Roten ... die machen einfach Spaß!"

Lässig, aufgeweckt kommt der Rivaner 2006 daher scharwenzelt; in seiner Unbekümmertheit erweist er nur den Gesetzen der Jugend Gehorsam. Dem Weißburgunder 2003 wurden 10% aus dem Vorjahr beigegeben, so dass Temperament und Frische im schönsten Einklang stehen. Eingeführt wurde der WB „als Paroli" zum Riesling, der Betriebsleitsorte. Wunderbar kirschig wölbt sich der St. Laurent aus dem Glase hervor; bis endlich das erste Wein-Parfüm auf dem Markt ist, könnte man's mit einem Tropfen dieses Klasse-Roten (hinters Ohr?) probieren. Den Rest aber auf jeden Fall trinken!

Im Gegensatz zu den Hockenbergers handelt es sich bei der Benz-Familie um Alteingesessene. Feierlustige, die auf dem Benz'schen Weingut zusammenkommen, profitieren vom dicht gewebten Netzwerk, das zu einem probaten Anteil aus Metzgern besteht. Mit dem **Landmetzger Renz** schräg gegenüber hat Georg Benz schon als Knabe Fußball gespielt. (Wir sind dankbar, dass er auf eine Karriere als Flügelstürmer bei der TSG Hoffenheim verzichtet hat ...). Die Landjäger der Landmetzgerei bezeugen solche Knackig- und Haltbarkeit, dass man sich eine noch engere marketingstrategische Kooperation wünscht: ein Fläschchen Cabernet Mitos mit einem Paar Landjäger um den Hals – ein ideales Geschenk für die Lieben daheim!

Sukzessive hat Georg Benz das Weingut vergrößert, „Spitzenlagen, die keiner haben wollte" mit sicherem Gespür erworben. Dabei scheint ihn wenig zu schrecken. „2006? Da war man endlich mal wieder gefordert!" Fix reagierend, kaufte Benz einem Bauern seinen alten Milchkühltank ab, stellte eine drei Grad kühle Sole her – und berieselte damit die Tanks. Ideen braucht der Mensch; so konnten die Weine denn schön kühl vor sich hingären, während draußen der Herbst seine tropischen Affentänze vollführte.

Es ist gut vorstellbar, dass der „Naturnahe" mit seiner hingebungsvollen Tätigkeit den Grundstein für eine Wein-Dynastie über mehrere Generationen gelegt hat. Man plant ja langfristig in Elsenz.

„In meines Wesens Dunkelstunden ..."
Von Rilke zu Benz, gar kein so großer Schritt ...

Kulinarischer Bummel durch Eppingen

Exil.
Die Alte Universität Eppingen, Fluchtort für die Heidelberger Gelehrtenschar.

Wem in Eppingen der Sinn nach Wein steht, nicht nach Bier, der wird seinen Schritt zunächst einmal an der Altstadt vorbei lenken und schnurstracks die **Talschenke** ansteuern. Was man in den 70ern unter Gemütlichkeit verstand, entspricht vielleicht nicht mehr vollkommen den nostalgischen Neigungen der meisten Wein-Adepten; die architektonische Kühle fällt angesichts der Herzlichkeit der Bedienung, des umfangreichen „Stoff"-Angebots sowie der Erlesenheit der hauseigenen Metzgerei-Produkte kaum mehr auf. Zu den Bärlauchknöpfle passt der Dürrenzimmerner Weißburgunder in seiner vollsaftigen Art wie der Landregen zum Frühlingsgarten. – Mehr kann man von „Sauren Nierle" nicht verlangen: Wie sie hier zum Gastmahl laden, von nobler Dunkelheit, unprätentiös im weißen Teller, mit reichlich Idealsoße gesegnet, das dürfte so manchem Jünger mehrere Tagesmärsche barfuß wert sein.

Viele Gegenden rühmen sich, Heimstatt des wahren Schnitzels – also des Gegenteils von Kantinenfraß – zu sein. In der Talschenke jedoch erweist sich erneut: „Das Herz des Schnitzels schlägt im Kraichgau" (Helden der Lyrik, letzter Teil). Es ist ganz und gar unmöglich zu beschreiben, was für eine Saftbombe da im Mund zer-

Lebendiges Relikt.
Im Stammhaus zur Palme hat sich eine vorzügliche Restauration etabliert.

platzt; es sei denn, man verstünde sich auf Zungenrede oder Preislieder im Pindar'schen Strophenmaß.

Es gibt so Tage, da braucht man einfach etwas heile Welt. Von gemüterwärmender Behaglichkeit ist die Gaststube des Alten Palmbräu-Hauses **Zur Palme**. Wie die Auster am Felsenriff gedeiht die Maultasche in der Hausküche. Vielerlei Spielarten kennt ihre Darbietung. Mit Schinken verträgt sie sich gut, nicht minder mit der Tomate. Und für den wahrscheinlichen Fall, dass einen nach zwei, drei Palm-Bräu doch die Lust auf einen Riesling ankömmt, hält der Keller etwas zutiefst Begrüßenswertes bereit: einen echten aus dem Löchle, von der benachbarten Ravensburg zu Sulzfeld.

Süß und ehrenvoll ist's, den Tag mit gutem Trunk im **Neuen Palm-Bräu** zu beschließen. Wiederum keine Spur von Borniertheit: Bier und Wein stehen nicht in Konkurrenz; unwillkürlich denkt man an das Abendlied für Kinder: „Sie tun sich nicht zuleide, / hat eins das andre gern; / wie Schwestern und wie Brüder, / die Gerste und die Beer'n ..." Die Küche pflichtet dem integrativen Ansatz bei und verknüpft Internationales mit Regionalem, Althergebrachtes mit neuzeitlichem Anspruch.

Einmal mehr gestehen wir das Unvollkommene und Unvollständige unserer Sammeltätigkeit ein. Wir sind sicher: Ein kleineres Expeditionscorps, ausgesandt in die winkligen Eppinger Gassen, würde noch manch reizvolle Entdeckung zutage oder zunächten fördern. Andererseits – warum sollen wir eigentlich immer alles alleine machen? Gehen Sie doch selber los, forschen Sie wie Schliemann! Eppingen wird Sie nicht enttäuschen. Und Sie müssen gar nicht mal tief graben.

Überbackene Maultaschen

Inspiration:
Altes Palmbräu-Haus
Zur Palme

Nein, das kann niemand verlangen, jetzt auch noch das einzig wahre Maultaschen-Rezept Nr. 614 zu liefern. Tun wir einfach mal so, die Maultaschen wären schon fertig, schön dick und gut gewickelt. Jetzt müssen wir sie leider zerschneiden. Die Scheiben geben wir vorsichtig in eine gebutterte heiße Pfanne und wenden und wenden, bis sich erste Anzeichen von Knusprigkeit einstellen. Zwiebelscheiben unterheben, die natürlich nicht schwarz werden. Nunmehr die Flamme runter. Tomatenscheiben, wenn möglich vorgewärmte, über die aufgeschlitzten Täschchen verteilen, pfeffern, dick mit mildem Bergkäse bestreuen, noch mal überbacken. Hams!

Eine Möglichkeit unter vielen:
Palme dekliniert Maultasche.

Die heimliche Hauptstadt
Sulzfeld

ROUTE 8

Was für ein Stoff für einen Tatort! Zeitig in jedem Jahre treffen sich die Sulzfelder Winzer zu einem geheimen Umzug. Gehüllt in Nacht und Dämmerung, ziehen sie von Weingut zu Weingut und probieren, was der vergangene Herbst so in die Keller gerollt hat. Nicht selten kommt es vor, dass ein Jungwein durchfällt. Das Urteil ist ehrlich bis schonungslos. Höchstleistungen an Toleranz und Kritikfähigkeit sind gefordert. Nicht auszudenken, was geschähe, wenn einer der Winzer (ohnehin inniger verschmolzen mit den Produkten als – sagen wir – die meisten Bauschlosser) sich Mal um Mal schlecht behandelt fühlt. Verjährte Kränkungen, Jahrhunderte alte Familienfehden, persönliche Animositäten köcheln vor sich hin, bis endlich ein Gedanke Gestalt annimmt, zu dessen Realisierung während der weinigen Nachtwache die schrecklichsten Möglichkeiten gegeben sind: Rache ...

Tatsächlich und glücklicherweise laufen die Jungweinproben laut Auskunft der Beteiligten (bisher) weit weniger dramatisch ab; dabei gibt es für jeden jede Menge zu lernen. Wenn das Modewort Synergieeffekt irgendwo einen Sinn haben sollte, dann wohl bei dieser Fortbildungsveranstaltung internster Art. Anregungen,

Die Ravensburg:
Bald 1000 Jahre Weinbaugeschichte.

Korrekturen, Lobpreisungen, Flachs – all das macht dieses konspirative Treffen zu einem außergewöhnlichen Erlebnis, das nur für uns einen Nachteil hat: den des Unzugänglichen. Allein, wir werden Mittel und Wege finden, einmal diesem gespenstischen Umzug beizuwohnen – vielleicht verkleidet und mit Gesichtsmaske. Oder in einem Fass verborgen, dass den Winzern unauffällig hinterher kollert ...

Im Prachtband für Eisenbahnfreunde „Die berühmtesten Züge der Welt" fehlt die S 4. Solches ist nur damit zu erklären, dass die Autoren keine Wein-, sondern eben Eisenbahnfreunde waren. Ende 2005 hat der „Wein Gourmet" dem Straßenbähnle zwar keine ganze Ausgabe, aber doch immerhin einen ausführlichen Artikel gewidmet. Die S 4, eine völkerverbindende Angelegenheit zwischen Baden und Schwaben, beginnt ihre Fahrt in der Ortenau, schlingert ein wenig an der in manchen Quellen als Verlängerung der Badischen Bergstraße beschriebenen Kraichgauer Küstenregion herum, biegt bei Karlsruhe-Durlach Richtung Weinstraße Kraichgau-Stromberg ab und trifft in Schwaigern auf die Schwäbische, inzwischen Württemberger Weinstraße. Somit dürfte es sich um die einzige Straßenbahn der Welt handeln, die vier Weinbaugebiete durchmisst. So was schafft nicht einmal die Transsibirische Eisenbahn.

Für den Kraichgauer Teil der S 4-Strecke lässt sich Sulzfeld ohne Zweifel als Hauptort des Weinbaus bezeichnen. Es muss eigentlich Wunder nehmen, wie eine

DER SPAZIERGANG Kurz hinterm Pfefferle hört Sulzfeld auf. Ehrfurcht gebietend, fast ein wenig arrogant liegt die Ravensburg über den Rebenhängen. Pull down thy vanity, I say pull down! möchte man ihr mit Ezra Pound zurufen. Besteigung ist trotzdem Pflicht; für Wanderstiefel zeigt sich das schicke **Burgrestaurant** hingegen weniger geeignet. Alsdann, so wandert man durch ausgedehnte Waldungen (auf miserabel beschilderten Wegen) Richtung Sternenfels und Kürnbach (Route 9). Hier heroben hat der Kraichgau etwas Einsames, Weltfernes. Trost spendet der Anblick der sanften Reblagen von Oberderdingen. (Route 10) Bevor wir jedoch unnützerweise in Melancholie versinken, schlagen wir den weiten Bogen heim in die menschliche Gemeinschaft des **Weinstadls** und vespern noch ein bisschen was. Vielleicht einen „Käs mit Musich" – selbst für im Herzen des Handkäses geborene Musik-Experten ein epochaler Genuss.

solche Konzentration erstklassiger Weingüter in einem sonst eher unauffälligen Örtchen möglich war. Andererseits, hätte die zuständige Genossenschaft gescheite Preise gezahlt, wäre es womöglich nie zu dieser kollektiven Individualisierung gekommen ... Sicher, die (auf Reiseführerdeutsch) weithin thronende **Ravensburg** hat mit noblen Gewächsen schon seit ein paar Jahrhunderten auf sich aufmerksam zu machen gewusst. 1992 kam Hagenbucher, der mit (auf Weinführerdeutsch) kompromisslosem Qualitätsstreben nicht nur im Rotweinbereich Maßstäbe gesetzt hat. Außerdem gibt es das Ökoweingut Reblandhof, dessen Grauburgunder und Cuvées im Sortiment der Naturkostmärkte Alnatura und Füllhorn als Spezialtipps gelten.

Selbstverständlich ist es auch spannend, lehr- und genussreich bei Bregler, Kern, Sonnenfeldhof und **Pfefferle** zur Probe vorstellig zu werden. Letzterer hält mit seinem **Weinstadl** ein beispielgebendes kulinarisches Kraichgauer Angebot vor. Die Öffnungszeiten sind für Außenstehende allerdings etwas verzwickt. Aber wozu gibt es Telefon! Jüngster Fant der Sulzfelder Qualitätsoffensive, bietet das Weingut **Brüssel** mit einer klassisch anmutenden **Besenwirtschaft** genussreiche Verköstigung. Maultaschen, Salzfleisch, Siedfleisch, Besenbrote, Zwiebelsteak mit Kartoffelsalat, ein vollsaftiger Grauburgunder ... und nicht zuletzt auch die Metzelsupp machen dieses Weingut zu einer begrüßenswerten Attraktion.

Käs mit Musich

Inspiration:
Weinstadl Pfefferle

Guten, achselwarmen Rotschmierkäse (zarter Limburger, nicht zu würziger Münster, sogar Chaumes, am besten aber ein feines regionales Weichkäschen vom Auenhof aus Bauschlott – das ist kein Material, sondern ein Örtchen unweit Bretten) in eher dünne Scheiben zerteilen und marinieren. Und zwar in einer Soße aus feingeschnittenen Zwiebeln, Kräuteressig, neutralem Pflanzenöl, Salz und Pfeffer, etwas Gemüsebrühe und Weißwein. Grundsätzlich gehört natürlich Besenbrot dazu. Aber auch Pellkartoffeln sind erlaubt.

Allrounder:
Claus Burmeister weiß, wie man mit Barriques umgeht. Und mit Weinjournalisten.

Weingut Thomas Hagenbucher
Sulzfeld

Jo, kammer trinke!

Friedrichstraße 36
Sulzfeld
07269 911120
www.burg-
ravensburg.de

Wiewohl sich Kulturpessimismus nimmermehr und unter keinen Umständen schickt, darf man doch ein gewisses Unwohlsein innerhalb der meisten Disziplinen unseres gesellschaftlichen Lebens durchaus einmal konstatieren. Der EDV-Branche ist die Puste ausgegangen, die schönen Künste torkeln zwischen Bastelnachmittag und Fetz- und Röcheltheater hin und her – nicht erst zu reden von der politischen Nomenklatura, die sich weitgehend ins sichere Gefilde der Selbstparodie zurückgezogen hat.

Da tut es wohl, ja begeistert, wenn wir irgendwo etwas Neues, Unverbrauchtes, Aufbruchsstimmungsvolles entdecken; modernen Menschen begegnen, die der überlappenden Resignation und Stagnation etwas entgegenzusetzen haben, die „Kunst der Anfänge" (George Steiner) nicht nur fordern, sondern mit Meisterschaft praktizieren.

Einer von diesen ist Thomas Hagenbucher. Innerhalb der faszinierenden, von einzigartiger Energie befeuerten „Bewegung" junger Weinbegleiter (eine durchaus treffendere Bezeichnung als -„macher," die wir hiermit kostenfrei zur Verfügung stellen) kommt ihm eine Sonderstellung zu. 1992 mit enormem Risiko gestartet, hat Hagenbucher inzwischen eine ganze Reihe von Spitzenweinen zu erzeugen und gut zu platzieren vermocht, so dass ihm ein Gutteil der Anerkennung, die er verdient, auch erbracht wird.

Thomas Hagenbucher:
Ein Beitrag zum Thema guter Wein und gute Laune.

Was die jährlichen Jungweinproben im Kollegenkreis anbetrifft, ist man geneigt zu vermuten, Hagenbucher habe da nichts zu befürchten. Geschuldet ist die vermutete Furchtlosigkeit nicht allein der Tadellosigkeit seiner Weine; kritischer, man möchte beinahe sagen zersetzender könnte wohl keiner die Qualität der Endprodukte beurteilen als er selber. „Jo, des kammer trinke," ist schon so ziemlich das stärkste Eigenlob, das ihm über die Lippen kommt.

Dabei sind schon Vermutungen angestellt worden, ob die Natur mit dem Jahrgang 2003 extra so lange gewartet hat, bis im Weingut Hagenbucher genug Erfahrungen gesammelt werden konnten, um solche Rotweine zu schaffen. Es muss einmal gesagt werden: Für einen Blaufränkisch aus dem Burgenland auf der Qualitätsstufe des 2003 Lemberger trocken würden die Österreicher nicht 5,90 Euro ansetzen, sondern mal wenigstens eine 1 vor die 5 malen. Die leicht unverschämte Weichheit kann sich der Wein leisten, da er vermittels raffinierter Zimtnoten die Balance zu halten weiß. Dies ist ein Wein für Verbitterte: Er schenkt den Glauben an das Gute zurück, an die Erlösbarkeit der gefallenen Natur.

Zum Zeitpunkt des Erstgesprächs lag noch eine seit 2001 gereifte Weihnachtsversion des Lembergers aus dem Barrique vor; man ist geneigt zu fragen, weshalb neben den berühmten Spätburgunder-Lagen zu Assmannshausen und Klingenberg nicht auch Sulzfeld als Gütesiegel für Deutschen Roten auf aller Zunge ist ... Kommt noch! Denn auch 2005 atmet der Lemberger

Ruhelager.
Die Etiketten stammen von der hauseigenen Designerin.

Besenbrot

Inspiration: Heike Krebs

Nun also endlich mal ein Rezept mit Mengenangaben und ohne Geschwafel: Ein wunderbares Besenbrot, das zu allem und jedem passt. 250 g Weizenmehl vermischen wir mit ebenso viel g Roggenmehl, anderthalb Teelöffeln Salz und einem Päcklein Trockenhefe. 0,3 l lauwarmes Wasser werden untergerührt. Der Teig darf sich 15 Minuten an einem warmen, stillen, doch geruchsneutralen Örtchen ausruhen. Auf einem bemehlten Brett formen wir den Laib und legen selbigen in eine gefettete Form (bitte keine Kastenkuchenform, da drin lässt sich pappiger Backmischungskuchenersatz backen, aber nimmermehr ein Besen-Brot!). Mehrfach einritzen und abermals ½ Stunde warm stellen. Ofen auf 220 Grad vorheizen, 50 Minuten backen.

den Duft der Einzigartigkeit. „Das ist der schönste Wein, den ich bisher gemacht hab." Abwarten. Die Barrique-Variante wird Ende '07 gefüllt.

Ebenfalls aus dem Barrique stammt ein origineller, phantasievoller, ein wenig neuweltlicher Chardonnay. Sogar der Riesling 2003 ist Thomas Hagenbucher bestens gelungen. Wo er sein stabiles Säuregerüst her hat (der Wein, nicht der Winzer), ist eine Frage für Alchemisten. Nachgesäuert wurde nicht. 2006 wurde kein Kabinett, keine Spätlese aufgelegt. Dennoch: Der skelettreiche Untergrund (feiner Schotter) unterstützt die Sorte auch in Problemjahren, wo er kann.

Erfreulich auch die Qualitäten im Literwein-Bereich. Der Weißburgunder hält uns eine feist strahlende Ananas als Willkommensgeschenk entgegen. Wir nehmen sie dankend an und kommen gerne wieder.

Das Weingut Hagenbucher ist kein Chateau. Es überzeugt die stilsichere Modernität des Gesamtentwurfs – von der Inneneinrichtung des Tonnengewölbekellers bis zum Flaschenetikett. Sage noch einer, Frau und Mann seien nicht in der Lage, einander zu ergänzen. Die Gattin des Winzers ist Graphikerin. Das Projekt Weingut wird zum ästhetischen Gesamterlebnis.

Umso bedeutender erscheinen solche Zeichen kreativer Akkuratesse weitab der Design-Metropolen, begutachtet man die überall im Kraichgau sichtbaren Resultate gewisser neoprovinzieller Marketingstrategien. An den Ortseinfahrten „grüßen" neugestaltete Schilder mit so einfallsreichen Sentenzen wie „Sulzfeld – immer in Bewegung." Oder „Kieselbronn – hier wohnen die Kieselbronner." Man möchte sich den Entscheidungsprozess im Gemeinderat nicht vorstellen ... Ach, hätte man das gute Geld doch genommen und dem Herrn Hagenbucher noch ein paar schöne Barriquefässer gekauft. Wir wären alle für immer dankbar gewesen.

Konzentration aufs Wesentliche.
Hagenbuchers Gewölbe-Keller verlockt zu überaus intensiven Proben.

Reblandhof
Sulzfeld

Ka ora – es ist Leben!

Trifft ein Kraichgauer in Australien eine Neuseeländerin ... Das ist jetzt kein erzählter Witz von Loriot, sondern der Beginn der Erfolgsgeschichte eines der wenigen konsequent ökologisch wirtschaftenden Weingüter zwischen Heilbronn und Heidelberg. „Ka ora" (es ist Leben) wurde die gelungen schwerelose, dabei hintergründige rote Cuvee aus Schwarzriesling, Regent, Lemberger und Cabernet Sauvignon genannt. Mindestens ebenso einnehmend: die weiße Cuvée aus Johanniter (!), Gewürztraminer und weißen Burgundersorten (asiatische Küche? Ein Idealwein!) Es fügt sich alles gut zusammen, was hier im geschütztesten Winkel des Sulzfelder Tales so geschieht. Haus, Hof und Herberge repräsentieren die lebensfrohe Seite der Biodynamik: warmgelber Naturstein, umgrünter Innenhof, Verkostungs-Erker mit Sogwirkung – Umfriedung und Öffnung, Heimatlichkeit ... und die Weite der Weinbergslandschaft. Fehlt noch was?

Ka ora ... das ist die Sprache der Maori. Zwar haben es ihre Katamarane nicht bis Sulzfeld geschafft, aber die Neuseeländerin Michelle Kern lässt gern teilhaben an ihrer Begeisterung für diese nur geographisch so fern liegende Kultur. „Iti Kai," kleine Speisen, nennt sie das sommers geöffnete Gutsrestaurant – „Besenwirtschaft" wäre definitiv falsch –, worin frische Fische und arme Lämmchen ihrer Bestimmung zugeführt werden. – Wo befindet sich eigentlich – von hier aus gesehen – die nächste Gelegenheit, südpazifische Küche zu genießen? In Berlin? München? Oder doch erst in Wellington?

Sprache und Kulinarisches sind beileibe nicht die einzigen Gebiete, die Michelle Kern mit fernsüdöstlicher Kultur bereichert. „Wie die Winzer in Australien / Neuseeland zusammenarbeiten, das ist schon ein Traum!" Kooperation heißt für sie ein entscheidendes Qualitätskriterium in Sachen Weinbau. Dieser spürbar

Eppinger Weg 3
Sulzfeld
07269 6162
www.weingut-reblandhof.de

**Von Neuseeland
in den Kraichgau:**
Michelle Kern.

Degustation vor Naturstein. Ökologie in Vollendung auf dem Reblandhof.

wehende Geist des Zusammenwirkens macht auch vor sonst eher distanzierten Umgang pflegenden Rebsorten nicht Halt. Die Cuvée Riesling-Grauburgunder, „spritzig, doch weich," erinnert Mrs. Kern ein wenig an die Gepflogenheit in ihrem Geburtsland, Semillon und Sauvignon Blanc miteinander zu verehelichen.

„Die sehr erträgliche Leichtigkeit des Weins" könnte auf das Etikett des Grauburgunders „Rosé" gedruckt werden. Vier Tage lag das auf der Maische, 100% gesunde Trauben – ein Wein, der die Interessen unbekümmerter Studentinnen des Lebens und betagter Bonvivants zu vereinigen angetan wäre.

Spätestens beim gereiften Riesling 2001 soll nun auch deutlicher die Rede sein von der männlichen Hälfte des Reblandhofs (wiewohl Dietrich Kern kaum auf den Gedanken verfallen wäre, „Late Harvest" statt Spätlese drauf zu schreiben). Der gelernte Winzer steuert das Kraichgauer Element bei: Im hiesigen Weinbau ist der Name Kern in etwa so verbreitet und bekannt wie Antinori in der Toskana. Das Ziel der Bemühungen von Dietrich Kern ist Unverwechselbarkeit. Es sei: Denn die eigentlich irrwitzige Verbindung von exotischen Früchten und feiner Firne gibt diesem Riesling tatsächlich ein ganz anderes Gepräge als es etwa ein Pfälzer oder ein Ortenauer aufzuweisen hätte.

Sortentypisch, sehr beerig, mit Biss ist der Schwarzriesling 2003 gelungen. Auch hier gilt wieder: Trotz 13 % keine Schwere, keine Penetranz. Wie auch beim Lemberger, der sich geschwisterlich unterhakt, werden Edelstahl und Barrique miteinander kombiniert. „Man probiert's immer wieder!" Seit 2006 befindet sich ein „Blaufränkisch" (austrifizierter Lemberger) im Umlauf, der – nach unserem Kenntnisstand – auf dem Gebiet ökologisch erzeugter Weine derzeit Sortenführerschaft für sich beanspruchen darf. Ein gewichtiger Beitrag zur Lemberger-Diskussion im Raum Sulzfeld/Schwaigern.

Von den drei Kindern sind es vor allem die beiden Jungs, die auf Verkostungserlebnisse drängen. Da hat man sich nun geplagt, hat gepflanzt, gepflegt und geerntet – und vor lauter Dankbarkeit bekommt man ein schnoddrig-souveränes „zu viel Bitterstoffe" vom eigenen Nachwuchs zu hören.

In solchen Fällen kann es nicht schaden, sich der romantischen Anfänge zu erinnern. Den 89er Hochzeitswein haben Michelle und Dietrich Kern in die Natursteinwand als optische Devotionalie integriert. Den gibt es bei Alnatura und Füllhorn, wo der Reblandhof gut im Sortiment vertreten ist, natürlich nicht zu kaufen. „Cantate" ist sein Name. Wieso das denn, Frau Kern? „Nach der ersten Flasche wird man musikalisch."

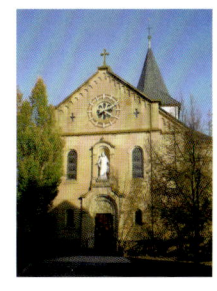

Die Evangelische Kirche in Sulzfeld, einsamer Zeuge des Glaubens an der tosenden Hauptstraße.

Blick aus dem Erkerfenster. Der Reblandhof liegt am Rande der Reben.

Weingut Burg Ravensburg
Sulzfeld

Wir müssen die Weine fühlen!

Hauptstraße 44
Sulzfeld
07269 91410
www.burg-
ravensburg.de

Claus Burmeister:
Im Kraichgau
weit oben.

Was waren das für Zeiten, damals, vor der großen Pest von 1346 ... Wer das nicht erlebt hat, hat eigentlich gar nichts erlebt. Die Familie Göler von Ravensburg, die hat das noch erlebt. Welche Wonne, mitten im Nachmittagslicht des 13. Jahrhunderts auf den Zinnen dem neu verpflichteten Troubadour zu lauschen, auf Lateinisch, Griechisch und Badisch Konversation zu treiben, den lieben Leibeigenen beim Neubau des Vorwerks zuzuschauen und sie dann und wann zur Aufmunterung mit einem Flusskrebsschwänzchen zu bewerfen ...

Tatsächlich sind die Göler von Ravensburg eine der ältesten weinbauenden Familien auf Erden (schon vor 1251). Mit Claus Burmeister hat man heutigentags einen Wein-Vogt aufzubieten, der mit Können und Beharrlichkeit an der „Qualitätspyramide" der Ravensburg werkelt. Gutsweine bilden den Sockel, die Spitzenlagen sind gerade mal für die Mitte gut, die Großen Gewächse und die roten Corvus-Weine teilen sich die einsame Höhe. Man ist durchaus auf der Höhe der Zeit; die Spitzenlagenklassifizierungskampagne des VDP wird mitgetragen und unterstützt.

Der Burgberg, ein geologisches Naturdenkmal mit Gipskeuperboden, ist für Terroir-Fetischisten von ähnlicher Anziehungskraft wie der Magnetberg für Jim Knopfs Lokomotive. „Wir müssen die Weine fühlen; ich lasse mich vom Ergebnis nicht gerne überraschen," gibt Burmeister Einblick in die Produktionsphilosophie des Weinguts. Ein Gefühl übrigens, das sich umstandslos vermittelt, wenn man das Große Gewächs Husarenkappe Riesling 2003 beschnüffelt. „Leicht salzig" schmeckt dieser Riesling, der keinen Vergleich mit den Besten seines Standes zu scheuen braucht: nobel, herausragend! Sollte man eigentlich reservieren für Troubadoure und Weinautoren. Das Große Grauburgunder-Gewächs natürlich auch. Aus einer internen Blindverkostung ging er als souveräner Sieger hervor – gegen namhafteste Konkurrenz. Mit der seltsamen Unterbewertung dieses Glanzstücks durch einige Weinführer kann Claus Burmeister sehr gut leben.

Auch die fleischige Husarenkappe Riesling 2005 Kabinett trocken überzeugt auf Anhieb. Und einen Gutsriesling wie den 2005er muss man sonst auch lange suchen: fair im Preis, tadellos in der Qualität – so zartfruchtig kann ein Sockel sein.

„In der Mitte von Nirgendwo" sieht Claus Burmeister den Kraichgau liegen, bedauert die mangelhafte touristische Erschlossenheit. Einen der markantesten Anziehungspunkte bildet die Ravensburg selbst. Hier am Kachelofen, „am stillen Herd in Winterszeit, / wann Burg und Hof mir eingeschneit" (Wagners Meistersinger), einen großen Corvus Spätburgunder trocken in den Gaumen rinnen lassen, so eine Erfahrung kann Biographien verändern. 24 Monate lang liegt so ein Prunktropfen in 80–100% neuen Barriques. Er braucht gut einen Tag lang zum Atmen, weist außerdem beste Lagerfähigkeit auf – so dass er nach mehrjähriger Belagerung problemlos zur Befreiungsfeier gereicht werden könnte. Wann der 2005er in den Verkauf kommt? 2010, schätzungsweise.

Will der Lenz uns grüßen, so sollten die Ritter der Aventiure durchaus keinen Umweg um die Ravensburg reiten. Zwei Restaurant-Terrassen schweben heroben in der lauen Luft, und wenn die Sonne die rustizierten Eckrisaliten des Pallas' streichelt (womit lässt es sich prachtvoller angeben als mit Architekturkauderwelsch!), dann wächst die Sehnsucht nach einem Corvus Lem-

Ausspannen
auf der Terrasse der Ravensburg.

Mit Ravensburg-Weinen im Burgrestaurant –
eine zwingende Koinzidenz.

Feinfühlig
verwendet Claus Burmeister Barriques nicht nur für Rote.

berger ins Unermessliche. Den Barrique-Keller zu Sulzfeld drunten sollte man freilich vorher besucht haben, um die Würde dieses Weines ganz ermessen zu können. „Der Mittelbau," meint Meister Burmeister, „ist harte Arbeit." Was den Wein wiederum mit der Architektur verbindet. – Nun, wohlan, ihr Herren: Sie ist geglückt!

Corvus, der Rabe. Ein passenderes Wappentier hätten sich die Gölers für ihre Ravensburg nicht ausdenken können. Bei so viel finster krächzender Vergangenheit erfreut die operettenhafte Umwidmung von Militärzubehör aus den letzten Tagen kriegerischen Engagements umso mehr. Freiherr Benjamin von Göler, Major im Badischen Husarenregiment, transportierte in seiner (Husaren-)Kappe ein paar Riesling-Setzlinge, um sie am Burgberg auszupflanzen. So heißt es, und so ist's gewisslich wahr. Sinnreicher ist ein Uniformstück selten eingesetzt worden. Darauf einen Riesling von der Mergelkalkbank!

Weingut & Weinstadl Reiner Pfefferle
Sulzfeld

Die Stadtbahn ist ein Segen!

Jede Großstadt braucht ein paar Ausflugsorte, die mit der Straßenbahn erreichbar sind. Die Wiener setzen sich in die Linie D und tuckern nach Nußdorf, die Frankfurter zuckeln über den Main nach Sachsenhausen und Neu-Isenburg. Wohin aber flüchten die Karlsruher? Seit einiger Zeit hoppelt die S 4 – unter den Weinbahnen des KVV gewissermaßen das Leittier – durch den Kraichgau. Und die Residenzler, sie lernen das wundervolle Gefühl kennen, wie es ist, wenn man sich mitten aus der Stadt hinaus kutschieren lässt, ein bisschen durchs Grüne bummelt (aber bitte nicht zu lang!), um sich hernach in einer ländlichen Schenke nachdrücklich abfüllen zu lassen – im sicheren Gefühl, wohlbehalten wieder nach Hause geschaukelt zu werden.

„Die Stadtbahn ist ein Segen," grient denn auch Meister Pfefferle, Juniorchef im gleichnamigen Weingut. Und man möchte hinzufügen: Für alle Beteiligten! Denn immer mehr Erholung und Labsal Suchende fleuchen aus grauer Städte Mauern Richtung Pfefferles Weinstadl. Ist die Sulzfelder Hauptstraße auch alles andere als ein schmucker Boulevard – sie nimmt geputzte Menschen dafür, die in langer Linie vom Bahnhof hinauf und wieder hinunter ziehen.

Nicht erst auf dem Rückweg steht's mit der Stimmung zum Besten; denn die meisten wissen, dass sie bei Pfefferles ein Optimum rustikal Badischer Ländlesküche erwartet. (Ganz Gewitzte naschen schon mal vor; die Würste der Metzgerei Guggolz am Wegesrand sind legendär ...) Wie beim Räubermahl der Bremer Stadtmusikanten werden in riesigen Schüsseln Portionen von solcher Üppigkeit aufgetragen, dass hie und da statt einer Nachspeise ein zweites Besteck geordert wird. „Kurz-Lang" heißt eine autochthone Spezialität: Rindfleisch, Zunge und Herz im nahrhaften Sud, schmelzend zart, dazu duftige Brotscheiben in Familienpack-Größe.

Ochsenburger Straße 17
Sulzfeld
07269 6190

Geschafft!
Wenn Wanderer dieses Schild erblicken, melden sich Magen und Kehle mit freudigen Vorahnungen.

Weingut Pfefferle.
Der Weinstadl, geschätzt für beste Landküche.

Als originelle Weiterentwicklung der Maultaschenküche finden wir eine italo-badische Variante auf der Karte: Die dick gewickelten Dinger auf Sauerkraut werden mit einer Art Bolognesesauce und Käse überbacken. Endlich mal satt! Und wenn doch nicht, dann lacht einem der „Käs mit Musich" feist entgegen; eine derart einleuchtende Rezeptur, dass wir uns entschlossen haben, selbige mitzuliefern. (S. 161)

Es fällt auf, wie beherzt hier die Familie generationenübergreifend zupackt. Die Wein-Empfehlung eines Nachbarwinzers (!), eine Weißburgunder Spätlese, steht auf gutem Fundament, weiß auf die Fragen der Küche eine Antwort. Der Sortenspiegel ist umfangreich, der Abend lang. Da kann es zwischenhinein durchaus geschehen, dass der Seniorchef selbst zum Mikrophon greift und mit den Wein-Schlagern seiner Jugend für jene Mischung aus Nostalgie, Schmäh und Skurrilität sorgt, die auch einem jüngeren Publikum verloren geglaubtes Liedgut zu erschließen angetan ist.

Bemerkens- und lobenswert auch das „Sulzfelder Besenabkommen". (Es wird von manchen auswendig gelernt wie früher die Daten des Westfälischen Friedens oder der Prager Reichskompaktanten oder des Reichsdeputationshauptschlusses.) (Na, wissen Sie's noch?) Fast immer im Jahreszyklus hat eine der Gutswirtschaften turnusmäßig geöffnet – Brüssel, Sonnenfeldhof, Reblandhof ... –, so dass der beim Eintritt hungergebeugte Wanderer den Heimweg zur S4 wohl genährt und schwer zufrieden antreten darf.

Weites Neipperg-Land
Schwaigern – Stetten am Heuchelberg

ROUTE 9

Trotz Weltmeisterschaft 2006 und VIP-Lounge-Vermarktung: Außerhalb der Pfalz gehen Wein und Fußball meist getrennte Wege. Allerdings steht die Gemeinsamkeit eines Mangels zu Buche, worunter noch in jüngerer Zeit beide Disziplinen hierzulande litten: Internationale Anerkennung. So bleibt für viele die direkte Konfrontation mit vermeintlich stärkeren Gegnern (Frankreich ...) angstbehaftet – und darum ein Anlass, reflektierte Selbsteinschätzung hintanzustellen. Es geht auch anders; gefragt sind die alten Tugenden der Courtoisie und der Selbstgewissheit. – Wie mögen sich die Grafen Neipperg gefühlt haben, als sie vor etlichen Jahren ihren Wein-Partnern in den reichsten Domainen Bordeaux' zum ersten Mal einen Rotwein vom östlichen Rand des Kraichgaus zu kredenzen wagten? Karl Eugen Erbgraf von Neipperg erinnert sich genau an dieses süffisant-wohlwollende „durchaus trinkbar" eines arrivierten Kollegen. Nun, seither sind mehr denn an-

Mandelblüte
vorm alten Pfarrhaus.

Tod und Verklärung.
Religiöse Kunst in der Schwaigerner Stadtkirche.

derthalb Dezennien Garonne und Lein hinuntergeplätschert ... und allmählich setzt sich die Meinung durch, dass terroirgeprägte Weltklasse-Weine schlechterdings nicht vergleichbar seien. Wie auch kein Bordelaiser Edel-Winzer sich dem Wettstreit mit einem Burgundischen stellen würde, so wenig dient ein Vergleich Schwaigerner Essenzen mit solchen aus St. Emilion zu irgendjemandes Nutzen. Inzwischen präsentieren DIE GÜTER, eine Vereinigung der wohl nobelsten Winzer Deutschlands, wozu das Weingut Graf Neipperg zählt, alljährlich auf einer Sonderschau ihre Weine ranggleich mit denen der französischen Kompatrioten.

Ein Stichwort im Zusammenhang mit der Weiterentwicklung des Deutschen Weines (bzw. der Rückbesinnung auf einstige Größe) ist mit Sicherheit „physiologische Reife." Wir haben Traubenkernkauer kennen gelernt, Traubenkernverfärbungsbeobachter und Frömmler der empirischen Wissenschaften. Graf Neipperg hat eine weitere Orientierungshilfe anzubieten; überrascht stellte er nach Jahren fest, dass sich sein Bruder Stephan im Bordelais der gleichen Technik bedient. Die Hauptrolle spielt einer jener mittelgroßen bis kleinen Hunde, denen man außer dem Prädikat eminenter Schnuffeligkeit spontan zunächst keine weiteren Auffälligkeiten zuzubilligen geneigt wäre. Die Sache funktioniert wie folgt: Kommt die goldne Herbsteszeit, gehe man mitsamt (Spezial-)Hund in den Weinberg. Solange dieser (der Hund) keine Neigung zeigt, die Trauben aufzuschmausen, liegt die Ernte fern. Beginnt das Tierchen jedoch, am Traubengut herum zu nagen, ist doppelte Vorsicht angeraten. Zum einen sollte das Rebgeschirr allmählich blank gescheuert werden – zum andern kriegt der Hund die Scheißerei. „Erst wenn er normal kackt," so Graf Neipperg, ist der Zeitpunkt zur Handlese gekommen. Hier oder am Atlantik, das spielt keine Rolle. – Wollen wir hoffen, dass keiner auf den Gedanken verfällt, den braven Schwaigerner Schnüffler entführen zu wollen. Es hätte eh keinen Sinn; andere Trauben als die heimischen würde er vermutlich nicht einmal anwedeln.

Wir befinden uns am östlichsten Punkt aller Kraichgauer Lesebuch-Routen. Schwaigern. Armes Schwaigern! Zu großen Teilen abgebrannt vor hundert Jahren, wieder aufgebaut, bemüht um Geltung im Schatten

Schattenspiele
am Stadtschloss
zu Schwaigern.

> **DER SPAZIERGANG** Von Schwaigern aus gibt es sozusagen einen Pflichtspaziergang. Sogar ein echtes Wanderzeichen haben wir diesmal zu bieten: Das rote Kreuz. Durch Talgrund und Lochwald, am Lochsee vorbei Richtung Neipperg. Und wenn das Schloss auftaucht: Nix wie hoch!

Heilbronns, vom Schicksal beschenkt mit einem der Top-Weingüter Deutschlands. Wenn auch die Vorstadtsiedlungen, die Fußgängerzone, das ganze Stadtbild nicht unbedingt zu rückhaltloser Schwärmerei verlocken ... es gibt das wald- und rebenreiche Umland; es gibt ruhevolle, ja berückende Eckchen – wie den steil abfallenden Kopfsteinpflasterplatz vor dem Neipperg'schen Weingut. Glückliches Schwaigern! Die Identifikation der Bevölkerung mit dem Vorreiter-Betrieb ist nach wie vor hoch. Ob die nahe gelegene Stammburg in Neipperg oder aber das Schlossweingut inmitten der Stadt: Besuch aus der Ferne führt man erst einmal hierher.

Das Alte Rentamt, eine der ersten Adressen der Region.

Schräg gegenüber – genusslogisch die nächste Etappe im kulinarischen Rundgang – steht das **Alte Rentamt**, in schwerem Fachwerk aufgeführt, ungerührt, als wäre seit Jahrhunderten nichts weiter passiert. Ein würdiger Ort, wo den Neipperg'schen Weinen die entsprechende kaubare Gesellschaft auf die Tafel gestellt wird. Das Ehepaar Pilz hat den Ruf des Rentamts in weitem Kreise erschallen lassen. Wer sein Leben lang gespart hat und wusste nie wofür: Hier könnte das Ziel seiner Bemühungen liegen, das er unbewusst, doch stetig verfolgt hat ...

Unbedingt erwähnenswert auch das **Lamm**, eines der wenigen und immer weniger werdenden Restaurants, wo es noch Selbstausgebauten zu kosten gibt. Seit zwei Jahren ist man in Schwaigern und Stetten dabei, das „Kiliansfest" zu etablieren – erfreulich, dass keine Grenzen dabei gescheut werden: außer denen des guten Geschmacks. Nicht ein Glas ist beim letzten Mal zu Bruch gegangen. (Es gibt Weinfeste, zumal in der Pfalz, wo solcherlei Schicklichkeit durchaus als Stimmungstief gewertet würde ...) Mit dabei ist auch die „Privatkellerei Kümmerle" aus Stetten, ein seit vier Generationen gut eingeführter Betrieb, der zusätzlich zum Eigenbau von 40 bis 50 Winzern beliefert wird.

Für Durstige und Genusssüchtige bedeutet Kümmerles Getränkehandel einen Springquell ständig erneuerbarer Freuden: einzigartig im Umland in Sachen Auswahl und Qualität. (Neckarsulmer Most!)

Es soll Reisende geben, die durch Stetten gefahren sind, ohne einen Ortskern ausgemacht zu haben. Dies kann zwar passieren – das ursprüngliche Winzerdorf versteckt sich geschickt zwischen Eigenheimdoppelreihenhaussiedlungssequenzen – wenn man aber einmal dort ist und das noch zur rechten Zeit, stehen einem gleich zwei Besen zur Verfügung: **Sonnenberg** und **Kümmerles**. Wobei Letztgenannter nichts mit der zuvor erwähnten Privatkellerei gleichen Namens zu tun hat. Bis auf ein paar depperte Weinjournalisten scheint das auch jedermann klar zu sein.

Schließlich wäre da noch so eine Trouvaille in Stetten zu nennen; allerdings besteht gar kein Anlass, ins Französische auszuweichen. Denn der **Landgasthof Metzgerei Bälz** ist so heimatverhaftet wie nur irgend denkbar. „Schnitzelfabrik" heißt diese Begegnungsstätte für chronisch Hungrige nicht zu unrecht; dabei schwingt nichts Despektierliches mit: Jedes Exemplar wird mit so viel Zartgefühl wie möglich geklopft und zwängt sich – gern auch käseüberbacken – individuell in den Teller. Keine Frage, dass hier neben dem sehr vergnüglichen hellen Palmbräu-Bock die Schwaigern-Stettener Weinpalette zu einem Gutteil vertreten ist. Im Ort befindet sich auch die Heuchelberg-Kellerei; in nahezu allen Lebensmittelgeschäften im Radius von 50 Kilometern, die irgendwas mit Wein zu tun haben, stößt man auf flüssige Zeugen.

Ach ja richtig, dort hinterm Hügel, hinterm Heuchelberg-Massiv, geht's anders weiter als bisher: Lagen von gewaltiger Ausdehnung, Dutzende Genossenschaften und Privatwinzer. Brackenheim, Bönnigheim, Nordheim. Nordheim? Da fällt es uns ein, friedlich eingetrunken in Bälzens Gastgarten beim Halbmondschein: Hinterm Hügel ist Hölderlin geboren. Und der letzte Trunk des Abends geht genau in diese Richtung –

Deftig, knusprig, wunderbar:
Die Metzgerei Bälz in Stetten.

Nur zu Zeiten erträgt göttliche Fülle der Mensch.
Traum von ihnen ist drauf das Leben.

(Brot und Wein)

Weingut des Grafen Neipperg
Schwaigern

Wir müssen regionale Unikate schaffen.

Dem Reiz des Fremden erliegen wir am liebsten, wenn wir nicht vorbereitet sind. Einer Turmkappe – sonst entrückte Anteilseignerin der Himmelsbläue – unvermittelt auf dem Erdboden, auf Augenhöhe zu begegnen, rührt an die Urgründe der Wahrnehmung: reine Erfahrung freigelegten Staunens. Auf einem Holzpodest im Innenhof des Neipperg'schen Weinguts zu Schwaigern wartet die bronzene Kuppel der überaus wohlproportionierten Schlosskapelle auf das Ende der Bauarbeiten am Turm, in dessen Mauerwerk der Druck der Materie und das Rinnen der Zeit diagonale Risse haben entstehen lassen. Die Turmspitze auf hölzerner Bühne – eindringliches Memento einer unabsichtlichen Theater-Installation. Inszenierungen der Stille.

Karl Eugen Erbgraf zu Neipperg ist kein Monomane. Stundenlang ließe sich's mit ihm plaudern über die Vorzüge des Nah- und Fernverkehrs. Gewinnend-konziliant erzählt er von den Zeiten, da die Kraichgaubahn Teilstrecke war zwischen Prag und Paris; grandiose Tage damals, mit überdimensionierten Bahnhöfen und breitschweifenden Blickachsen, mit Grand Hotels und Equipagen ...

Schlossstraße 12
Schwaigern
07138 5258
neipperg@t-online.de

Pointiert in Wort und Wein:
Karl Eugen Erbgraf zu Neipperg.

Frontseite.
Schlossweingut mit Durchschlupf.

Kontaktaufnahme. Graf Neipperg hat den Muskateller auf eine Höhe der Erlesenheit geführt, dass Normalsterbliche wohliger Schwindel befällt.

Man kann von Glück sagen, dass sich der Schwaigerner Großbrand nicht in der Nachkriegszeit ereignet hat; wäre eine feine Sache gewesen für ambitionierte Architekten, mal wieder so richtig tabula rasa zu machen. So aber ist seinerzeit (nach 1905) teilweise eine atmosphärisch ansprechende Rekonstruktion gelungen – nicht zuletzt an der Frontseite des Stadt-Domizils der Neippergs. Es ist der ruhende Mittelpunkt eines gewerbefleißig wuchernden Gemeinwesens.

Im Innern des Weinguts mit 750-jähriger Tradition herrscht zwanglose Stilsicherheit, so dass sich der Gast entspannt und in glücklicher Erwartung in den Verkostungssessel plumpsen lässt. Graf Neipperg ist kein Traditionalist im blockierenden Sinne; viel eher entspricht er dem Bild des modernen Netzwerkers, Innovationsmotors und Mentors eines in Bewegung geratenen Umkreises: „Kein Betrieb kommt heute ohne Kooperation aus." Dabei erweist er sich als Verfechter des Subsidiaritätsprinzips, „je mehr wir in größeren Einheiten denken müssen."

Im Gegensatz zu manch einem, der keinen Modetrend verpassen will und mit Ingrimm exotische Sorten pflanzt, setzt man im Hause Neipperg auf die heimisch angestammten. „Wir haben nicht mehr den Ausschließlichkeitstrinker, sondern den Universaltrinker." Gerade auch darum muss die Entwicklung regionaler Profile ein Hauptziel bleiben. Zu jeder Sorte, zu jeder Schwaigerner, Neipperger, Klingenberger Lage gibt es einen ganzen Kranz von Geschichten zu erzählen – Stoffe im Überfluss, die ein extra Wein-Lese-Buch zu füllen vermöchten.

Vom Muschelkalk geprägt ist die kleinste Einzellage Württembergs, der Klingenberger Schlossberg (nicht verwechseln mit der unterfränkischen Spätburgunder-Hochburg!). Graf Neipperg hat hier neu bestocken lassen. Mit Riesling. „Das ist seit alters her so gewesen." Ab 2009 wird mit ersten Ergebnissen gerechnet.

„Eine hohe Affinität zum Muskateller", verbunden mit praktizierter Treue zu der heiklen Rebe, das ist den Neippergs seit mehr als einem Vierteljahrtausend zu bescheinigen. Ein Sieg im Weinkrieg gegen Württemberg steht zu Buche: Um 1750 wird ein Einfuhrverbot für Neipperg-Weine verhängt; das waren im wesentlichen Muskateller (Lieblingstraube der Anakreontiker und ihrer Nachfahren). Unter unvorstellbarem Aufwand wurden die Fässer hinfort zum Neckar geschafft, den Strom hinaufgetreidelt und in Ochsenkarren über die Alb geschaukelt, bis es Donau abwärts auf Wien zu ging, wo man ein Stück des Marktes gegen die dasige Produktion eroberte.

Gloria in excelsis ...
Die wundervoll proportionierte Schlosskapelle im Neippberg'schen Stadtschloss zu Schwaigern.

Versucht man heutzutage einen Muskateller-Gutswein, wächst das Verständnis für die Fuhrleute von einst: Eine historische Untersuchung wert wären die „Schwundprotokolle" aus jener Zeit, die im Schlossarchiv erhalten sind. Dieser Muskateller ist anders: glockenhell, nicht parfümiert; mineralisch, nicht breit. Wir sind uns sicher, dass auch Ihnen nach dem ersten Schluck 257 vorder- wie hinterasiatische Gerichte einfallen würden. Fernhandel mit Japan wird folgerichtig in größerem Stile betrieben. „Früher hatten wir den Muskateller im Keuper stehen; das war aber nicht die filigrane Säure wie jetzt auf dem Schilfsandstein am Neipperger Schlossberg."

Noch einmal Habsburg: Aufgrund der Österreichischen Allianzen gilt es als wahrscheinlich, dass die Grafen von Neipperg den Lemberger (Blaufränkisch) nach Deutschland gebracht haben. (Damals ein Exot ...) Auch in diesem Falle erweisen sich die aktuellen Produkte dem historischen Anspruch souverän gewachsen. Teils gelagert in aus eigener Eiche (in Frankreich) gefertigten Fässern, zeichnen sich diese Lemberger durch enormen Extraktreichtum bei stabilem Säuregerüst aus. Im Vergleich zum Neipperger Schlossberg, weist der Sorten-Bruder aus der Renommée-Lage Schwaigerner Ruthe (beide Jahrgang 2003) noch mehr mineralisches Spiel auf. Von berückendem Schmelz sind sie beide. Wer da nicht andächtig wird, würde auch auf Schmetterlinge spucken. Berufsmäßigen Weintrinkern schwindet hier die Professionalität. Genuss, Genuss, sei fortan das Panier!

Berückende Durchsichten.
Unzweifelhaft bildet das Stadtschloss den architektonischen Fixpunkt Schwaigerns.

Bis hinauf zur Rotwein Cuvée für über 40 Euren wird eine autochthone Handwerkskunst gepflegt, die internationalem Respekt sicher sein kann. Angesichts solcher Höhenwunder empfiehlt sich auch ein Blick auf und ein Schluck aus dem landestypischen Trollinger / Lemberger / Schwarzriesling-Segment. Sieh an, sieh an: „Tirolinger"-Trauben müssen nicht als Schwabenbrause enden. Der Stil des Hauses ist einprägsam und gemahnt an ein Grunderfordernis der Wissenschaft: Wiederholbarkeit.

Und noch ein Tipp: Die Holzfass-Cuvée „Hemma". Wäre sie ein Mensch, man müsste sie zu einer Quadrille auffordern – grazil, jugendfrisch noch nach Jahren, weit angelegt für alle Sphären der Speisenzufuhr; außer jenen freilich, die für schwere Rote reserviert bleiben. „Hemma" gibt sehr genau Auskunft über die gestalterische Brillanz des „Rebgrafen," der mit diesem Werk zu seinem eigenen Hofkomponisteur avanciert. Auf den Grundwein Riesling wurde zartfruchtiger Weißburgunder aufgebaut; ein Tick Muskateller spitzt die Sache trefflich zu.

Spätestens alle drei Wochen probiert Graf Neipperg gemeinsam mit seinen Mitarbeitern im Keller alle Weine durch. Ein durchsichtiges Rebmanagement hilft allen Beteiligten, die unterschiedlichsten Fragen, welche Boden und Keller stellen, einheitlich beantworten zu können. „Irrwege in der Strategie sind somit ausgeschlossen." Ein wenig erinnert der Graf an einen Renaissance-Maler, dessen Gehilfen präzise wissen, wie sie welches Planquadrat ausmalen sollen. „Ich will dem Wein die Chance geben, zu sich selbst zu finden." Fürwahr, ein Sonderfall. Endlich einmal eine Selbstfindung, die geglückt ist. Bouteille für Bouteille.

Privatkellerei Kümmerle
Stetten am Heuchelberg

Es kommt auf den Weintyp an ...

„Der stachelige Weg zum Mirabellenwasser" – als Kinofilmtitel vielleicht ungeeignet, lässt die Beschreibung doch einiges von dem anklingen, wessen es bedarf, bis einem so ein Lebenswässerlein entgegen duftet. Daniel Kümmerle, Weinküfermeister und -techniker, steckt ein Gutteil seiner Arbeitskraft in Dinge, die seinen Altersgenossen heutzutage die Mühe nicht mehr wert sind. Dass er dabei weit mehr gute Laune ausstrahlt als in der Generation der Bildschirmmuffel üblich, das muss schlechterdings an der Zufriedenheit liegen, die „nicht-entfremdete" Arbeit mit sich bringt.

40 bis 50 Heuchelberg-Winzer liefern bei den Kümmerles ab. Der Sortenspiegel ist württembergisch umfangreich. Ein paar mit Könnerschaft ausgebaute Spezialitäten fallen sogleich auf. Da ist der charakterlich schwierige und doch so betörende (scheint, mit Verlaub, ein weiblicher Wein zu sein) Muskattrollinger; nur bei Maischegärung, ohne Erhitzen entfaltet die Rebe ihr schwäbisch-exotisches Aroma ... irgendwo zwischen Glühweinstand, Gummibärchen und Gewürzbrot. Mal zum Fisch-Koriander-Curry probieren ...

Entengasse 11
Schwaigern-Stetten
07138 6674
www.privatkellerei-kuemmerle.de

Nein, Stetten liegt nicht an der Fachwerkstraße. Aber ein paar hübsche Winkel gibt es doch.

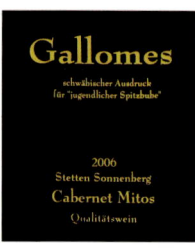

Rätsel gibt der „Gallomes" auf, ein Regionalausdruck für – na logisch: Spitz- oder Lausbub, Schlingel, Galgenstrick. Ob nun aus dem Lateinischen, Jiddischen (galam: gärend, unfertig, im Stande des Erben ...) oder Alemannischen abgeleitet – in punkto Leichtigkeit und Gewitztheit bei übergenug Tiefenschärfe ist Kümmerles Cabernet Mitos ohnehin der „Gallomanie" verfallen, also ein Kraichgauer mit Wahlheimat Frankreich. In dieser Linie stehen auch Acolon und Regent, die Vollsaftigkeit mit Schlankheit verbinden („vollschlank" wäre trotzdem keine günstige Werbeformel). Ebenfalls verdammt jung, fetig-fetzig, geradezu gallomisch taucht der Chardonnay plözlich schräg unterhalb der Nase auf ... und gibt die Anregung zu einem völlig neuen Marketing-Konzept.

Denn der Strukturwandel betrifft nicht allein das Kulturmilieu des klassischen Vierteletrinkers, der früher alle viertel Jahr seine hundert Flaschen Trollinger abgeholt hat. Nein, auch in jüngeren „Bevölkerungsteilen" hat sich teilweise die Einsicht durchgesetzt, dass es ebenso kultig wie lecker sein kann, einen Wein aus der Gegend – statt mühsam importierter Sonderlinge mit dem Prädikat „von führenden Chemikern empfohlen" – zur Abendstund' sich in den Schlund zu geußen. Wie wär's denn mal mit einer Initiative in der Art:

Muscht Sorge nit verschlimmerle:
Hascht Kummer, brauchscht au Kümmerle!

Ein Fläschchen Traminer für Liebeskranke ... ein Samtrot für die Durchgefallenen in den Prüfungen des Lebens ... eine Sonnenberg-Cuvée für notorische Grübeltanten – müsste doch einschlagen wie ein Stückfass, das von der Rampe gerutscht ist!

Lässig gelungen übrigens die Picknick-Varianten, die Kümmerle in 3er-Kistchen anbietet: Riesling, Schwarzriesling-Weißherbst und TL (Trollinger-Lemberger) im Viertele-Fläschle. Könnten auch Kümmerlele heißen ... Gewisslich kommt es durch den angeschlossenen Getränkemarkt zu mannigfaltigen Synergieeffekten. Neben den eigenen Weinen, Schnäpsen und Likören (na klar: Weinbergspfirsich!) gibt es alles, was das Herz begehrt. Lobenswert, mit dem Zeug für einen Szene-Drink: Die Eigenkreation Apfel-Quitte – ein Säftchen, das vergessen lässt, dass es ja gar kein Wein geworden ist.

In den Stromberger Alpen
Diefenbach – Sternenfels – Kürnbach

ROUTE 10

Angenommen, Ihre Familie ist seit 1314 n. Chr. in Osnabrück ansässig. Da kommt eines Tages im frühen 3. Jahrtausend ein findiger Unternehmer daher und verkauft in aller Welt das Knuspergebäck „Original Osnabrücker Königskugeln," gern mit dem Zusatz „seit Generationen gut" versehen. (In Kursiv darunter vielleicht: „Osnabrück gibt sich die Kugel.") Was Sie zunächst mit Verwunderung erfüllt – denn zumindest seit 1314 hat es in Osnabrück keinerlei Königskugeln gegeben –, beginnt Sie allmählich zu nerven; denn wo Sie auch auftauchen, überall ist die Reaktion dieselbe, sobald Ihr Herkunftsort genannt wird: „Ah, richtig, die Stadt mit den leckeren Königskugeln!" Dementieren sinnlos. – Nicht anders dürfte es den geschätzten Kürnbacherinnen und Kürnbachern ergehen. Seit Jahren ist der „Kürnbacher Stiftsberg" einer der meist vertretenen Weine im

Sanft gewellt und steil hinauf.
Am Diefenbacher König.

DER SPAZIERGANG Zwei empfehlenswerte Möglichkeiten: Direkt hinterm Weingut Häußermann ab in die Wiesen und über die **Lage Diefenbacher König** (ganz oben steht er auch, aus Stein) wieder zurück in den Ort. Oder von Sternenfels aus hinauf in den Wald, den **Turm** hoch und Umschau halten. Dabei nicht vergessen, ein Gebet für diejenigen zu sprechen, die hier im Wilderergefängnis einsaßen.

Handel. Einzige Schwierigkeit: Kürnbach besitzt gar keinen Stiftsberg, hat im Übrigen auch nie einen besessen, würde wahrscheinlich auch gar keinen besitzen wollen. Die technokratische Neuregelung von 1971 hat so zeitlos-hübsche Lagennamen wie „Sommerhälde" oder „Dorfberg" (den ein riesiges Silberkreuz ziert) hinweggefegt. Übrig blieb eine Großlagen-Klassifizierung, die dem Weinbauort Kürnbach bis heute in etwa so fremd geblieben ist wie das Anlegen von Baumwoll- und Kiwiplantagen.

Doch nicht genug der Verwirrungen. Man erinnere sich: In den Siebzigern kamen (im Anschluss an die Häschen-Witze) heitere Berufsbezeichnungen auf – Zitronenfalter, Frostwächter oder gar Straßenroller. Sternenfels kann damit aufwarten, dass es nicht nur Wein- und Obst-, sondern auch zahlreiche „Sandbauern" zu seinen Einwohnern zählte. Das ist nun weder ein Witz noch eine Anspielung auf alchemistische Verfahren zur Vermehrung von Sandstrandsand. Mit Spezialmühlen

Neuanlage.
Reben setzen bei nassem Boden, das ist schon mal einen Versuch mit der Setzmaschine wert. Ansonsten gibt's bei Häußermanns nur Handarbeit.

mahlten die Fleißigen den heimischen Sandsteinsand zu Sansteinscheuersand, welcher in weitem Kreise ungezählten Dielenböden zu kehrwöchnerischer Reinlichkeit verhalf. Endlich einmal ein Nostalgieprodukt, das sich nicht wiederbeleben lassen düfte. Ungenutzt gammeln diverse Ex-Steinbrüche in den Wäldern vor sich hin; beliebt war nicht zuletzt der gelbe Kalksandstein, der vielen Dörfern und Städtchen der Umgegend (Gochsheim ...) das Gespräge gibt. Man muss wahrscheinlich überzeugter RTL2-Konsument sein, um den Charme neuzeitlicher Ytong- und Fertigteil-Hausbauverfahren so recht schätzen zu können. Überwucherte Steinbrüche fügen sich allerdings weitaus besser ins Landschaftsbild als intakte, deren Riesen-Rachen noch da und dort zwischen Obst- und Weinberg klaffen.

Als der junge Goethe in Gesellschaft des Darmstädter „Kreises der Empfindsamen" das poetische Potenzial der Bergstraße auszuloten sich anschickte, da herrschte über einen Punkt unbedingte Einigkeit: Weit vor Lustspiel und Tragödie rangierte die Idyllen-Dichtung als preiswürdigste Gattung. Freilich, zu keiner Zeit war es einfach, ein Idyll zu beschreiben, ohne ab Vers 33 die Kunstgemeinde zu ennuyieren. Wieder einmal schien die Kunst gegenüber der Natur ins Hintertreffen geraten.

Welch ein Entzücken hätte Wieland, der seinerzeit unangefochtene Dichter anmutiger Schäferinnen-Dramolette, angesichts des Tälchens am Diefenbacher König

> **Überbackenes Besenbrot**
>
> Inspiration:
> Besenwirtschaft Czech
>
> Wie wir ein Besenbrot herstellen, haben wir ja schon in der vorigen Folge gelernt. Jetzt schneiden wir es in Scheiben, backen diese kurz in Butter und legen sie auf einen Rost. Mit Käse und Speckstückchen dick betreuen, überbacken. Dann dezentrezent unter einem Spiegelei verschwinden lassen.

Privilegierte Beobachterposition: Der Sternenfelser Turm, gesehen aus einem beschaulich gelegenen Büro der Gemeindeverwaltung.

verspürt! Trifft hier doch zusammen, was unsere glücklichsten Einschlafträume auszeichnet: Weltabgeschiedener Frieden, in excelsis entrückte Rebgärten, gewundene Wege, die sich durch Apfelwiesen schlängeln, wo die Herbstzeitlosen wie tuschelnde Elfen im Grase schweben.

Die Neugierde, wie Weine wohl schmecken, die in solchem Elysium gewachsen sind, lässt sich in nächster Nähe befriedigen. Und das ist gut so. Nein, besser: Die Familie Häußermann ist wohl das Beste, was dem Diefenbacher König passieren konnte. Ebenso stilgenau in Rot und Weiß, gelingt es Häußermann, die Verzauberungen der Örtlichkeit im Rebensaft zu konservieren und ein Panorama der Genüsse zu entfalten, wofür gewöhnlich ein ganzes Anbaugebiet nötig wäre. Wie kann es anders sein: Häußermanns Besen zählt zu den den ganz besonderen, wo man mit einer gewissen Inbrunst einkehrt.

An voralpengebietstauglichen Holzschobern entlang, wandelt sich's beschaulich Richtung Dorf. Diefenbach, eine Fachwerkhaus-Vorgärtchen-Melange mit üppig bemalter Kirche und einem Gasthaus aus Zeiten, da das Wünschen noch geholfen hat (**Ochsen**), gehört mit Sicherheit zu den besterhaltenen Weinorten in Baden-Württemberg. Abermals muss sich der Verfasser nun zügeln, um die geneigte LeserInnenschaft nicht mit Naturlyrik zu strapazieren.

Als Ausflugsort bekannter ist Sternenfels. Wenn man von weitem den gestrengen Turm überm Dächergeschachtel aufragen sieht, vermittelt sich etwas vom Schauder der Geschichte. Mächtig waren die Herren von Sternenfels, weit reichte ihre Knute. Das Wilderergefängnis muss ein entsetzenerregender Ort gewesen sein. Dessen ungeachtet, hat sich der Platz unterhalb des Turmes zu einem beliebten sommerlichen Treffpunkt entwickelt, wo es sich auf Holzbänken in der Wiese sitzend pfundig tafeln lässt. Ein **Kiosk** bietet sommerliche Erfrischungen feil. Wenn man sich dann noch aufrafft und den Turm besteigt, hat man einen für den Kraichgau unerwartet ins Große gehenden Ausblick: waldreich, beinahe rauh, voll fliehender Horizonte.

In der örtlichen Gastronomie hat sich in den letzten Jahren mancherlei geändert. Als absolut gesicherte Wertanlage für Wanderhunrige gilt noch immer **Weindorf Ferber**, mitten ins Gewerbegebiet gestampft. Außer der örtlichen WG baute bis vor kurzem noch Felix Pflüger original Sternenfelser an. – Ein Wäldchen und ein paar Wiesengründe weiter liegt Kürnbach; wäre dieser Weinführer 1907 erschienen, hätten wir es gewisslich „weinberühmt" geheißen. Dass der Ehrentitel heute wieder zurecht getragen werden könnte, ist nicht zuletzt dem Weingut Plag zu verdanken, das erstklassige vinologische Aufbauarbeit geleistet hat und mit einem real existierenden Feinschmeckerbesen aufwartet.

Vollsaftig.
Wer bei Czechs nicht satt wird, sollte dringend den Arzt konsultieren.

Auf der Suche nach einem echten Zunft-Besen, wird man schon bald die „rezent gewürzten" Paprikawürste des Weinguts Czech wittern. Enormes Zukunftspotenzial verheißt auch hier der Einsatz der jungen Generation, die Weinverstand mit Erfindergeist verbindet. Der Chef allein wird wissen, ob's am Selbstgebauten, ob's an okkulten Würzmischungen liegt, dass man grundsätzlich den Bus verpasst, wenn man sich erst einmal hier niedergelassen hat. In einem sollen Falle, aber auch sonst zur Mittags- und zur Abendstund' wählt man aus gutem Grund das **Lamm** am Marktplatz zum Aufenthalt. Labsal dem Wanderer, Zuflucht den Hiesigen sind die wahrlich „satt"sam bekannte Küche und der hausgebaute Wein; des Glückes Unterpfand in unseren Tagen schämt sich nicht, ein wenig materiell daher zu kommen.

Wie im Feenmärchen.
Kein Wunder, dass sich Baden, Württemberg und sogar Hessen jahrhundertelang um den Besitz Kürnbachs stritten.

Weingut Häußermann
Diefenbach

Da lege ich Wert drauf: dass die Weine ihr Spiel behalten.

Burrainstraße 55
Sternenfels-Diefenbach
07043 8449
www.weingut-haeussermann.de

Beste Aussichten.
Mit dem Diefenbacher König besitzt das Weingut Häußermann eine der wichtigsten Lagen im Stromberg.

Falls jemand auf den Gedanken verfallen sollte, ein Märchenspiel mit dem Titel „Der König von Diefenbach" zu verfassen, sei an dieser Stelle schon einmal ein Besetzungsvorschlag für die Titelrolle unterbreitet: Jene Kreuzung aus Bär und Hund, die den Gästen des Weinguts Häußermann frohgemut entgegen wedelt. Das Pelztier strahlt eine solche Ruhe und Souveränität aus, dass man den Eindruck bekommt, alles sei hier schon immer genau so gewesen wie es sich im Moment darstellt – und könnte auch gar nicht anders sein.

Dabei steht für die Übersiedlung an den Diefenbacher König erst die Jahreszahl 1972 zu Buche. Generationenlang war Fellbach im Remstal Stammsitz der väterlichen Linie. Weitere Stationen sind Neuffen und Heilbronn; mit Fug wären die Häußermanns als vinologische Nomaden zu bezeichnen. Für Diefenbach bleibt zu hoffen, dass die neue Sesshaftigkeit mindestens ebenso lange anhält, wie's einst zu Fellbach der Fall gewesen.

Denn die „flüssige Handschrift" des in Geisenheim geschulten Winzers ist in all seinen Schöpfungen erkennbar – mithin ein Idealfall für eine so abgelegene wie attraktive Einzellage. Neben dem König gibt es beispielsweise volltraubigen, trockenen Muskateller von der Freudensteiner Reichshalde (im Kraichgau einzigartig, der verspieltere Bruder des Gräflich-Neipperg'schen – ein Stimmungsaufheller par excellence) sowie Rassig-Knackiges aus dem „Neuffener Täle". – „Mein Stil ist trocken, aber nicht so, dass es einem alles zusammenzieht."

Ein Wunder der Kollegialität waren die Anfänge in Diefenbach. Mit offenen Toren hat die hiesige WG die Häußermanns empfangen; logistische Unterstützung war zunächst notwendig und wurde gerne gewährt.

Vom Diefenbacher Gasthaus „Ochsen" stieß inzwischen der ehemalige Koch – „ein Allrounder" – zum Familienweingut dazu. So ist es möglich geworden, das Besen-Niveau noch einmal kräftig anzuheben: Die Kutteln, „Backstoikas", Schweinebäuche in Kräutermänteln, überbackenen Salzfleischbrote und Schälripple sind gefährliche Suchtmittel; zahlreiche Abhängige müssen wieder und wieder den Schritt in die Burrainstraße lenken. Doch damit nicht genug: 6-, 7-gängige Genießerabende (Voranmeldung dringend erforderlich) geraten zu friedfertigen Duellen zwischen Winzer und Koch, bei denen der Gast Sieger bleibt.

Beeindruckend die Höhenlinie vom unvermeidlichen TL HT (Trollinger Lemberger halbtrocken) bis zur Barrique-Cuvee, welch Letztere mit der Zunge eine Reise rund ums Aroma-Rad veranstaltet – eine bis nach Malaysia gelieferte schwäbisch-französische Synthese mit exquisitem Cassis-Körper. Im schön trockenen Königs-Riesling hält sich eine gewitzte Milde versteckt, die im

Zukunftszeichen.
Frische Setzlinge werden abgeladen; von links schiebt sich der Nachwuchs ins Bild.

rechten Moment hinter den Säure-Girlanden hervorlugt. Zum Rivaner müsste man das Weinbergshüttchen gleich mitliefern, vor welchem man ihn zur Abendzeit genießen sollte.

Beim Weißburgunder zeigen sich möglicherweise die am Kaiserstuhl gesammelten Erfahrungen Häußermanns. Im Mittelpunkt stehen beim württembergisch geprägten Weingut allerdings die Roten. Mit Maischegärung werden sogar die für Literweine bestimmten Trauben verwöhnt. Weißer Pfeffer, Rauch und Brombeer würzen die außerordentliche Fülle des Ende November 2004 gelesenen Lembergers. Eine besonders noble Geschichte erzählt die Spätburgunder Spätlese: Barrique-Anteile wurden feinfühlig rückverschnitten.

„... dass er einfach gut läuft," lautet Häußermanns bescheidene Wein-Devise. Dafür sorgen auch Gattin und Eltern, die inspirierend und handgreiflich mit im Boot sind. Und die nächste Generation (namens Friedrich) wuselt bereits in den Startlöchern. Einen weiteren geschliffenen Ausspruch lässt der Chef-Winzer vom Stapel: „Der Wein muss einem Lust machen, man darf nicht satt werden von einem Glas." Keine Sorge, Herr Häußermann – so was kann uns bei Ihnen wirklich nicht passieren.

Wechselwirkungen.
Am Diefenbacher König gehen Natur und Mensch pfleglich miteinander um.

Zum Ochsen
Georg Barta
Diefenbach

So hupfe mr hier zwische Moderne und Vergangenheit – des isch der Ochse!

Das wäre auch was gewesen für Georg Barta: Als Turmwächter über dem nächtlichen Weil der Stadt kräftig ins Horn prusten. Aber es bleibt ja in der Familie, besser: blieb. Denn der Urgroßvater Bartas war der letzte seiner Zunft. So nahe liegen Mittelalter und Jetztzeit gelegentlich beieinander.

„Jetzt wird kocht – sonst Rübe ab!" heißt es nach altdeutschem Brauch dann und wann im Diefenbacher Ochsen, wenn „zur 19. Stund zur Wirtshaustafeley" geladen wird. In fünf Trachten kommen „Wildsauenwürste in Creme aus Kürbis, Fische aus dem Klosterteich, Weichselkirschen mit Zimet" und der Leckereien

Zaiserweiher Straße 1
Sternenfels-Diefenbach
07043 955380

Wie aus dem Bilderbuch.
Übrigens, von innen ist der Ochse genauso hübsch.

Wohin das Auge schaut –
Diefenbach ist schon ein paar Urlaube wert.

mehr auf den Tisch. Ein Selbstläufer, auch außerhalb der mittelalterlichen Event-Gastronomie: Der selbstgebraute Met nach eigens erschaffener Rezeptur. Bis in die Gothic-Szene hinein erfreut sich der raffiniert abgeschmeckte Honigwein freudigen Zuspruchs.

Traun fürwahr: Der „Ochse" passt in den Ortskern wie das Schäufele ins Sauerkraut. „Hier gibt's in dem Raum so viele Zeitzeugen ..." Deshalb wird auch alles belassen wie es ist. Nahezu komplett vertreten: die lobesame Schwabenküche. Einmal mehr zeigt sich Bartas Geschick im Umgang mit altüberlieferten Würzmitteln. Feinzimtige Kutteln, Maultaschen und Rostbraten werden gern umfächelt vom „Sommerwind", einer grandiosen Weißwein-Cuvee vom Nachbarn Häußermann – für die bewanderte Vinophilie ein Begriff, ingleichen Steinle; zwei Diefenbacher Winzer, die im Ochsen nicht fehlen dürfen.

Regionale Orientierung und bewusste Auswahl rücken Barta in die Nähe der Slow-Foodisten. Richtig andächtig wird der Gastronom, wenn er vom nahen Kirbachtal erzählt, woher er schon manchen Leckerbissen bezogen hat. „Ihr müsstet's mal sehn, wenn die Gänseschar in den Bach nei strömt!" Es handelt sich wohl um den größtmöglichen Abstand zu Brüsseler Agrareffizienzoptimierungskriterien. „Die Kälber hän noch Zugang zur Mutter, fünf Hähne sitze im Tannenbaum ..." In dieser Umgebung fühlt sich Barta wohl – und trägt seinerseits eine Menge zum Erhalt der gewachsenen Strukturen bei.

Rilke spricht von den Schwierigkeiten, denen diejenigen ausgesetzt sind, die in eine falsche Zeit hinein geboren werden. Georg Barta hat das Beste draus gemacht. Auf Mittelaltermärkten, mit seiner präzise recherchierten Kochkunst, in der so allerlei Phantasien generierenden Gaststube dürfte er so allerlei verkörpert finden, was an den alten Zeiten trefflich war. Denn über eines dürfte Einigkeit herrschen: Es ist wohl immer noch besser, im Rahmen eines kulinarischen Abends zu spielen, ein französisches Invasionsheer bedrohe das Maulbronner Umland als plötzlich leibhaftige Landsknechte im Ochsen sitzen zu haben. Die soffen zwar, bis sie Füchse schossen, aber um die Zahlungsmoral war's selten zum Besten bestellt ...

Weindorf Ferber
Sternenfels

Von jedem Ebbes.

Kaum zu glauben, aber es gibt auch hierzulande noch Leute, für die tägliche körperliche Schwerstarbeit ganz normal ist. Es muss nicht unbedingt die Plackerei im Garten- und Weinbau sein; nein, auch in jenen jüngst erstellten Werkshallen und Gewerbezweckbauten, die ehemals grüne Allmendwiesen zieren, heißt es bisweilen hart ranklotzen. Zu stapelnde Stapelware wird beileibe nicht immer mit dem Stapler gestapelt. Wenn dann die Pause, berechnet nach dem gesetzlichen Minimum in Industrieminuten, anbricht oder gar der Feierabend, gibt es bei gesund fühlenden Menschen nur noch drei Gedanken, von denen wir an dieser Stelle zwei mitteilen wollen: Flüssiges und Festes.

Welch ein Segen für die Arbeitnehmerschaft im Sternenfelser Industriegürtel, dass Ferbers ihr Weindorf vor die Städtchentore gebaut haben. Da gibt's dann mal ganz was anderes als die üblichen schockgefrosteten Mikrowellensandwichs oder die fertig panierten Putenersatzmasseschnitzel. „Bauarbeiters Traum" könnte man über die neugeschaffene, alteingesessene Sternenfelser Einrichtung in Leuchtschrift schreiben, die mit gebietsangemessenem Design aufwartet: Glas und integrierte Reben.

Steinbeis-Ring 43
Sternenfels
07045 200480
www.weindorf-ferber.de

Gut einkehren im neuen Besen: Weindorf Ferber.

Wie der Rhein den Bodensee, durchfließt der Kraichbach den Kraichsee. Er entspringt bei Sternenfels.

Luftig, lecker, hell: Modernes Interieur im Weindorf Ferber.

Selbstverständlich haben auch die ausflugsorientierten (Pforzheimer) Bevölkerungsteile das Weindorf längst erspäht. Bisweilen sind es größere Reisegruppen, die sich zwecks Einfuhr unnachahmlicher Kessel- und Salzfleisch-, Maultaschen- und Sauerkrautköstlichkeiten lang geschart in frommen Pilgerzügen durch die Wälder schieben. Der Ferber'sche Weinbau ist traditionell abgestimmt auf die saftige Begleitung all der Küchenfreuden. Riesling, Schillerwein, TL, Spätburgunder und Schwarzriesling teilen sich ein Hektar am Sternenfelser König.

Zum Glück wird aus der eigenen Produktion auch ein Hefebrand gewonnen, der an Schonkost gewöhnte Mägen umstandslos kuriert. Zwei Kinder und Verwandte auf Anruf helfen den Ferbers, den Andrang zu bewältigen. Wir schlagen vor, die gelungene Einrichtung auf sämtliche Gewerbegebiete in Ost und West auszudehnen, um dass die Ernährung des vierten Standes der tatsächlichen Leistung besser entspreche. Wenn dann bei McDonald's die erste Rauchfleischplatte im Angebot auftaucht, wissen wir: Die Kraichgauer Küche hat zum weltweiten Siegeszug angesetzt.

Weingut Plag
Kürnbach

Man lernt am meisten durchs Probieren.

Nicht selten kehrt als Luxusphänomen wieder, was dereinst die blanke Not gewesen. Langsamkeit galt früher als schlechthinnige Bedingung landwirtschtaftlich geprägten Daseins; mittlerweile – nicht zuletzt im Gefolge strömungsangepasster Weltliteraten wie Nadolny – gilt solide Gemessenheit der Bewegungen und Entwicklungsschritte als Gütekriterium. „Slow Food" dürfte eine der charakteristischen Konvergenzerscheinungen unserer Zeit darstellen, wo grün-alternative und neoliberal-hedonistische Interessen plötzlich Seit an Seit marschieren – oder besser: promenieren.

Für Werner Plag heißt Langsamkeit beides: eingewurzelte Erkenntnis der Naturvorgänge, in die menschliches Schaffen verwoben bleiben sollte („Es sind wenige, die es noch sehen"); als Folge dessen allerdings auch: Unverwechselbarkeit und Vorzüglichkeit der ruhig gereiften Produkte.

„Ich hab noch alles mitgemacht:" Pflügen mit dem Pferd; Mähen des Korns und Setzen der Garben von Hand; Aussiedlung vor die Tore Kürnbachs, Neuanfang, Investitionen in angemessenes Equipment ... Gemeinsam mit Frau Christa hat Werner Plag ein Riesenmaß an Aufbauarbeit geleistet. Wenn man die aktuellen hervorragenden Qualitäten bestaunt, muss man den künftig zu erwartenden mit einem Heiden-Vorschuss-Respekt entgegensehen. Denn Sohn Philipp, ausgebildet in Weinsberg, beim Staatsweingut Durlach, im württembergischen St. Annagarten und beim Pfälzer Wein-Weisen Darting, ist mit einem Hut voll feinster Ideen in den elterlichen Betrieb zurückgekehrt.

Womöglich deutet die Cuvee Cabernet Dorsa / Samtrot etwas an vom Kommenden; es liegt in der Verantwortung der Kunden, diesen Wein zu lagern, (noch) nicht zu trinken. Doch ach, wer widersteht solchen Verlockungen? Mit Aplomb stoßen zwei große Rote die Tore zur neuen Zeit auf: Ein trockener Lemberger von

Leibergerweg 1
Kürnbach
07258 234
www.weingut-plag.de

Philipp Plag:
Ein neuer Leitstern für die Region.

Fachkundig und engagiert:
Philipp Plag im Verkostungsraum.

2005 (Philipp Plag: „Der dichteste, den wir je hatten!") und die Cuvée Rouge trocken aus demselben Jahrgang (wiederum der Newcomer: „Das macht einfach glücklich!") gehören in die Kategorie der Landesbesten. Das sind keine Versprechen mehr, es sind Einlösungen.

Analog zu Erfolgskonzepten seit langem etablierter Betriebe, verfolgt Philipp Plag die verbraucherfreundliche Entkomplizierung der Skala. Gutsweine – Premium – Excellance heißen seit 2006 die Qualitätsstufen im Weingut. Neben einer verstärkten Orientierung hin zum anspruchsvollen Fachhandel, beschäftigt ein Großprojekt die Phantasie des uneitlen Weinsbergers: „Das Nächste, was ansteht, ist der Barrique-Keller. Der wird dem Publikum zugänglich gemacht für kleinere Weinproben."

Auf Anhieb überzeugt die fruktosereiche Weißburgunder-Cuvée „W": zartwürzig und sommermorgenfrisch, zu Salaten mit gegrillten Sardinen ebenso geeignet wie zum solo Weitertrinken ... „Früher waren die Cuvées nix wert," erinnerten vielleicht zu sehr an die rustikale, wenngleich überlebensnotwendige Verfahrensweise des Gemischten Satzes.

Alle anderen Posten auf der Liste sind sortenrein ausgebaut. Der „einfache" Weißburgunder ('05) besticht durch temperamentvolle Schlankheit, schnörkellose Modernität. Ein zartbitteres Extraktmonster ist der Schwarzriesling 2005 („mit bissel Holz"), der die Plags als „Priester der Roten Messe" ausweist. Auf gleicher Höhe der Lemberger; es muss nicht immer Schwarzriesling sein in Kürnbach. Kann aber durchaus.

Wenn im Mai und November der „Feinschmeckerbesen" den Himmel fegt, kommt die Stunde des Bruders: Durch Koch-Aufenthalte in der Schweiz instruiert, schickt er die Maultaschen auf Tessiner Art mit Kräutern überbacken in die Runde. Manchen Vorteil birgt doch so ein gemischt landwirtschaftlicher Betrieb, der auf eigene Schafe (Lammragout ...) und (Span-)Ferkel zurückgreifen kann. Für Hirsch und Schlachtplatten reisen nicht nur die gewöhnlich gut informierten Gourmet-Kreise an; ganze Landfrauen-Verbände verwandeln den Aussiedlerhof in einen megärendurchjohlten Dionysos-Tempel. „Isch immer luschtig", bemerkt Werner Plag gelassen.

Verblüffend ist bei so viel Zuwendung die partnerschaftliche Preisgestaltung. „Von meinen Produkten muss ich was haben, muss auch was verdienen können; aber die Leut' müssen's auch kaufen können." Grundkurse in Volkswirtschaft und Menschlichkeit – bei Plags geht das zusammen.

Wie man sich's vorstellt: Die Plags, vereint im Wein.

Im Übergang. Hier bei Kürnbach wachsen die Kraichgauwellen zu Strombergwogen an.

Weingut Czech
Kürnbach

Moste, klar wie mit dem Messer abgeschnitten.

Schillerstraße 21
Kürnbach
07258 1562

Besenwirtschaft:
Mühlstr. 1
Kürnbach
07258 926324

Die allgemeine Kraichgauer Naturschönheit, insbesondere wenn sie der menschlichen Gattung zugehört und dann auch noch weiblich ist, hat es ja auch nicht immer leicht. Clubs, In-Bars und Szene-Treffs, wo ihr gewöhnlicher Aufenthalt wäre, wenn sie etwa in Berlin lebte, München oder Köln, sind in diesen Breiten doch eher rar gesät. Auch die Nähe Heilbronns lockt nicht unbedingt mit abgründigen, trendigen Genüssen. Da ist es ein Glück, dass die demokratische Einrichtung der Besenwirtschaft Herkunft und Gestalt, Pekuniäres und Anmaßendes aufs Nachhaltigste nivelliert und für alles, was Gaumen hat, artgemäße Haltung garantiert.

Maisbauer an Naturschönheit auf der Besenbank – das gibt es so vielleicht nur noch im Kraichgau. Gerade in Czechs (sprich: Tschech, Vorfahren aus Süd-Mähren) Besenwirtschaft zu Kürnbach vollzieht sich das Wunder der genießerischen Vereinigung der Gegensätze Abend für Abend aufs Neue. Vater Czech beherrscht nicht nur das edle Hand- und Kopfwerk der Winzerei – der Werkzeugmacher versteht sich auch auf die Herstellung hochangesehener Metzgerwaren. Seine Würste (u. a. Krakauer und Paprika-), Schnitzel und Braten sind sicherlich ein Hauptgrund für den leidenschaftlichen Andrang, den die Besenwirtschaft ein jedes Mal erlebt, kaum dass die ersten Brutzelgeräusche auf die Gasse dringen. Oder mit den Worten eines Stammgasts im Aufbruch zu sprechen: „So. Jetzt sitz i scho dreizeh Stund. Jetzt geh i mal e paar Stund hoim."

Einen gewissen Hang zum Üppig-Großzügigen zeichnet das Weingut auch während der Lese aus. Das Kesselfleisch wird in den Weinberg gefahren – „Was ihr wollt: Herz, Nierle, Magen, Bauch ... Wo gibt's das denn heut noch?" Keine Ahnung, Herr Czech. Aber es ist gut zu wissen, dass dergleichen hohe Sitt-

Ene, meine, mei ...
Josef Czech kann sich auf die Kräfte der Besenhexe verlassen.

lichkeit in heimischen Gauen noch nicht völlig ausgestorben ist.

„Die meiste Junge könne die Arbeit gar net mehr mit Spaß verbinde," wiegt Sohn Alexander das Haupt ob so viel verpasster Chancen seiner Altersgenossen. Das Multitalent (könnte im väterlichen Erbgut liegen) bringt denn auch Kommilitonen vom Studium bis hoch aus dem Rostocker Norden mit in die Kürnbacher Weinberge. So entwickelt sich ein fundierter Erfahrungsaustausch; gegenseitige Anregung ermöglicht Sprünge in der Entwicklung.

Der Weinküfer, Maschinenbauer, Verfahrens- und Umwelttechniker hat offenbar das Zeug dazu, Strukturen revolutionär aufzubrechen. Eine von ihm entwickelte und gebaute Flotationsanlage erfreut sich zurzeit des Interesses der Fachwelt. Wir ersparen dem wissenschaftlich mäßig interessierten Weinkundler eine Detailbeschreibung von Entwurf und Ausführung (zumal wir selbst nicht so ganz kapiert haben, was da genau passiert). Nur so viel: Das außerordentlich komplexe Verfahren ermöglicht es, einen perfekt vorgeklärten

Vor dem Sturm.
Die Besenwirtschaft am frühen Nachmittag.

Außerordentlich köstlich:
Die Sekte der Czechs sind echte Kennertipps.

Most zu vergären, um reintönige Weine zu erhalten. Geliefert wird die transportable „Flot-Anlage" inzwischen bis nach Österreich.

Ganz ohne Generationenkonkurrenz räumt Vater Josef umstandslos ein: „Der geht noch 'mal zwei Stufen weiter." Auch im Weinausbau machen sich neue und neueste Erkenntnisse und Experimentierfreuden bemerkbar. Der Lemberger wird inzwischen auf dreierlei Art ausgebaut: kaltvergoren, maischeerhitzt und im Holzfass. Man darf gespannt sein. Hierzulande weniger durchgesetzte Verfahen wie die karbonische Mazeration finden Anwendung: Trockeneis wird in den Weinberg gekarrt und zwischen die Trauben geschichtet, die sofort gefrieren. Es ist also möglich, die ganzen Trauben zu pressen, nicht den üblichen Matsch. Das solide Besenwein-Angebot wird Stück um Stück um beachtliche Neuerungen ergänzt – aufregend nicht nur für Naturschönheiten.

Welchselbige aller Wahrscheinlichkeit nach zu den herausragenden Sekten – Weißriesling und Lemberger, ausgebaut in Großkarlbach – greifen werden. Wunderbare Fülle, perfekte Perlage: eine Entdeckung für Sektwalzerkönige und ihre Königinnen. Der „Josecco" (exakt: Vater Czech heißt Josef) wird im Besen gern zum Apero genommen; grüne Paprika-Aromen erinnern an die berühmten Schilcher Frizzante der Steiermark. Entsprechend dem ausgetüftelten Mischungsverhältnis zwischen Tradition und Innovation, beteiligt sich das Weingut an der Renaissance des Müller-Thurgau: grasig, und doch kräutermild, säurespritzig, doch muskatweich, kullert der Kürnbacher Lerchenberg über den Gaumen.

Zugegeben: Kürnbach ist das Schwarzriesling-Dorf. Also, was macht der Schwarzriesling bei Czechs? Sortentypisch ehrlich zurückhaltend in der Farbe, überrascht uns der '05er durch Extraktreichtum und himbeerige Verspieltheit. Der passt überall hin: ins Viertele wie in den Burgunder-Kelch, auf die Besen-Bank wie auf die Sonntagsfesttafel. – Ob im spätsommerlichen Innenhof oder in der novembrigen Bollerofen-Stube: Alles und jeder hat im Weingut Czech seinen Platz – bestens umsorgt, wohl gehegt, erwerben die Gäste Anteilsscheine am „Kraichgauer Gefühl," das in Kürnbach eine gewichtige Ausprägung erfahren hat.

Biedermeier und Märchenonkel

ROUTE 11

Gochsheim – Oberderdingen – Flehingen

Im Licht auf Spitzwegs kleinen Bildern liegt eine Ahnung irdischen Friedens, welchem – eben darum, weil irdisch – etwas Unwirkliches, Bewegungsloses eigentümlich ist. Besonnte Dachgauben, anthropomorph verbogene Kakteen, gähnende Kanoniere, weit, weit entfernt verbrennende Siedeleien: Die Toten-Stille über den Kleinstadtabenden ist wörtlich zu nehmen. Die Zeit zwischen 1815 und 1848 ... Unaufhörlich, seit Menschengedenken, war die süddeutsche Bevölkerung von Krieg, Missernte und Despotismus gepeinigt worden. Jetzt, unter der schusseligen Regentschaft einander belauernder Duodezfürsten, war eine Art fragiler, gleichwohl mit Gewalt erzwungener Ruhe entstanden. Biedermeier ... Der Epochen-Name stammt aus Nordbaden. Weltabgeschiedenheit? Auf jeden Fall. Immerhin noch in seinem Todesjahr hat Sauter von der Vertonung seines bekanntesten Gedichtes „Der Wachtelschlag" durch Ludwig van Beethoven erfahren. Die Karlsruher Eichrodt und Kußmaul haben sich eine Generation später über des Flehinger Dorfschulmeisterleins Sauter „betuliche Verschen" lustig gemacht; ein wenig früher der Heilbronner

Schulhaus vor Martinskirche. Oberhalb der Gochsheimer Staffeln.

DER SPAZIERGANG Für Spaziergänger und -innen ein Rundweg: Wir beginnen mit einer Atzung in der Gochsheimer Krone. Auf den Ortskern zusteuernd, nehmen wir links den Weg durch ein altes Tor am Bach entlang. Geleitet von Hühnern und Gärtchen, erreichen wir bald rechterhand ein Brückchen, das wir in Richtung der vor dem Himmel thronenden Martinskirche überschreiten. Nachdem wir uns auf der Straße nach Flehingen ein paar Meter nach links orientiert haben, geht es alsbald rechts die **Staffeln** hinauf. Schloss, Kirche, Schule – bitte alles ansehen. Den Ort hinunter ... und schon können wir uns in der Krone für die Strapazen belohnen. Für Wanderinnen und Wanderer: Hinterm Weingut Kern schlagen wir uns in Feld und Rebenhang (besten Zugang erfragen!) und entscheiden uns behende, wohin die Fährte führen möge: Auf Kürnbach zu? Oder (das ist weiter) nach Sternenfels? In beiden Orten (Tour 10) erwarten uns allerhand Weinspeisen und Speiseweine.

Herausgeputzt: Fachwerk in Oberderdingen.

Ludwig Pfau. Verständlich einerseits; andererseits auch ein wenig ignorant, bedenkt man die Vielfalt der Sauter'schen Unternehmungen.

Spitzweg war nicht naiv. Sauter hat nicht nur Weinpreisliedlein geschrieben. Die Putzigkeiten täuschen. Beide gingen – auf je eigene Art – ihrem künstlerischen Tun mit einer gehörigen Portion Reflektion nach. Beiden gemeinsam ist das Wissen um die grauenhaften Potenziale, die im konkurrenzbedingten Gegeneinander, in der Institutionalisierung des Sozialen mühsam verborgen gehalten werden. In Flehingen und Zaisenhausen hat Sauter – fortgeführt in Leopold Feigenbutz' Standardwerk „Der Kraichgau und seine Orte" – Kirchenbücher und Ortschroniken gesichtet und abgeschrieben; der Inhalt ist so voller Monstrositäten, voller Schrecknisse, dass an dieser Stelle schlechterdings nichts davon zitiert werden soll. Zweimal zur Zeit des Dreißigjährigen Krieges war ganz Flehingen ins befestigte Gochsheim umgesiedelt. Es überlebten vier Bewohner. Die Nachbarn, die Familien: Auf den Feldern abgeschlachtet, verhungert, an Seuchen zugrunde gegangen. Das ist die Folie für das scheinbar so harmlose „biedermeierliche" Konzept der „Romantisierung der Welt" (Spitzweg). – Ist eigentlich noch etwas übrig von Sauters Welt, über die wir so gern spotten, nach der wir uns so sehr zu sehnen scheinen?

Mehr Kraichgau geht nicht. Was das Eilean Donan Castle für Schottland, ist Gochsheim für unsere Zwischenebene, wo die Gebirgsmeere von Schwarz- und Odenwald ineinander ausplätschern. Auf kalksteingelben Staffeln und Terrassen steigen die wenigen verwunderten Besucher hinauf zu Schloss und Martinskirche. Ein Rundblick von verstörender Eindringlichkeit – warum ist es hier nur so still? Etwa doch so etwas wie eine geheime, gebietsbeschränkte Fortdauer von Sauters Zeiten? Es könnte sein. Sogar der Verfasser dieser Zeilen, sonst eher als Rauhbein und Haudrauf bekannt, fühlte sich von der Gochsheimer Atmosphäre inspiriert zu einem sensibeln Winter-Märchen-Spiel („Die kleine Glocke Carola"): Hauptfigur ist ein alter Küster, der sich abends Wein und Schinken aus der **Krone** holt.

Noch immer beglückt der Landgasthof, inmitten ein fabulöser Kachelofen, seine Gäste mit selbstgemachtem Schinken auf Platten in Carrerabahn-Größe. Nur mit dem Gochsheimer Wein ist es zurzeit nicht zum Besten bestellt. Bis vor kurzem hat Ferber aus Sternenfels die Gochsheimer Trauben gesondert gekeltert; von nun an wird komplett nach Wiesloch geliefert. Ein Bürgerverein muss her, der die Winzergenossen überzeugt, dass Gochsheim seinen eigenen Wein haben muss. Das gehört so seit acht Jahrhunderten und sollte an kurzsichtigen Effizienzstrategien nicht scheitern.

Ansonsten hat die Krone alles zu bieten, was wir von badisch-schwäbischen Grenzlanden erhoffen. An manchen Abenden in der guten Stube, gerne mit dem Rücken an den Kachelofen angelehnt, bekommt man einen Eindruck, was die Biedermänner und -frauen unter Behaglichkeit verstanden. Wie von selbst wächst einem in der Hand die Tonpfeife ... und man beginnt im Halbschlaf erbauliche Reime zu schmauchen.

Schwermütig pittoresk:
Die Ruine des Menzinger Wasserschlosses.

Für Liebhaber vorzeitlicher Adelskultur unumgänglich: das nahe Menzingen. Auch in ruinenhaftem Zustand macht das Wasserschloss den Fachmann und den Laien staunen. Die Schwanenburg ist noch bewohnt; schon der Name scheint dazu angetan, den einen oder anderen Gralsritter anzulocken.

Was Flehingen anbetrifft – die Zeit zahlt manchmal Höchstpreise. Hastig und konzeptlos ist der Ort über alle Berglein gewuchert. Das Sauter-Haus wurde durch einen Kebab-Grill mit dem prima Namen „Treffpunkt Sonne" ersetzt. Es ist nicht so ganz leicht, direkt an der Durchgangsstraße, umgeben von angeödeten Freizeitjugendlichen, beim immerhin tröstenden Dunkelweizen von Palmbräu eine Ahnung von der gesellschaftlichen Mittelpunktstellung zu bekommen, die das Haus einst deutschlandweit auszeichnete.

In der Tat: Sauter war ein Genie der Geselligkeit. Mitglied zahlreicher Vereine, verstand er es vorzüglich, den Alltag mit Poesie zu durchwirken. Wer dafür nur Spott übrig hat – sehr gerne. Umgekehrt ist Sauter mit den Selbsternannten des hohen Musendienstes auch nicht eben biedermeierlich-zurückhaltend umgegangen. Aus seiner Lebensfeier hat Samuel Friedrich Sauter grundsätzlich niemanden ausgeschlossen.

Neo-Biedermeier: Die Umgestaltung des Sauter-Hauses erfreut nicht unbedingt des Denkmalpflegers Herz.

Die Metzelsuppe

Nirgend, Freunde, bin ich lieber
Als bei einer Metzelsupp,
Wo den Schüsseln gegenüber
Sitzt ein froher Menschenklub.
Den die Köchin herrlich speiset
Und, indem man Possen reißet,
Ihrem Manne fröhlich winkt,
Dass er was zu trinken bringt.

Der uns heute nicht lässt dürsten,
Unser lieber braver Wirt,
Der mit Wein und guten Würsten
Uns aufs beste regaliert,
Soll mit seiner Gattin leben!
Lasst uns hoch die Gläser heben:
Vivat unsers Freundes Haus!
Vivat, unser Metzelschmaus!

Erhaben über dem Bergsporn: Das Renaissance-Schloss zu Gochsheim.

Endlich lädt Sauter auch die „Ebräer" ein, um der Köstlichkeit des Dargebotenen wegen einmal ihren Brauch der Schweinelosigkeit zu verlassen und bricht in den – bittschön recht streng sozialgeschichtlich zu kontextualisierenden – Schlacht-Fest-Ruf aus

Wir sind keine Asiaten,
Wir, wir essen Schweinebraten ...

Selbstredend hält Flehingen immer noch manches Gasthaus vor, wo man die Probe aufs Exempel machen kann: Die **Dorfschänke**, das **Scharfe Eck** oder auch den **Schlossgarten** auf dem Gebiet des ehemaligen Schlosses der Sickinger, die nach glanzvollen Tagen als Söldner geendet sind. Der herrlich baumbestandene Park ist mit einem kanariengelben Bildungszentrumsmodul in Krematoriumsoptik wohl ausgezieret. Ein Trost: Noch immer überthront die alte Kirche den geschundenen Ort, ein altersweiser Solitär.

Durch eine leidlich lieblich verbliebene Talaue wandelt sich's wacker Richtung Oberderdinger Gewerbegebiet, das den Ermattenden für ein gutes halbes Marschstündlein in seine wellblechernen Arme schleußt. – Es scheint übrigens kraichgautypisch zu sein, dass man grunsätzlich unmittelbar nach einem kilometerlangen Geschwindmarsch die dröhnende Landstraße entlang feststellt, dass parallel 200 Meter linker Hand ein Wanderweg verläuft.

Ist dies alles dennoch überstanden, so erstaunt das entwöhnte Auge vor den Überresten Alt-Oberderdingens. Im klug restaurierten Amtshof verlangte schon 766 n. Chr. der karolingische Schreiber nach gutem

Frühmittelalterliche Sehenswürdigkeit:
Der Amtshof in Oberderdingen.

„Jeanine, I dream of lilac time …":
Hotel Lindner, gesehen vom Weingut Kern.

Trunk; dem Weingut Lutz ist es zu danken, dass derlei heutzutage noch und wieder zu geschehen pflegt. (Manche Traditionen sind einfach klasse …) Am Ortsausgang gegen Kürnbach zu gibt Kollege Kern Anlass genug, das alte Liedlein „Bei einem Wirte wundermild" anzustimmen. Kern und Lutz – das sind zwei Winzer, die vieles gemeinsam haben: Vier Generationen Weinbau im Rücken, Weinberge im Grenzland, Ferienangebote und -zimmer für Urlauber, überaus probate Besenwirtschaften – und vor allem: charaktervolle, erlauchte Weine.

Bei Kerns ums Eck, erfreut sich das **Hotel Lindner** eines enormen Zuspruchs stets neugieriger Feinschmecker. Freunde von Geheimtipps werden sicherlich gerne die originelle **Besenwirtschaft** der Familie **Vinçon** im nahen Großvillars besuchen. Auch hier, in waldensischen Kernlanden, wurden Besenwirtschaften eingerichtet, die völkerverbindenden Charakter haben (s. S. 222f.). Von überragender Bedeutung darüber hinaus: Der **Baumbachhof**, ein Stützpfeiler der kulinarischen Wiederbesiedlung des Kraichgaus, aufwartend mit Kräuterkäsen, Holzofenbroten … und was der Mensch wahrhaft zum Leben braucht.

Weingut Kern
Oberderdingen

Abenteuerurlaub im Weinberg.

Stellen wir uns mal vor, es steht 0:0, 90. Minute. Roy Makaay strebt auf das Stuttgarter Tor zu. Normalerweise kein Problem. Den Torwart hat er schon ausgetrickst – da holzt ihm im letzten Augenblick ein Weinbauer die Hulla vom Fuß. All das hätte sein können: Wenn Kern „Ja" gesagt hätte.

Aber – zu unser aller Glück und Frommen – der gelernte Industriekaufmann, geboren im Weltmeisterjahr '74, hat seinerzeit das Angebot von VfB-Trainer Ralf Rangnick nicht angenommen. Die Fußballerkarriere wurde gegen ein Weinbautechniker-Studium in Weinsberg eingetauscht. „Zwei ganz harte Jahre" waren das damals, als Vater und Bruder plötzlich verstarben. Vier Generationen Erfahrung – und keiner mehr da, der die angesammelte Kompetenz hätte vermitteln können! Wer so früh Verantwortung übernehmen muss, geht entweder unter – oder er wächst an den Aufgaben. Und zwar schnell. Denn die Gäste stehen schon wieder vor der Tür und pochen auf Fütterung und Trunk.

Unterstützt von seiner Mutter, ist es Meister Kern sehr bald gelungen, auf individuelle Weise an die ruhmreiche Vergangenheit des Hauses anzuschließen. „Kernle's Tee" hat im Stuttgarter Raum den Ruf eines Traditionsprodukts. Der Name leitet sich ab von einem Beispiel beschaulich-kauzigen Humors der vorvergangenen Jahrhundertwende, da man sich an so harmlosen Tricks wie Wein aus Teetassen noch zu delektieren wusste.

Kernle's Tee bleibt die Basis-Linie des Hauses: Klassische Württemberger Viertelesweine mit Schwerpunkt auf TL (Trollinger und Lemberger). Marketingtechnisch ist das natürlich ganz geschickt; in dem einen oder anderen Falle wird es gewiss gelingen, die vom Mythos Angelockten mit den anspruchsvolleren Tropfen zu konfrontieren, die das Badisch-Württembergische Völkerverständigungsprojekt Kern vorhält. Kürnbacher, Sulzfelder und Oberderdinger Lagen ergeben so außerge-

Sternenfelser Straße 51
Oberderdingen
07045 911060
www.weingut-kern.de
 (Weingut)

Marketing, heute und gestern.
Im Weingut Kern ist man um Einfälle nie verlegen.

wöhnliche Geschöpfe wie jene tiefsamtige Cuvée, welche eventuell den Namen eines Mannheimer Gefühlsmusikers tragen soll: „Xavier". Naidoo dürfte sich geschmeichelt fühlen ob der schmeichelhaften Anmut dieses Rotweins, die als Tribut an eine nachhaltig sich einschmeichelnde Stimme zu verstehen sein könnte.

Die außergewöhnlichen Bedingungen des Jahres 2003 trugen im Weingut Kern zur Erzeugung von Rotweinen internationalen Spitzenformats bei. Spätburgunder und Lemberger Auslese, mit vollem Recht hochpreisig angesetzt, gehören zum Extraktreichsten, Harmonischsten, was wir während unserer Kraichgau-Wallfahrt erleben durften.

Ein dreifach Vivat! auf Mutter Kerns Maultaschen-Künste. Mehrmals im Jahr werden sie zelebriert. Unter einem pfiffigen Käsesößle, vermummt von zartem Nudelteig, bietet die perfekt muskatierte und majoranisierte Füllung selbst selbsternannten Experten höchste Wonnen und Lebensfreuden. Zur Begleitung eignet sich ein apfelig-firner Schillerwein – oder der reintönig-moderne Grauburgunder mit pikanter Bitternote.

Was die Vermarktungsinitiativen anbetrifft, dringt der Industriekaufmann bisweilen noch durch den Win-

Oberderdingen, eine Zuflucht für Romantiker?
Streckenweise zumindest.

Siegerlachen:
Ein Beispiel für
Kern-igen Optimismus.

zer durch. Die WM-Weine (diesmal 2006!) waren gut platziert. Die Prägung durch den Fußball kommt übrigens immer mal wieder durch: Der immer noch durchtrainierte Allrounder spielt (an der Seite von Dr. Heger und Stigler ...) für die „Weinelf Deutschland" – u. a. gegen die Weinelf Österreichs, den Deutschen Brauer Bund oder das Filmteam des „Wunders von Bern."

Urlauber kommen bei der Lese zum Einsatz – und erleben pflückend und kostend ein Paradebeispiel von Kundenbindung. Vorbildlich für andere Gemeinden erscheint die Kooperation der Oberderdinger Winzer. Eine Vinothek gibt erschöpfend Auskunft; selbstverständlich spielt auch die örtliche Genossenschaft eine wichtige Rolle. Die Kollegen Lutz und Kern haben einen Gemeinschaftswein geplant. So ist's recht! Bei dergestalt intensiver Vernetzungsarbeit dürfte das 100-jährige Jubiläum 2010 für die Kerns zu einem gesellschaftlichen Großereignis werden – Triumph eines Mannes, der auf schwierige Fragen der Zeit die bestmöglichen Antworten gefunden hat.

O wunderbares, tiefes Schweigen!
Lutz'sche Weine träumen ihrem Schicksal entgegen.

Weingut Lutz
Oberderdingen

Zwischen Hamburg und Regensburg sind wir inzwischen gut vertreten.

Amthof 1
Oberderdingen
07045 201900
www.weingut-lutz.com

Wer Weingüter zukünftig sachgemäß beurteilen will, sollte keineswegs den „Butzewackele-Koeffizienten" vernachlässigen. Man kann sich leicht denken, welche Kundenschicht mit dem in Oberderdingen gebräuchlichen Kosewort gemeint ist: Jene vollständig von Erlaubnissen und Zuwendungen der Eltern Abhängigen (oder sich unabhängigen Dünkenden ...), denen das Bukett einer Schwarzriesling Auslese noch nicht die Welt bedeutet.

In Lutzens Weinstube wird den stacksenden Höbschen viel Aufmerksamkeit zuteil; nicht zuletzt auf der Speisekarte ist so allerlei vermerkt, was die Fruchtzwerge-Generation auf den rechten Weg zu führen geeignet erscheint. Das Weingut Lutz selbst ist ein prima Beispiel, wie sehr sich intensive Nachwuchsarbeit lohnen kann: Vergleichbar dem benachbarten Weingut Kern, wurde auch hier ein Nachfolger bei Zeiten inthronisiert, der mit Phantasie und Feingefühl einen wünschenswerten Umgang mit der Tradition pflegt. Manuel Lutz konserviert progressiv. Gerade für Kenner (die hier Württemberger und Badener trinken), muss es faszinierend sein, die altgeliebten Sorten in unerwarteter Gesellschaft – oder unkonventionell ausgebaut zu finden. Vater Bernard zeichnet für den Außenbereich zuständig: „Im Keller lass ich'n mache. Da misch ich mi net ei ..."

Sollte die Cuvée „Jakobus" den Gründerurgroßvater Jakob nicht nur ehren, sondern ihn auch beschreiben, so müsste dieser ein fideler und gewitzter Kumpan gewesen sein. Kerner und (der hierzulande einzigartige) Silvaner vereinigen sich in pritzelnder Milde; Waldmeisterduft steigt in die Nase. Ein Wein, der mit geöffneten Armen „Hereinspaziert!" ruft.

Wegbereiter:
Vater Bernard Lutz hat volles Vertrauen in die Fähigkeiten seines Sohnes Manuel.

Entsprechend der Notwendigkeit, „Erlebnisfaktoren" ins Weingut-Konzept einzubauen, wurde eine „Sauter-Reihe" mit anspruchsvollen Weinen herausgebracht, die u. a. bei Lesungen präsentiert wird. Komplex und schmelzig die Riesling Spätlese aus der letzten Lage Flehingens (Sickinger Humst), mit dem beliebten Hauch Pfirsich und Rosé-Grapefruit. Schon beim zweiten der probierten Gewächse fällt auf: Hier herrscht eine klare Linie. Lutz-Weine schmecken nach Lutz-Weinen. Was sich tautologisch anhört, dürfte eines der gefragtesten Komplimente sein, die man einem Weinbaubetrieb machen kann.

Freilich, da wäre noch die Amtsschreiber-Cuvée. Sie gibt vielleicht am besten Auskunft, was sich zurzeit in Oberderdingen, am Ende gar im ganzen Kraichgau tut: Das Beste, was die angestammten Sorten zu bieten hatten, wird nach Möglichkeit beibehalten, aber in einem neuen Kontext interpretiert. So ein Roter wäre vor zwei Jahrzehnten noch nicht möglich gewesen: Sehr abgerundet, sehr komplex, eigenständig, doch von offenem Charakter, auch für neue Sorten – hier sind die Erfahrungen der Jungen eingegangen, die neben hervorragender Ausbildung Interesse und Gespür für weltweite Entwicklungen mitbringen. Eine Synthese, die für die nächsten Jahre die Richtung (hoffentlich) vorgibt.

Nachvollziehbarer Stolz:
5 Generationen Lutz haben höchst Ansehnliches aufgebaut.

Kellertopf

Inspiration:
Weingut Lutz

Einen Weißkohl muss man putzen, schneiden und blanchieren (aber nicht zu kurz). Inzwischen stellen wir eine sonderbare Masse her aus in Milch eingeweichten Brötchen und gemischtem Hackfleisch (Verhältnis ca. 1 zu 3), vergessen 1, 2 Eier nicht und auch nicht Zwiebeln, Speckwürfel, Pfeffer und Muskat. Unter das abgetropfte Weißkraut heben und im Ofen bei 200 Grad 1 Stunde im Auflauftopf backen. Mit Käse schön bestreuen und noch einmal ½ Stunde backen.

Amtsschreiber-Cuvée ... Der Name ist gut gewählt. Sitzen doch seit 766 n. Chr. solche Schreiber immer mal wieder im Amtshof herum, vermehrt noch einmal in postnapoleonischer Zeit – und lassen sich's gut gehen. Wenn man zu später Stunde, nach Brätbrot und Sauren Nierle, nach allerlei Flüssigem und Festem den Blick vom roten Funkeln der Sauter-Rotwein-Cuvée zum blassblauen Himmel empor schweifen lässt, wo der Dachreiter eine fremd-vertraute Silhouette zeichnet, wird man sich der historischen Bedeutsamkeit inne, die hierzulande dem Weinbau zukommt. Da bedarf's keiner interaktiven Museen mit freizeitparkartigem Ausstellungsdesign; da vermittelt sich innerhalb eines einzigen zeitenthobenen Moments mehr von Stadt und Land, Geschichte und Gewordensein, von Wohl und Wehe menschlichen Strebens als dies durch Dutzende sozialgeschichtliche Reportagen und aufwändige Infotainment-Sendungen möglich wäre. Der Eindruck bestätigt und verdichtet sich im tadellosen Gewölbekeller, einer jener Örtlichkeiten, wo einem Einst und Jetzt, Zeit und Ewigkeit aufs Angenehmste durcheinandergeraten.

Dankenswerterweise muss man sich vorab nicht mehr so genau informieren, wann Hof und Stube des Weinguts Lutz den nicht nur nach historischen Erfahrungen dürstenden Gast einlassen. Denn die ehemalige Besenwirtschaft ist vollkonzessioniert und öffnet von Donnerstag bis Sonntag. Das Viereck Oberderdingen, Kürnbach, Sulzfeld, Sternenfels stellt augenscheinlich eines der letzten Urlaubsparadiese dar, welche vorzugsweise denjenigen bekannt sind, die ohnehin schon darin wohnen.

Die Ruhe selbst.
Zum Glück ist der Lutz'sche Gewölbekeller nicht nur für Fässer reserviert.

Vom Weltruhm der Provinz
Großvillars – Schönenberg –
Maulbronn – Knittlingen – Bretten

ROUTE 12

Was in Gottes Namen hat Schilf im Weinberg verloren? Man fühlt sich erinnert an altenglische Nonsens-Liedlein:

Wenn Schellfisch Silberglocken läutet,
Und Muscheln auf den Bäumen wachsen,
Dann wird Falschliebchen treu mir sein ...

In Gottes Namen: So haben wohl die Mönche von Maulbronn ihr Tagwerk aufgefasst, als sie inmitten der Wildnis – auf Anraten eines alten (MAUL-)Esels, der nach (BRONNen-)Wasser suchte – ein Kloster gründeten; es sollte zu den Lieblingsaufenthaltsorten des abendländischen Geistes werden. Rechte Christen können auf gar mancherlei verzichten: allein auf Wein und Fisch unter keinen Umständen. Unter unsäglichen Plackereien legten die (Laien-)Brüder den umfangreichen Aalkistensee unterhalb des Eilfinger Bergs an. (Eine hübsche Pointe übrigens, dass der Untergrund tatsächlich aus Schilfsandstein besteht ...) Um das Maß der Mühsal voll zu machen, „sömmerte" man das Gewässer alle sieben Jahre, ließ es also trocken fallen – und schleppte

„Dann nahm er Abschied, folgte dem Pförtner über den Hof, der breit wie der Marktplatz einer großen Stadt und zum Teil mit Linden bewachsen war." (H. Hesse, Narziß und Goldmund)

„Fremd und zärtlich ließ der schöne Baum seine Krone überm Eingang zum Kloster wehen, ein zartgesinnter und leicht fröstelnder Gast aus einer anderen Zone ..."
(H. Hesse, Narziß und Goldmund)

„Du hast deine Kindheit vergessen, aus den Tiefen deiner Seele wirbt sie um dich."
(H. Hesse, Narziß und Goldmund)

Schlick und Schlamm schlurfend und schlingernd zwecks Düngung den steilen Wingert hinan. Eilf Finger: Die Anekdote, wonach zur Fastenzeit die durst'gen Mönche nur die Finger zum Abschlecken in den Wein tauchen durften und sich infolge dessen einen elften solchen wünschten, ist gewisslich wahr. Noch wahrer jedenfalls ist die Herleitung des Nachbarweinberg-Namens Knittlinger „Reichshalde" – kommt nun nicht von was Großdeutschem oder so, sondern von reißen, herunter reißen: der Regen den Mutterboden nämlich. Und was folgt daraus? Richtig! Den ganzen Schlonz wieder raufschaffen in allerchristlichster Schwerstarbeit, Jahr für Jahr. Und ab und zu mal ein paar Ladungen Aalkisten-Bribbel oben drüber!

In Gottes Namen: Kategorisch menschenfreundlich waren die Maulbronner Zisterzienser wirklich nicht. Hatten sie auch gar keine Zeit zu. Mussten schließlich ein bisschen okzidentale Verwaltungskunst reformieren, und so was dauert. Außerdem legten sie nebenbei die Grundlagen zur späteren massenhaften Aufzucht von Genies, Halbgenies und Hermann Hesse. Dessen erste 80 Seiten aus „Narziss und Goldmund" allerdings großartig sind und mehr über Maulbronn sagen als tagelange Museumsführungen. – Weinbau ist für die Gegend schon lange vor den Mönchen belegt. Die ihn betrieben, als die frommen Brüder kamen, mussten leider weichen. Wurden geext, würde man heute formulieren. In Knittlingen unterhielt das Kloster einen Pfleghof von seinerzeit gewaltigen Dimensionen. Schwerpunkt: Wein.

Und wenn man schon mal dabei ist, Keller auszuheben, warum nicht ein, zwei „Malefizgefängnus" plus Folterkammer einrichten? Unterm Krummstab ist gut leben, aber man muss es ja nicht gleich übertreiben. Die Verurteilten wurden in die Verließe „hinunter- und hinaufgehaspelt." Klasse Idee. Aber wo bleibt das Volksvergnügen, wenn sich das Spannendste unterirdisch abspielt? Also flugs noch eine Schandbühne für bis zu sechs Personen errichtet, Halseisen und Pranger inklusive. Da soll man sich nicht lumpen lassen. Bei so viel herrschaftlicher Fürsorge darf es nicht Wunder nehmen, dass der allzeit von Willkür bedrohte Untertan erfinderisch wurde. Expressionistisch geduckt unter den Kirchenbau, steht in Knittlingen das Geburtshaus Dr. Johann Fausti (wahrscheinlich). Der die Literatur anregungshalber um ein paar gewichtige Dramen und Romane und seine Zeit durch einen Volksbuch-Bestseller bereichern half. Vielleicht hat man ihn zu Unrecht gescholten – ganz so wie den Humoristen und Weinschlauch Viktor von Scheffel, dem es gelang, den faustischen Sachverhalt auf das Wesentliche zusammenzudrängen:

„... eines Tages, an dem morgens die kahlen Bäume dick voll Rauhreif hingen, ritten sie über ein welliges weites Land ... kurz ehe Turm und Dächer des Klosters sichtbar wurden ..."
(H. Hesse, Narziß und Goldmund)

Der Faust saß rückwärts an der Wand
und trank vergnügt im Dunkeln.
Nun ließ der blasse Nekromant
sein Glas am Licht karfunkeln
und sprach: „Ich brüt schon Tag und Jahr
am schwarzen Zauberbuche
und merk erst heut, ich bin ein Narr,
dass ich das Gold dort suche.

Fausthäuschen.
Winklig, tief geduckt unter der Kirche – wie in der Faust-Verfilmung mit Emil Jannings als furzendem Höllenfürst.

Klosterschmiede:
heimische und Weltspezialitäten für Leckermäuler in historischen Mauern.

Mag das Gehirn im Allgemeinen auch noch so selbstgerecht-selbstreferentiell mit unseren Erinnerungen umspringen – es gibt doch Erlebnisse, die sich omnisensuell in die Biographie eingraben, so tief, dass uns kein Neurobiologe mit „Deckerinnerungen" oder ähnlichen Zweideutigkeiten darin herumstöbern kann ... – Winternachmittag um die Jahrtausendwende. Spaziergang durch die Weinbergterrassen bei Schönenberg hinauf zur Chartaque, einem jener Franzmann-Bewachungstürme an den Eppinger Linien. Weltabgeschiedene Stille im Tal der Waldenser, darin Henri Arnaud, der tapfere Emigrantenpfarrer, vor dreihundert Jahren die erste Kartoffel Badens gepflanzt. Sein ehemaliges Wohnhaus, heute Waldensermuseum, liegt am Anfang der ebenfalls nach ihm benannten Straße.

Entferntes Kindergejohle. Ein Rodelhang aus dem Stromberger Bilderbuch. Dann, nach Schneewanderung und Schlittenfahrt, hinunter ins Dorf. Zwei Straßen, ein Gasthof: **Lamm**. Von außen unscheinbar. Doch drinnen? Ein Nest, eine Winterschlafhöhle, ein Inbild des Sinnenfriedens! Der vorzeitliche Ölofen leistet Auftauarbeit. Per Handschlag begrüßt der Wirt die Gäste. Rauchfleisch, selbstgebauter Wein. Kein Traumgespinst: Fühlbare, essbare, trinkbare Wirklichkeit!

Im Weingut Jaggy hat Schönenberg einen würdigen Betrieb gefunden **(Weinstube!)**, der dem buntscheckigen Terrassengebilde des Saubergs die Ehre erweist und unverwechselbare, saumäßig gute Weine ausbaut. Man meint darin des Tales Stille zu spüren. Das Familiengut besitzt auch Lagen am Maulbronner Closterweinberg; terrassiert mit enormem Aufwand, schmückt er die unbewaldete Flanke des Weltkulturerbes – eine Art individueller Ausgleichsmaßnahme für eine der am merkwürdigsten platzierten Industrieansiedlungen weltweit ...

Immerhin haben sie gehalten:
Chartaque bei Schönenberg, Teil der Eppinger Linien.

DER SPAZIERGANG Wir machen das so. Nach einer gewisslich nicht zu knappen Stärkung in der Kanne-Post durchqueren wir den Ort auf Maulbronn zu. Oben am Weinberg, zwischen Reichshalde und Eilfinger Berg, halten wir Rast und studieren die geomorphologischen Strukturen aufs Genaueste – nicht ohne die historischen Verweise zu bedenken, welche hier besonders zahlreich sind. Weiter wandern wir linkerhand oberhalb in den **Closterweinberg** mit Blick aufs **Weltkulturerbe**. Es genügt aber auch, vom Schönenberger Lamm hinauf zur **Chartaque** zu spazieren und nach ausgiebiger Umsicht an den Ausgangsort zurückzukehren.

Nordwestlich an den Eilfinger Berg schließt sich an: die mehr denn tausendjährige Knittlinger Reichshalde, mehrheitlich in WG-Besitz; doch hin und wieder lässt man in der ehemals Thurn-und-Taxis'schen Posthalterei **Kanne-Post** Privatweine abfüllen, die im verteufelt gemütlichen Weinstüble serviert werden. Ein Wunder hat es nach Dr. Faustus in Knittlingen dann doch noch gegeben: Die Kanne-Post gehört zu den kulinarisch, heimatkulturell und ökologisch wegweisenden Gaststätten im Kraichgau-Stromberg. Per Dekret sollte erlassen werden, dass in jedem Ort ab 1.200 Einwohner ein Gasthaus auf annähernd vergleichbarem Niveau geschaffen wird. Nichts, was der genießwurzelige Badener oder die mampfselige Schwäbin zu ihren höchsten Freuden zählen, wird man hier auf der Karte vermissen; wobei gesagt werden muss, dass die Vorfreude dabei nicht die schönste ist. Erst wenn das Ballett der Löffel, Gabeln, Gläser zu tanzen beginnt, ist das Ziel der Reise erreicht. Zu weit kann sie gar nicht sein.

Auf dem Weg nach Bretten passiert man einen kinderfreundlichen Tierpark. Bretten selbst betreibt leider keinen Weinbau mehr, versteht sich aber nach wie vor als Kraichgauer Zentralgestirn. Man denkt an Neustadt an der Weinstraße, wenn man Sommerabende auf dem schnuckeligen Marktplatz verplaudert, den einen oder andern Kraichgauer hinunterschnurgelt und das skurrile Melanchthonhaus anstarrt: eine üppige Jugendstil-Architekturfantasie nach der Devise „von allem etwas." Wer rechtzeitig aufläuft, kann in einem lobenswert regional orientierten **Käseladen** u. a. Kraichgauer Käse einkaufen. Oberderdinger Ziegenkäse etwa. Oder den göttlichen Holunderkäse vom **Auenhof** aus Bauschlott. Seit Langem etabliert: das Hotel / **Restaurant Krone**.

Bretten
mit prachtvollem Marktplatz und obskuren Hundegeschichten.

Waldensische Besen-Verwirrung
Wir schaffen Abhilfe!
Oberderdingen-Großvillars

Weingut Vinçon-Zerrer
Heilbronner Straße 50
Großvillars
07045 761
www.vincon-zerrer.de

Vinçon, Waldenser, Weinstube, Besen – ja was jetzt? Es ist gar nicht so einfach. Aufgrund der waldensischen Immigration im 17./18. Jahrhundert wiederholen sich ein paar Namen im lukullischen Kraichgau.

Da wäre das **Alte Rathaus** der Familie Vinçon in Knittlingen-Kleinvillars, eine Weinstube mit eigenem Anbau, Holzofenbrot, Treskäs, Grünkernküchl und was die waldensisch-kraichgauer Synthese sonst so hergibt. Alsdann haben wir den **Waldenserbesen**, ebenfalls einer Familie Vinçon zugehörig, allerdings in Großvillars. Hier gibt es Fleisch aus kontrollierter Aufzucht, sprich gebackene Leber, Rostbraten, saure Nierle, Waldenservesper – und natürlich manch süffigen Schoppen. Um die Verwirrung komplett zu machen, haben Monika und Friedrich Zerrer 1989 das **Weingut Vinçon-Zerrer** eröffnet – ausgerechnet, wir ahnten es bereits – in Großvillars. Bis hin zur fulminanten Barrique gelagerten „Waldenso" Cabernet Dorsa Auslese trocken wird hier Württemberger Vielfalt produziert. Schwerpunkte sind dementsprechend Trollinger und

Holzbetont.
Das Ehepaar Zerrer, bekannt für fassgereifte Rote.

Lemberger, darunter eine 2005er Lemberger Spätlese aus dem Holzfass mit besten Anlagen. Dass im beliebten Probierraum häufig Hochstimmung herrscht, liegt nicht zuletzt an der Begabung der Zerrers fürs Sekt-Machen. Wer hat schon mal einen Trollinger extra trocken mit 36 Monaten Barrique probiert? Wir nicht.

Das **Weingut Kelterhof** der so lecker klingenden Familie Schäufele-Heckele, ebenfalls in Großvillars gelegen, hat sich wahrhaftig auf Leckereien spezialisiert. Schnitzel, Sied- und Salzfleisch sind im Umland höchst geschätzt. Der „Schwabenstreich" – nudeliges Äquivalent zum Pfälzer „Hoppelpoppel" – besteht aus Spätzle mit Kraut, Grieben- und Leberwurst. Was ein „Gasnecht" ist, das, bitte schön, finden Sie mal selbst heraus ... Unbedingt erwähnen wollen wir noch die (Brettener) Königswürde der hauseigenen Weinkönigin Isabel I.!

Auch die **Besenstube Büchele** in Kürnbach ist uns von Abhängigen als extrem besuchenswert beschrieben worden! Immer noch nicht genug? Na gut, jetzt kommt der Clou: Es gibt nämlich eine weitere Familie Vinçon, Reinhilde und Ulrich heißen die. Und wo werden die wohl wohnen? Richtig, in Großvillars. Und was werden die wohl treiben? Exakt, sie haben ebenfalls einen Besen: **Hildes Besenstüble**. Mit Selbstgebautem, feiner Kesselbrühe mit Ribbele, Schälripple, gepökelter Zunge und und und ...

Da lacht das Herz.
Isabell I., Brettener Weinkönigin, sympathische Botin des Weindorfs Großvillars.

Weingut Kelterhof
Freudensteiner Straße 1
Großvillars
07045 8565
www.kelterhof.de

Leib und Seele.
Der Kelterhof von Ute und Armin Schäufele: Ein Muss für alle, die es da hungert und dürstet.

Lamm
Schönenberg

Das Selberg'machte lockt die Leut an!

Henri-Arnaud-Straße 10
Ötisheim-Schönenberg
07041 5227

Viele, die mit der Straßenbahn zwischen Mühlacker und Bretten hin- und herfahren, werden die beeindruckende Silhoutte des Schönenberger Saubergs schon bemerkt haben. Zumal im Herbst bei Sonnenschein bietet sich ein Anblick, der die abgebrühteste Dumpfbacke nicht unbegeistert lassen kann. Wer dann noch ein klitzekleines bisschen Weinverstand besitzt, wird sich irgendwann aufmachen um nachzuschmecken, was von weitem so wunderbar ausschaut.

Hauptanlaufpunkt im Ortskern – wenn man nicht gerade Waldensisch glaubt und unbedingt zuerst ins Museum muss – ist zweifellos das Lamm. „Die Wirtschaft hat's schon immer gebbe, hier," blickt Daniel Häcker auf die Historie zurück. Den jungen Koch, Bäcker, Mundschenk, Gastronom (...) könnte man sich auch in einem Szene-Bistro in Berlin Mitte vorstellen; wer in der Provinz lebt, muss selbst nicht provinziell sein. Vom Vater das Gasthaus übernommen, verfolgt Daniel Häcker ein sozusagen hyperavantgardistisches Programm: Er lässt alles beim Alten. Und das ist Recht so. Ob draußen, in der unwirklich geräuschlosen Straße oder tief drinnen in

der staunenswert gemütlichen Gaststube: Was sollte man da verbessern können? Uns fällt auch nichts ein.

„E klei bissle Tourismus" gibt es schon. Aber: „I leb' überwiegend von Stammkunden." Beide Gruppen kommen gut miteinander aus, haben sie doch ein gemeinsames Projekt – das selbstgebastelte Rauchfleisch, so zartwürzig, dass man es bedenkenlos zu Parallelverkostungen mit den besten spanischen und italienischen Schinken schicken könnte. Dazu ein Besenbrot, das unter die Kategorie A fällt. „Es isch de halbe Dag kaputt," wenn Daniel Häcker das Dorfbackhaus anwirft. Man kann ihn gar nicht genug dafür preisen, dass er sich dieser Mühe unterzieht.

Um die Trias komplett zu machen: Die Eigenbau-Gewächse vom Sauberg sind allesamt – man scheut sich beinahe, das abgenuschelte Wort zu benutzen, aber hier passt es einfach – lecker, dabei eigenwillig. Der rötliche Fasswein, der Rosé und der erstaunlich intensive TL ... als hätte man ihnen in der Schule beigebracht, wie man gewissenhaft und treu ein Salzfleisch begleitet, einem Rostbraten von heimischen Rindern den Hof macht, eine Maultasche umkurt.

„Man braucht halt auf'm Dorf 'n einigermaßene Preis." Das ist richtig. Und wenn man bedenkt, wie selten das Dorfgasthaus als Institution, als „Mittelpunkt vom Ort" geworden ist, dann passt der alte waldensische Wahlspruch auch hier: Lux lucet in tenebris – ein Licht leuchtet in der Dunkelheit. Möge dies hinfort und bis zum Jüngsten Tag so bleiben.

Schimmernde Hoffnung: Daniel Häcker bei der Vorbereitung der Abendvesper.

Weingut Jaggy
Schönenberg

I brauch die gut, alt Manpower!

Obertal 1
Ötisheim-Schönenberg
07041 3502
www.weingut-jaggy.de

Wenn die Dorfjugend im Tälchen die Schafe streichelt, der Bruder drüben im Abendschein den Mais siliert, und in der Mitte liegt ein Weingut, dann ist irgendetwas anders als woanders; scheinbar haben die Jaggys eine ganze Menge richtig gemacht. Was vielen heutzutage so schwer fällt: Verwurzelung, Ortsbindung, Heimat ... derlei Begriffe kommen einem hier in den Sinn, die plötzlich allzumal positiv konnotiert werden. Freilich steigt beim Besucher der Anspruch, etwas ganz und gar Eigenes, Unvergleichliches, Bodenverhaftetes probieren zu dürfen, wenn die erste Flasche geöffnet wird. Eines vorweg: Er wird mit Sicherheit nicht enttäuscht.

„Wir haben so tolle Himmel," bewundert Frau Jaggy immer noch den täglichen Anblick. Das ist fast schon beneidenswert – wie eine Definition von Glück. Weinbautechniker Jaggy stimmt ein in die friedvollen Betrachtungen und unterstreicht die Bedeutsamkeit, „eine Frau kennen gelernt zu haben, die alles voll mitträgt." Die schicken Flaschenetiketten hat sie auch entworfen, das Familienwappen integrierend.

Besonders zur Besenzeit – mittlerweile wurde diese wundervolle Einrichtung in Weinstube umgetauft – ist die gesamte Familie gefordert. Dann überredet die Großmutter die bereits erwähnten Schäfchen, ein bisschen großzügiger mit der Milch zu sein. Selbstgemachter Kuhkäse, Bärlauchmaultaschen und Rauchfleisch stehen ebenso in bestem Ruf. Ingleichen die Handhabung des Weinausschanks: Selbst die edelsten Qualitäten kommen im Viertele auf den Tisch. Von der Industriemagnatin bis hinauf zum Stallburschen kommen so alle auf ihre Kosten – und das zeichnet einen guten Besen, Verzeihung, eine gute Weinstube ja aus.

Abgesehen von der waldensischen Linie großmütterlicherseits, waren die Vorfahren der Jaggys Schweizer Einwanderer, die aus dem „Armenhaus Europas" in den nach dem Dreißigjährigen Krieg entvölkerten Kraichgau

Mit breiter Brust und Gläserklang:
Weingut Jaggy, ein Knotenpunkt sozial-kulinarischer Vernetzung.

Abfüller.
Die Jaggys in einem bedeutenden Moment.

übersiedelten. (Weitläufig verwandt: Marie Luise Jaggy, Schwester des Wirts der „Kanne-Post" zu Knittlingen.) Eine Tradition der Altvorderen aus dem Lötschetal pflegen die Jaggys noch heute: Schlehen- und Hagebuttenwein – hmm! Die Ernte ist eine so anstrengende wie meditative Angelegenheit, ausgeführt von einem befreundeten Ehepaar.

Jaggy-Weine sind durchgegoren trocken ausgebaut – bis auf den Riesling Spätlese 2003, dem 6 g Restsüße bei 13 % Alkohol ein vollsaftiges Gepräge geben. Preislich ungemein fair kalkuliert sind die roten und weißen Cuvées, die dem Waldenserpfarrer Henri Arnaud gewidmet sind. Wiewohl traditionell im Rebsortenspiegel verankert, pflanzt Jaggy am Sauberg auch neue Sorten an. Hier sieht er eine Chance, Kunden zurückzugewinnen, die sich vorübergehend international orientiert haben. Es scheint zu klappen: Regent und Acolon sind (verständlicherweise) schnell ausverkauft. Solaris und Rehberger werden im Anbau folgen. Selbst die „einfacheren" TL, Rosés (der Schwarzriesling Rosé Kabinett trocken bsp. – eine Entdeckung für hohe Ansprüche!) und Schillerweine haben diesen spezifischen Biss, der Sauberg-Weine auszeichnet.

Erfreulicherweise legt das Weingut Jaggy großen Wert auf den behutsamen An- und Ausbau des Lembergers. Nicht nur vom Sauberg kommt hier eine ganze Reihe herausragender Weine bis hin zur Barrique-Selektion. Auch in Maulbronn besitzt Jaggy Terrassenlagen, die einen „Closterweinberg" aus dem Barrique hervorbringen, der an die „himmlischen Freuden" gemahnt, wie sie Gustav Mahler in seiner Vierten Symphonie anklingeln lässt. Man weiß nicht, ob Maulbronn schon weiß, was für ein dem Weltkulturerbe würdiges verflüssigtes Emblem hier geschaffen wurde. Muss es nicht eine Erfüllung für jeden Winzer sein, dem es gelingt, ein solches sauerkirschenunterlegtes Konzentrat zu produzieren? Der „einfachere" aus dem großen Holzfass ist ein Wein zum Lesen; man braucht nicht einmal ein Buch dazu.

„Schon in meiner Lehrzeit in Maulbronn hab ich mir immer vorgestellt, wie die alte Mönch da g'schafft hän." Es war ein Riesenprojekt, gemeinsam mit der Gemeinde Maulbronn die Terrassen wieder aufzubauen. Mit etwa 2.000 Arbeitsstunden pro Hektar und Jahr rechnet man an dieser Stelle, verglichen mit 500 bis 600 unter Normalbedingungen. Ein weiteres Vorhaben liegt brach, sollte aber dringendst reaktiviert werden: eine umfassende Vinothek im Maulbronner Kloster – vergleichbar vielleicht dem Stiftskeller in Bernkastel-Kues –, wo der Weinfreund und seine -freundin den Kraichgau-Stromberger Wein umfassend kennen lernen können. Das wäre ein zentraler Anziehungspunkt für die ganze Region, dessen positive Folgewirkungen gar nicht abzuschätzen sind.

Dass Jaggy dem Kloster und seiner Weingeschichte in besonderer Weise verbunden ist, kann nicht verwundern, war er doch 16 Jahre lang am Eilfinger Berg tätig – als direkter Vorgänger von Günter Steinle, der bis vor kurzem dort das Rebmesser wetzte.

Rosé mit Charakter.
Der Meister und sein Werk.

Gasthaus Kanne-Post
Knittlingen

I mach scho recht viel Naturschutz ...

„Wenn unser Wei net trunke wern, dann kriege die Eidechse kalte Ärsch." Es gibt Syllogismen, die sich nicht sogleich aufdrängen. Wenn man Marie Luise Jaggy länger zuhört, dann beginnt man allerdings zu begreifen, in welch ursprünglichem Sinne im Gasthaus Kanne-Post Ökologie verstanden wird. „Mir schwätzet net bloß!" Nein, gewiss nicht. Ein Netz reger Nahbeziehungen wird von der ehemaligen Thurn-und-Taxis'schen Posthalterei ausgeworfen. Regionale Produkte erfreuen sich einer Verarbeitung nach regionalen Rezepten. Dazu gibt's den Wein aus der Gegend, vor allem aus Knittlingen.

Stuttgarter Straße 3
Knittlingen
07043 32313

An die 1000 Jahre Tradition kann die „Reichshalde" vorweisen. Nur, wenn die Nachfrage wachgehalten wird, kann das Fortbestehen der teils terrassierten Weinberge garantiert werden. Jetzt verstehen wir auch, was das mit den Hinterteilen der flinken Minisaurier zu tun hat: Sind die Mauern überwuchert, können sie auch keine Wärme mehr speichern. Ökologie ist eben doch komplizierter als mit Naturwolle stricken und Bio-Kaffee kaufen. (Beides freilich löbliche Tätigkeiten.)

„Weingärtner und Wirt" steht auf Hermann Wezels Visitenkarte. Er ist Frau Jaggys Bruder. In stetem Dialog haben die beiden sich inzwischen eine gewisse Berühmtheit erkocht und erwinzert. Keine landestypische Speise fehlt auf der Karte: Es gibt Maultaschen in hunderterlei Varianten (u. a. Waldensisch mit Brät, Rauchfleisch und Kartoffeln – oder darf's mit Lamm sein? oder Wild?), Leberspatzen, Schwäbische Knöpf, Kutteln, Bubespitzle, Kalbsrollbraten ... Dazu jede Menge Saisonales (Bärlauchknödelchen ...) und Historisches: „I kann Zeitläuf koche," erwähnt Frau Jaggy nebenbei, doch selbstbewusst. Römisch, mittelalterlich (der Hypograß, ein Gewürzwein, findet sich immer auf der Karte) oder barock. Auf Vorbestellung werden Originalmenues zusammengestellt, die selbst für ausgewiesene Gourmets jede Menge neuer Erfahrungen bereithalten.

Die Kräuterfee von der Reichshalde:
Marie Luise Jaggy, nahezu allwissende Heimatforscherin.

Der ehemalige Thurn-und-Taxis`sche Postgasthof Kanne-Post.
Bewirtschaftet seit 1662, 1898 in Familienbesitz gekommen. Von hier aus starten die vielfältigen „Themenwanderungen" Richtung Naturschutz, Weinbau, Kochkunst ... Kulturarbeit im besten Sinne.

Das Wissensgebiet der Kannen-Wirte erstreckt sich bis ins Prähistorische. Ausgrabungen in steinzeitlichen Siedlungen, wenige Kilometer entfernt, erbrachten Aufschlüsse über die Kochgewohnheiten der Vorvorfahren. Bärlauch, Haselnuss, Hafer und Hirse wurden gemischt und verarbeitet – von wegen Wurzeln abnagen und Würmer schlotzen; unsere Vorstellungen vom neolithischen Speiseplan müssen dringend revidiert werden. Zahlreiche Besiedlungsschichten wurden um Knittlingen freigelegt. „Multikulti is bei uns scho lang."

Neben der Pforte prangt ein Hinweisschild der „Öko-RegioTours." Gäste des Hauses, naturkundlich Interessierte, ganze Wandergruppen können an geführten Themenwanderungen teilnehmen. Man sollte das Diktiergerät allerdings nicht vergessen, denn die Informationsflut ergießt sich ungeheuerlich. Wo bleibt der Journalist, der Bruder und Schwester überredet, ihre gesam-

Knittlingen.
Besuchenswert vor allem für Freunde stiller Landstädtchen.

melten Erfahrungs- und Wissensschätze in einem Buch zusammenzufassen? Es dürfte ein Wälzer werden, ein Kraichgauer Klassiker, worin die Themen Regionalgeschichte, Politik, Biologie, Weinbau, Kochkunst, Landbau, Dichtung sowie das Leben im Allgemeinen erschöpfend behandelt würden und ineinander verschmölzen.

Gern zitiert Hermann Wezel – aus dem Gedächtnis – die eine oder andere Anekdote, den einen oder anderen Dichter. Selbst zweideutige Weinlese-Anakreontiker („Die Knaben legen den Mädchen die Brüste bloß und küssen dieselben …") werden nach altem Brauch beim Weine angeführt. Allerdings: Ungebrochene Idyllen darf man nicht erwarten. „Wenn man den Vollernter küsst, ist's mit dem Spaß vorbei." Eine Lanze – oder gleich einen ganzen Packen davon – brechen die Geschwister für die Winzergenossenschaften, in deren Windschatten doch ein jeder hier mitfliege. Die Landschaft und Ökosystem konservierende Tätigkeit der Genossen sei gar nicht hoch genug einzuschätzen. Und noch ein Kollege wird freimütig gelobt und hervorgehoben: Erhard Heitlinger. Ohne sein Engagement stünde der Kraichgau heute nicht da, wo er steht. Oder liegt.

Die von der WG Knittlingen ausgebauten Rieslinge von der Reichshalde sind frisch und angenehm zu trinken. Beim Lemberger könnte man ein, zwei Nachmittage gut sitzen bleiben. Zwei Jahrgänge eigenen TL haben Jaggy und Wezel ebenfalls im Ausschank – mit hübsch gezeichnetem Flaschenetikett übrigens; so lange kein Bäcker auf die Idee kommt, kleine Faust-Statuen aus Persipan anzubieten, bleibt die Literflasche wohl das Mitbringsel aus Knittlingen schlechthin.

So ist es denn ein Glück, dass es so etwas wie die Kanne-Post überhaupt noch gibt. Denn die Konkurrenz der „kultigen" Besenwirtschaften bekommt die „aussterbende Spezies" der Kombinierer in Sachen Landwirtschaft, Weinbau und Gasthaus wohl zu spüren. Bisweilen treibt die Suche nach dem Unverfälschten sonderbare Blüten; „eine neue Klientel" reist von weither an, „da kommt man sich manchmal vor wie im Zoo." Unglaublich gut zu essen bekommen sie trotzdem – und kehren gewiss irgendwann wieder, dann nicht mehr als gaffende Touristen, sondern als Eingeweihte, als Getaufte. Und zu Linsen mit Spätzle lässt man sich gewöhnlich leichter bekehren als zum Wachtturm-Lesen.

Bärlauchklößchen

Inspiration:
Kanne-Post, Knittlingen

2 EL warme Butter schaumig rühren, feingehackten Bärlauch (eher mehr als weniger – ist immer schrecklich, wenn Bärlauch-Produkte nur grün sind, aber nicht nach Bärlauch schmecken), 2 EL Wasser und 2 Eier drunter rühren, 5 EL Mutschelmehl (feines Paniermehl) dazu geben, Salz, Pfeffer, Muskat, 10 Minuten quellen lassen. Klößchen formen und in Gemüsebrühe 8 Minuten ziehen lassen. (Oder 9 Minuten.) (Oder 7.) Das lässt sich mit der Brühe schmausen, also als Suppeneinlage oder in Butter gewendet mit Parmesan oder als Beilage zu irgendeinem Braten oder Gulasch. Ein alchemistisches Kloßwunder!

Knittlinger Fachwerk.

Stromberger G'schichten
Horrheim – Hohenhaslach –
Ochsenbach – Häfnerhaslach

ROUTE 13

Es ist ein geheimnisvoller Reigen, der in Kanaan beginnt, über das Schwarze Meer nach Griechenland führt und in Ochsenbach endet: ein wilder Umzug voller Geschrei und Tanz, Tambourin und Zymbelspiel, Liebes- und Zorneswut, durstig, fordernd, gefahrvoll. Kein Mann darf in seine Nähe kommen. Und wenn: dann wehe ihm. Denken wir an den armen Orpheus, der von den Mänaden zerrissen wurde, weil er allzu schön sang. Also Vorsicht: Mänaden! Kommt von Manie. Und es ist beileibe kein Vorrecht der Vorzeit, ab und zu mal ein bisschen manisch zu sein. „Die Ochsenbacher Weiberzeche" ist für 1798 zum letzten Mal belegt. Schade eigentlich. Andererseits weiß ja niemand so recht, was die Ochsenbacherin an sich so im Privaten treibt. Wahrscheinlich gibt es eine subkutane Fortexistenz bis in unsere Tage. Das sollte einmal untersucht werden. Jedenfalls verlief die Sache wie folgt: In guten Weinjahren – bzw. im Jahr darauf – zogen die Ochsenbacher Frauen (s. o.) mit Äxten bewaffnet in den Wald hinein und fällten die schönste Eiche. Ohne Genehmigung. Vom Verkaufserlös erwarben sie Unmengen Wein. Den durften sie sonst nicht haben. Aber dann ging's rund. Kein Wunder, dass die ordnungswütige Moderne dem Treiben ein paar Riegel

Gerettet: Transplantiertes Detail aus dem abgebrannten Jagdschloss im Kirbachtal, heute Dämonenschreck überm Portal des Hauses Merkle.

Ochsenbach, eine Stromberger Schönheit.

DER SPAZIERGANG Von Hohenhaslach aus führt ein Wanderweg nach Ochsenbach, rechterhand und parallel zur Straße übrigens und eigentlich kaum zu verfehlen. Außer Sie sind vielleicht Weinjournalist. Oder Knacki, denn dann werden Sie wahrscheinlich vorher nach links in die JVA mit dem süßen Namen Kelterle abbiegen müssen. – Es ist bereits erwähnt worden, dass das Kirbachtal als eines der wanderprächtigsten in Alteuropa bezeichnet werden muss. Aber treten Sie nicht auf die Enten! Oder Gänse, die hier friedlich umhertappen. Eigenwillige Wanderer werden von Häfnerhaslach kilometerweit in unerforschte Wälder vordringen, das Tal hinter sich lassen und vielleicht im **Ochsen** zu **Diefenbach** herauskommen. Wenn Sie unterwegs nicht verloren gehen bzw. von einem dieser lästigen Zwerge in eine Unke verzaubert werden, seien Sie jetzt schon beglückwünscht!

vorschieben musste. Übrigens spricht es sehr für das Genussbewusstsein der Ochsenbacherinnen, dass sie auf ihren Umzug verzichteten, wenn der Jahrgang nicht gut genug war.

Vielleicht sollte man auch nicht zu viel in die Sache hinein geheimnissen. Mythisierungen – und sei es von Frauen – haben meist einen dämlich-destruktiven Kern. Außerdem: So völlig ausgeschlossen war das männliche Element für eine richtige Bacchantin nie. Die Dionysos-Bacchus-Jüngerinnen trugen ganz gern mal ein paar Fruchtbarkeitssymbole mit sich rum, die auch und eben gerade männlich assoziiert waren. Man denke

Terrassen-Weinbau am Geigersberg.
Naturschutz im Zeichen des Weinhähnchens.

an den Thyrsus-Stab, den ein penetranter Pinienzapfen krönte. Penible HistorikerInnen werden gewisslich anführen, so schlankweg könne kein Vergleich gezogen werden zwischen früh- und vorzivilisatorischen Matriarchatsriten und mittelneuzeitlichen Ventilsitten. Aber eins ist doch klar: Der Rausch als anthropologisches Kontinuum, heute in Karneval oder Disko verbannt, hat sich immer wieder ähnliche Mittel gesucht, die sonst so Braven, Eingezwängten ein wenig außer sich geraten zu lassen. Wir kennen heute zwei Kassiber, wodurch die Kunde von den muttergottheitlichen Chaostagen rudimentär in die Gegenwart geraten ist. Der eine geriet wohl in die Hände jener fröhlichen Ausflüglerinnen-Kollektive, die Wochenende für Wochenende den öffentlichen Nahverkehr mit weinseligem Gejohle beleben und darin ihren männlichen Mitmenschen in wenig nachstehen. Der andere muss unterirdisch direkt ins Weingut Merkle, mitten in Ochsenbach, gelangt sein. Dortselbst findet der Kultus exquisiten Nachhall in einem nur oberflächlich mit dem Schmucknamen „Bona dea", gute Göttin, versehenen Weihegetränk; die Anhängerinnen des alten Fruchtbarkeitsglaubens wissen schon, was gemeint ist. Abermals sind die Ochsenbacherinnen sehr zu loben: Mittlerweile dürfen auch Männer davon kosten ...

Ein merkwürdiges Eingangstor ins Stromberger Rebenland: der Bahnhof von Vaihingen / Enz, ein Solitär in der Hügellandschaft, der alle Drohungen der Jahrhundertende-Architektur wahr macht. Leider wird er nicht alleine bleiben als steinernes Fanal der Sinnesleere; in nächster Nähe kündet bereits ein schwabenstolzes Schild vom „größten Gewerbegebiet im Raum Stuttgart!" Also schnell zwei, drei Kurven hinter sich gebracht, bevors zu spät ist – und da liegt es schon: Horrheim. Wiewohl ziemlich den Hügel hinan gewuchert, verkündet der Ort viel von der Menschenmöglichkeit harmonischer Entfaltung in überkommener Kulturlandschaft.

Zuvörderst sind es wohl Weingüter wie Faigle, die das Gemeinwesen recht lebendig erhalten. Hochbogig thront der neue Bau „am vorderen Weinberg." Eine quirlig-gastfreie Atmosphäre zieht kundige Kunden aus dem Pforzheimer, Heilbronner und Stuttgarter Raum in den Stromberg; sie wissen, was sie erwartet. Die Wein-

Ochsenbacher Mitschele

Rezept: Anja Merkle

Mit Grazie und List sieben wir ein Kilogramm naturverträglich gesprossenen Dinkelmehls mit der Kennziffer 550 in eine Schüssel, heben eine Mulde aus, zerlassen 250 g Butter (auch ökologisch!), welche abkühlen darf. Dann werden 500 ml Milch (bio, genau!) erwärmt, 1 Hefewürfel mit ½ TL Zucker und etwas von der lauen Milch angerührt und mit einer kleinen Menge des Mehls zu einem Vorteig verarbeitet, welcher 10 Min. abgedeckt ruhen muss. Ein ziemlich großes Eigelb wird hernach mit einer ordentlichen Prise Salz, der restlichen lauwarmen Milch und der zerlassenen Butter sowie einem Schuss Olivenöl und dem ganzen Rest zu einem Hefeteig verknetet. Das ist alles ein wenig anstrengend, weswegen wir erstmal ein paar Gläser Merkle-Sekt schlürfen müssen. (Nicht in den Teig tropfen!) Unterdessen hat es sich der abgedeckte Teig an einer warmen Stelle gemütlich gemacht und geht da 30 bis 45 Minuten so für sich hin. Nunmehr üben wir uns in der Kunst des Mitschele-Formens: wir stechen Teigstücke ab und formen sie auf einer bemehlten Platte zu 12 cm langen und 5 cm breiten Gebilden, die an den Enden zu kleinen Zipfeln gezupfelt werden. Aufs fettige Backblech mit ihnen, wo sie verdeckt noch eine Weile gehen dürfen. Abschließend mit Eigelb bestreichen und mit Schwarzkümmel und Fleur de Sel betreuseln. Inzwischen ist unser Ofen so weit und hat 180 Grad Umluft erreicht. 17 Minuten backen die Mitschele nun goldgelb und werden zum Wein gefuttert. Aber auch zum Frühstück. Weshalb es sich empfiehlt, das Weintrinken ins Frühstück übergehen zu lassen.

palette reicht von süffig-rustikal bis brillant-erlesen. Mit dem **Lamm** im Ortskern kann Horrheim einen weiteren guten Grund vorweisen, den Besuch um ein paar Stunden (oder Tage!) auszudehnen.

Auch drüben in Hohenhaslach besitzen die Faigles ein paar steile Lagen. Man teilt sich den Kirchberg mit einigen anderen Gütern, die ebenfalls eine Aufwartung rechtfertigen. Der noch ganz furchtbar junge Gerd Keller lässt so manches Hohenhaslacher Herz höher schlagen; wer weiß, ob nicht in drei bis fünf Jahren die Berggemeinde mit innovativen Spitzenprodukten prunken kann ... Baumgärtner und Weiberle sind zwei etablierte Betriebe. Im Tal duftet es aus der **Rose** gerade so, wie man es sich von einem schwäbischen Metzgerei-Gasthof erhofft.

Wie Hohenhaslachs Oberdorf so da liegt, hoch droben überm Rebhang, erinnert es ein wenig ans nordpfälzische Zellertal. Der Sortenspiegel freilich spricht Schwäbisch, grad wie sich's g'hört. Nach Ochsenbach hinüber führt ein Landsträßchen durch Wälder und Wiesen, entlang dem Kirbach, der nach Häfnerhaslach zu immer verwunschener, seltsamer, weltverlorener murmelt. Sogar in anderen Landstrichen eher unheimliche Einrichtungen wie Justizvollzugsanstalten erfahren hier eine gemütvolle Verniedlichung. „Ei Büble, du kummscht mr no ins Kelterle, wenn d' so weiter machscht!" mag wohl der Haushaltsvorstand seinen Nachwuchs reglementieren, wenn er mal wieder die Füllung aus der Maultasche popelt.

Hohenhaslach heißt der Ort nicht umsonst. Es geht wirklich steil hinauf. Inwieweit hier die Mümmelmänner durch besondere Humorigkeit auffallen, konnte nicht festgestellt werden.

Man will es gar nicht noch lauter sagen, denn an Sonntagnachmittagen wird offenbar, dass es ohnehin schon viele vernommen haben: Ochsenbach an sich ist ein ziemlicher Bringer. Mehr Fachwerkheimeligkeit, mehr friedlich besonnte Talesruhe als unterm Geigersberg wird man schwerlich irgendwo finden. Zum Glück gibt es ein Weingut, das den exakten Ausdruck für diesen Überreichtum an Schöpfersegen (nicht gleich mosern, wenn man mal ein bisschen fromm wird, OK?) gefunden hat. Georg und Anja Merkle haben es vermocht, ein Musterweingut in diesem Herrgottswinkel aufzubauen, dessen Strahlkraft die Fachjurys der Republik längst erreicht hat. Qualität und Design, Perfektion im Ausbau und humanitäre Gesinnung – hier stimmt alles zusammen, unterlegt vom beruhigenden Rhythmus des in den Geigersberg-Terrassen vor sich hin zirpenden Weinhähnchens. Das ist nun durchaus keine Coq-au-vin-Variante, sondern eine Zikade, die es vorzieht in Gegenden wie Nizza, Monaco oder Ochsenbach zu leben.

Bevor wir uns auf den ebenso anregenden wie langwierigen Marsch nach Häfnerhaslach machen, lassen wir uns im **Schwanen** von Gerlinde und Herbert Merkle in die Kunst einweihen, wie man traditionelle Landgasthofküche mit gehobenen Ansprüchen vereint, ohne die Seele ans Stuttgarter Industriemanagement zu verkaufen. Eine wundervolle Idee, die so genannten Küchenbüffets. Da darf man, was man sonst nie durfte: mit dem Teller in die Küche laufen und aus den Töpfen klauben, was der Schlund begehrt. – Und dann Augen auf für eines der letzten Tälchen in unserem diesigen Lande, das man als nahezu unberührt bezeichnen darf. Am Kirbachhof latschen die Gänse über die Fahrbahn, purzelige Kälbchen schmiegen sich an die Mama, die letzte Linienbusfahrerin hat ihren Hund dabei, der in Spaziergangsvorfreude in den Wind schnüffelt.

In Häfnerhaslach ist aber wirklich Schluss. Wer sich weiter gen Westen wagen will, muss entweder ein Auto haben, eine Kutsche – oder freundliche Genossen. Wie den multipel begabten Nebenerwerbswinzer Jürgen Haagen, dessen unverfälschte Weine von einem Leben erzählen, das nach anderem Zeitmaß verläuft als es unsere Epoche ihren Lebensabschnittsgefährten gemeinhin meint vorschreiben zu müssen.

Eindeutig, um welche Gastwirtschaft es sich da handelt. Besonders beliebt am „Tag des offenen Kochtopfs".

Weingut Faigle
Horrheim

Schön isch bei uns.

Zum Vorderen
Weinberg 44
Vaihingen-Horrheim
07042 34567
www.weingut-faigle.de

Kerstin Faigle:
Ein Glück für Horrheim.

Die Lernfähigkeit des Menschen ist ohne Maß. Ja, auch Nicht-Schwaben und -äbinnen haben die Chance zu kapieren, dass HTTL wundervoll schmeckt. – Das Kürzel steht übrigens nicht für ein neues Insektizid, sondern für halbtrockenen Trollinger-Lemberger. – Wie bei so vielen Dingen, zumal Genussmitteln, muss man halt über die Begleitumstände und Formen Bescheid wissen. (Oder gehören Sie auch zu denjenigen, die in der S-Bahn kaltes Sauerkraut mit der Gabel aus der Dose kratzen?) Wir bedürfen also: eines gedeckten Erntehelfertischs, einer großen Portion Erntehelfer natürlich, einer leichten Kühlung (des Weines, nicht der Erntehelfer), eines spätzlereichen Erntehelferessens – und eines Seniorchefs wie Willi Faigle, der die geheimsten Wünsche der Journaille errät: „Wollet Ihr was mitesse?"

Das Weingut Faigle zu Horrheim markiert ziemlich genau den Gegenteilsbereich zu jenen selbst ernannten Spitzenweingütern in selbst ernannten Spitzenweinregionen, wo eitle Motzkoffer hinterm Probiertresen mit überteuerten Gesöffen geizen. Die Stimmung im Faigle'schen Kosmos muss entschieden als ansteckend, ja mitreißend bezeichnet werden. Ein urdemokratisches Element öffnet die Tore für die unterschiedlichsten Trinkerschichten.

Selbst im Vesperwein-Sektor sind die Qualitäten tadellos. Sämtliche Lemberger-Trauben werden halbiert und ausgelesen. Für den Festtagsfall gewandet sich der Premium-Wein entsprechend: andere Flasche, anderer Auftritt. Faigles Lemberger Spätlese '03 hat Tiefenwirkung, fasziniert mit kräutrigen und rauchigen Elementen. „Weil mir au viel Sache machet, die das ganz aufwerten," wie Kerstin Faigle zu verstehen gibt, bestehen keine Absatzprobleme: Besenwirtschaft, Geschenkideen, Spezial-Brände – wie der zwei Jahre im Holzfass gereifte Trollinger-Weinbrand – all das spricht sich irgendwann herum.

Lehrstunde im Weinberg.
Vom Biegen und Ausbrechen der Reben.

Trotzdem hält Ehegatte Dieter Faigle einen „Gefälligkeitslieferservice" vor, um die Stammkunden in der Umgebung zu verhätscheln. Inzwischen führt der gelernte Weinbautechniker und Kellermeister den vom Vater aufgebauten Betrieb mit Emsigkeit, Hingabe und guter Laune. Seine Weinbaupolitik der ruhigen Hand erscheint umso bemerkenswerter, als eine Vielzahl von Simultanbelastungen den Arbeitsalltag prägt. Indes die Erntemannschaft gemütlich zum zweiten Viertele übergeht, steht Dieter Faigle schon wieder am Entrapper.

Ohne die beschwingte Mitarbeit von Ehefrau Kerstin und den Eltern Willi und Heide wäre das alles wohl nicht möglich; und weitere Entlastung sitzt schon im Kettcar bereit ...

Wer weiß, vielleicht ist es ein gelegentlicher Schluck vom hauseigenen Kräuterlikör namens Eros, was die Faigles mit solch unverwüstlicher Energie versorgt. Von 6 Hektar wird ein auffallend buntes Programm gekeltert. Als Einsteigertropfen wäre ein Schiller vom Horrheimer Klosterberg zu empfehlen. „Gib mir die volle Frucht!" würden zeitgenössische Werbetexter wahrscheinlich auf die Flasche pinnen. Dieter Faigle ist ein wahrer Mediator zwischen mineralischer Trockenheit und Fruchtfülle. Und er scheut auch vor drastischen Maßnahmen nicht zurück: Indes der Spätburgunder Spätlese 2004 zu durchaus leichtsinnigen Vergnügungen verleitet, stellt sein Jahrgangsvorgänger andere Aufgaben, die den ganzen Mann fordern. Von 8 bis 10 Trauben am Stock auf zwei reduziert, wird hier ein Qualitätsanspruch erhoben und zugleich eingelöst, den man früher im Stromberg nicht ohne weiteres erwartet hätte. Keinesfalls vergessen dürfen wir den Klosterberg Riesling von 2003, eine echte Überraschung für jene Freunde der Rebsorte, die ein bisschen Temperament ganz gut vertragen können und nicht nur aufs Furztrocken-Blasierte beschränkt bleiben.

Wer weiß, manchmal geschehen die bahnbrechenden Innovationen so nebenbei. Der Blanc de Noir vom Trollinger könnte dazu angetan sein, ein urban-trendgesteuertes Publikum zu dieser gern gescholtenen Sorte zu bekehren. Der weiße Trollinger aus 2006 hat eigentlich alles, was die Crossover-Küche erheischt. Rundlich, pikant, mit einem neckischen Süßstich – wer dächte da nicht an irgend so was mit Kokosmilch, Garnelen und Bananen ...? Sein roter Bruder gewann sogar den Trollinger-Preis des renommierten „Handelblatts". Eine weitere Neuentwicklung: der Lemberger Spätlese Barrique (2005) abgefüllt in der Sonderflasche, versehen mit einem fulminanten Namen: Keuperblut.

All dies geschieht mit einer Gelassenheit und heiteren Selbstverständlichkeit, die staunen macht. Horrheim – ein erfreulich funktionierendes Mirkosozialsystem mit kulinarisch-vinologischem Wiederholungswert. Wie heißt noch diese Ausflugsreihe in den dritten Programmen? „Nix wie hin!"

Weingut Georg und Anja Merkle
Ochsenbach

Nach meiner biologischen Auffassung muss der Wein auf der Maische gären.

Es führt eine goldene Spur unter dem Weingut von Georg und Anja Merkle entlang; da und dort bricht sie nach oben durch und erscheint auf Etiketten in Form verspielter Dächlein oder im Prunkspiegel des Festsaals. Inwieweit dies mit jenem sagenhaften Ochsenbacher Fruchtbarkeitskult zusammenhängt, dem im hoch prämierten Rotwein BONA DEA (gute Göttin) Reverenz erwiesen wird, konnten wir nicht sicher feststellen. Jedoch fällt auf, dass eine Atmosphäre gesteigerten Wohllebens, intensiver Genussfreudigkeit das Haus durchzieht; scheinbar haben die Merkles nicht nur Talent zum Weinbau, sondern auch zum Glück.

Ein herzogliches Jagdschloss stand dereinst im Kirbachtal. Es ist abgebrannt – soll man sagen: leider? Denn wehe, wenn sich so etwas herumspricht. Dann geht es bald zu wie in Mespelbrunn, wo Busladung um Busladung die unwahrscheinliche Waldeseinsamkeit bestaunt. Vielleicht war der Verlust ihrer bedeu-

Blankenhornstraße 12-14
Sachsenheim-Ochsenbach
07046 7677
www.weingut-merkle.de

Madonna des Weins und der Hefeschnecken:
Anja Merkle und das Paradies auf Erden.

tendsten Sehenswürdigkeit zugleich der größte Glücksfall für die Stromberger ... Und – typisch für das Haus Merkle – eine steinerne Reminiszenz wurde gerettet und über dem Türsturz angebracht: ein barocker Wasserspeier in Form eines Löwenkopfes, der die Fülle des Imaginären über den Eintretenden ausgießt.

Während der unterhaltsam-abwechslungsreichen Weinprobe – die nach oben offene Merkle-Skala verzeichnet verwirrende Werte – werden periodisch selbstgehexte Kaninchen-, Quitten- oder Käsecrèmehäppchen herum gereicht, wie dies früher in großbürgerlichen Häusern der Fall war. Ach was, Hexerei! Anja Merkle macht nicht viel Bohai um ihre Kochkünste. „Ist wirklich alles ganz einfach – wenn man sich's traut." Es gibt nicht viele Kochbücher, auf die man noch warten würde (schon gar nicht auf noch so eine Promi-Schwarte „Leckeres aus Magermilch" oder „Gurgel dich gesund mit Gurkenbrühe"); die Gattin des Winzers aber hätte allerlei Kaum-Erforschtes beizutragen aus dem Grenzbereich zwischen Regionalküche, Slow Food und Top-Cuisine. Überdies zeichnet sie verantwortlich für das aufmunternde, lebensfestliche Design des Weinguts.

„Wir können uns vollkommen aufeinander verlassen," stellt denn auch Georg Merkle klar. Das tut gut, wenn Ehepartner einmal auf diese Weise über- und miteinander reden. (Vielleicht doch eine Folgewirkung muttergottheitlichen Segens?) „Mir schaffe zwar viel und gern – aber irgendwie muss alles flutsche." Und ob es flutscht. Seit der Selbständigkeit 1988 kam immer mehr dazu: Firmenpräsentservice, umfangreiche kulinarische Abende, neue Sorten wurden gepflanzt, neue Verfahren erprobt, neue Erfahrungen ausgewertet ... Georg Merkle strahlt dabei eine heitere Zuversicht aus, dass man geneigt ist zu prognostizieren: So einer weiß immer, was er tut.

Wenn man zum ersten Mal die Merkle'sche Wein-Basilika betritt und das Rolltor steht offen, kippt man umstandslos aus den Latschen. Der Blick fällt direkt auf den Geigersberg (Kultur- und Landschaftspreis!), in dessen teilterrassierten Hängen das Weinhähnchen vor sich hin zirpt – eine Art akustisches Gütezeichen für Weinbau an besonders warmen Stellen. Das hat sich Anja Merkle natürlich nicht entgehen lassen: Eine Serie

Und dann und wann schaut der Papa herein.
Wenn doch überall die Jugend so wohl geriete ...

Neuzeitlicher Degustationspalast.
Anja Merkle als Goldmariechen.

anspruchsvollster Auslese-Kreszenzen wird – natürlich goldunterlegt – von dem filigranen Emblem geziert. Gold zieht Gold an. So hat die Zeitschrift Weinwelt die 2003er Müller-Thurgau Auslese herrausragend als den besten Württemberger überhaupt klassifiziert. Weitere Preise tapezieren die Probierstätte flächendeckend; so der zweifache Vaihinger Löwe 2007, einmal für den trockenen, einmal für den restsüßen Lemberger aus 2005.

Zur epikureischen Seite des Weinguts passt der Auftritt in der Secco-Liga besonders gut. International konkurrenzfähige Produkte werden aufgeboten: Der „Perlissimo" vom Schillerwein (!) dürfte die Züge auch des ungnädigsten Misanthropen spontan erhellen. „La dolce passione" heißt eine perlsüße Unglaublichkeit, über die wir aus Jugendschutzgründen an dieser Stelle nichts weiter verlautbaren lassen dürfen.

Südländisch-sommerduftig umlullt die Rosé Spätburgunder Spätlese das stille werdende Gemüt. Georg Merkle versteht sich auf die „Interpretation von Weinstilen" wie ein scholastischer Exeget auf die von Bibeltexten. Im Bottich gärt ein Samtrot kühl vor sich hin; aus dem wird einmal ein Blanc de Noir werden. – „Kurz bevor es ins Bräunliche geht, fängt Spätburgunder an." Nun ja, beim 2001er aus genannter Sorte versteht man, was Merkle meint; vollreif, sortentypisch-hochkomplex, ein weiterführender Diskussionsbeitrag. Und natürlich schnell ausverkauft. (Nebenbei denkt man auch an den Duft von Oma Annas Heidelbeerhefekuchen.)

Prost, auf uns!
Die Merkles und ihre neu erbaute Wein-Apsis.

Entsprechung von Form und Inhalt:
Festlich designter Merkle-Sekt.

„Ein Wein, der Sie fordert!" Oha! Pinot Meunier, Schwarzriesling. Für 2003 überraschend trocken, 2004 opulent in Samt und Seide. Gediegene Weinführer würden von großem Potenzial raunen. – Preislich superfair wurde bei der prämierten Dornfelder-Spätlese „Sandro" kalkuliert. (Die Tochter heißt übrigens Isabel und ist ein Gewürztraminer – in ihrer weinigen Erscheinungsform.) Mit Auszeichnungen, Urkunden, Orden könnten sich die Merkles allmählich die Verkostungsstube tapezieren. (Zumal bei „Mundus Vini" sind sie auf die vordersten Plätze abonniert.) Andererseits sind wir uns sicher, dass Anja Merkle für die anstehende Renovierung etwas noch viel Hübscheres einfallen wird.

Nun also zum Lemberger: schon Arm in Arm mit dem Trollinger ungewöhnlich dicht, mandel-nussig (Maischegärung), sortentypisch grünpfeffrig. Als 2003er pur gibt er sich die volle Brombeere. Und dann wären wir wieder mal bei der Göttin. BONA DEA 2001 war eine der besten Cuvées Württembergs (Mundus Vini). 2002 besteht sie zu 100% aus Lemberger, 2003 ist es dann wieder eine Cuvée. Alles in allem: ein flüssiges Lehrbuch für den Gebrauch von Barriques. „Ein guter Roter muss über zwei Sommer gehn." Georg Merkle erinnert an eine nicht nur im Schwabenland geläufige Regel. Wer's aber fertig brächte, sollte diese gute Göttin mal 10 Jahre lang überhaupt nicht anrühren. Es bestünde dann allerdings im Augenblick der Öffnung die Gefahr, entweder wahnsinnig zu werden – oder aber furchtbar fromm.

Feststimmung:
Anja und Georg Merkle heiligen den Feiertag. Wenn sie nicht gerade am Schaffen sind.

Weinbau Jürgen Haagen
Häfnerhaslach

Mir gucke abends de Rehe zu.

„Bin angelangt." Lapidar, erschöpft, erleichtert notiert es der Dichter Karl Wolfskehl nach seiner Ankunft im neuseeländischen Exil. Nicht ohne Fug ließe sich behaupten, im tiefsten Innern des Stromberg sei man heutzutage „weiter draußen" als auf irgendwelchen Australien vorgelagerten Inselgruppen. Wenn das Abendläuten widerstrebend verstummt, wird das Tal geflutet von einer fast jenseitigen Stille. Selbst die Luft schmeckt besser als man sich erinnern kann, dies irgendwo sonst erfahren zu haben; wie mag's da erst um den Wein bestellt sein ...

„I geh net ins Geschäft zum Maschine kaufe," räumt Jürgen Haagen selbstbewusst ein. Kellerspielereien nötigen ihm bestenfalls ein Achselzucken ab. Komplett in offener Maischegärung entwickeln sich seine Roten. Interessantes Beispiel: der 2003er Trollinger, dessen Süßstich nicht limonadig, sondern extraktbetont anmutet. Ungekünstelt-geradeaus streckt sich einem der Riesling aus der Flasche entgegen, würzig und luftig – ein Abbild seiner Abkunft.

„Mei Eltern komme aus 'rem Vesperwirtschäftle raus." Dies ist keine abendliche Situationsbeschreibung, son-

Weinbau Haagen
Sternenfelser Straße 20
Sachsenheim-Häfnerhaslach
07046 6202

Nicht Kai in der Kiste, sondern Pitt im Edelstahltank. Auch bei Haagens sitzt die nächste Generation schon in den Startlöchern.

Frühfrühlingslicht. Abendfriede über dem Kirchturm zu Häfnerhaslach, einer der kleinsten Weinbaugemeinden im Stromberg, wo Jürgen Haagen zu den letzten „Privaten" gehört.

dern ein Hinweis auf die rustikalen Verköstigungstraditionen der Familie. Hinzu tritt eine überragende handwerkliche Geschicklichkeit. Es sind nicht mehr viele, die aus Natursteinen einen Gewölbekeller mauern können – schon gar nicht in Feierabendarbeit und über 350 Stunden. Dort haben jetzt die Fässer alles, was sie brauchen: Feuchtigkeit, gleichbleibende Kühle – und viel Ruhe. Bescheidenheit und Akkuratesse – diese Kombination steht einem kleinen Weinbaubetrieb weitab der vielbefahrenen Verkehrswege nicht übel zu Gesicht.

Hauptsache, die Mannschaft fährt die Punkte ein ...
Teamwork bei Weinbau Haagen.

Mit 22 Jahren hat sich Jürgen Haagen die ersten Weinberge gekauft. Die waldreiche Umgebung lässt den Heiligenberg umso deutlicher hervortreten. Oben im Wald, über den Reben, liegt der große Heiligenbergsee, der nicht nur bei der einheimischen Jugend als Badeort meistbeliebt ist. Nicht nur zum Ortsvorsteher von Häfnerhaslach ist Haagen avanciert; es ziert ihn auch der barocke Titel des Vorstands der Spritzgemeinschaft. „Ein myteriöses Bild – aber nur von außen" bietet sich dem Betrachter, wenn die Spritzwagen in windstiller Nacht die steilen Reihen abfahren. 26 Hektar sind es noch. Und es ist dem Engagement solcher Winzer wie Jürgen Haagen zu verdanken, dass dieses Charakteristikum für Häfnerhaslach erhalten bleibt.

Gemeinsam mit seiner Gattin plant Jürgen Haagen die teilweise Rückkehr zu Familienwurzeln: Ein Weinprobierraum soll Gästen aus Dorf und Umland vergnügliche Abende bescheren – mit Speisen und Weinen, die es so nur im Kirbachtal gibt.

Graue Nebel wallen ...
Jürgen Haagen mit guter Beute.

Die Leber Schwabens

Mühlhausen – Roßwag –
Gündelbach – Schützingen

ROUTE 14

Es macht sich immer gut, mehrzeilige lateinische Zitate in kulturhistorisch wenig belangvolle Betrachtungen einzuflechten. Zum einen signalisiert man auf diese Weise nonchalant, dass man sich mit dem Erwerb des Großen Latinums nie zufrieden gegeben hat, sondern auch heute noch seinen Ovid elegant und versmaßgerecht zu übersetzen vermöchte; zum andern wird dem rezipierenden Geiste ein gewisses Unterlegenheitsgefühl eingepfropft, womit gleichsam eine doppelte Respektwirkung erzielt wäre. Aus vorgenannten Gründen sehen wir von einer Originalschilderung des Steinbachhofs im 12. Jahrhundert ab. Als die Maulbronner Zisterzienser das (folglich noch ältere!) verfallene Bauerngut vom Bistum Speyer übernahmen, muss eine Ansammlung von Naturschrecknissen den Ort verrufen gemacht haben. Öd, wild, menschenleer, umwest von Bestien – so fangen eigentlich Horrorfilme an. Wir wollen die Geduld und Schaffenskraft der Mönche und Laienbrüder preisen, die solche Irrnis in einen Fruchtgarten verwandelt haben – selbstverständlich nicht ohne an den passenden Stellen Wein anzupflanzen. Von der ungeheuren Härte dieses

Von Hand.
Arbeiter im Weinberg, von Terrasse zu Terrasse.

Die Orgeln der Stille.
Roßwag, weitab jeglicher Betriebsamkeit, zählt zu den kuscheligsten Dörfern Baden-Württembergs.

selbstgegebenen Auftrags macht sich heute kein Mensch mehr Vorstellungen. Außer vielleicht, man ist Winzer, und die Lese geht in die vierte Woche.

Denn auch dies soll einmal unmissverständlich unterliniert werden. Traubenernte ist auch heutzutage – zumal für Familienbetriebe – eine ungemeine Schinderei. Nach den Strapazen der Handlese die genaue Kontrolle der Maschinen; die ersten, so wichtigen Arbeitsprozesse Richtung Keller; gleichzeitig Instruktion und Betreuung der Lesehelferschar; ständige Nässe und Kälte, überall plätschert's, brummt's und klebt's; Nachtarbeit plus Frühschicht plus Nachtarbeit in schönstem Wechsel; Kunden erwarten Einblicke, Handwerker verlangen Anweisung und Bezahlung, da geht etwas kaputt, dort funktioniert etwas nicht wie geplant ... Wenn dann noch ein Rudel Weinjournalisten auftritt und erheischt eine gemütliche Probe samt Interview und Fototermin, – möglichst authentisch bitte, aber nicht so verbissen! –, bedeutet es schon ein Herkuleswerk, die gute Laune zu behalten. Zu erklären ist das nicht, aber vielen gelingt's.

Ach ja, die Erntehelfer und -innen! Wir wollen uns an dieser Stelle zu einem Appell aufschwingen, Großweingüter nicht mehr zu unterstützen, die den Geplagten des Weinbergs die kärglich berechnete Pause vom Lohn abziehen. Im Kraichgau-Stromberg haben wir das noch nicht erlebt, aber in vielen ach so gewichtigen Weinregionen: keine Vesper, kein eines Schlückchen vom Gutseigenen, ja sogar Weinverbot im Weinberg, nirgendwo lange Tische zwischen den Reben, kein Gelächter, Gefeixe, Gesang. Zweifelsohne ist ein Winzerbetrieb während der Lesezeit kein Romantik-Hotel; aber die vielen fleißigen Ungenannten unverköstigt zu lassen: Pfui Spinne, das ist wie dem Weingott ins Gesicht gehustet. Und so was rächt sich ...

Ach übrigens, noch was Schönes zum Ausgleich. Einmal ungeachtet der Frömmigkeitsregeln, wären die alten Mönche sicher gerührt, den mit so viel Mühe aufgebauten Steinbachhof bei Gündelbach heutigentags wieder zu sehen. Er ist zu einem der schmucksten Weingüter Baden-Württembergs geworden. Sage noch einer, die Gnade des HErrn währe nicht ewiglich.

Wenn man oben rein fährt, glaubt man gar nicht, wie hübsch es unten aussieht. Vaihingens Altstadt, ge-

Tübingen? Lindau? Dinkelsbühl?
Nein: Vaihingen an der Enz mit überraschender Altstadt.

Jederzeit rekultivierbar: Preisgegebene Terrassen an der Enz.

öffnet zur Schleifen flechtenden Enz, kann es durchaus aufnehmen mit Tübingen oder Marbach. Der größte Reichtum aber liegt wohl in den eingemeindeten Dörfern. Dort konzentriert sich qualitätsorientierte Weinbautätigkeit wie in kaum einer anderen Großgemeinde. Freilich mutet es ein wenig drastisch an, hier von der „Leber Schwabens" zu sprechen; einerseits gehören ein, zwei Viertele in diesen Breiten tatsächlich noch zu jeder Mahlzeit hinzu – andererseits sei auf die reinigende Funktion jenes empfindlichen Organs verwiesen: Wer beladen mit all dem Dreck, den unsere urbane Zivilisation so überreich über uns ausschüttet, in Mühlhausen ankommt, durch die Terrassenanlagen spaziert, in Roßwag einkehrt, sich in den Gündelbacher Weinhöfen umtut und auch Schützingen nicht auslässt, dürfte gehoben, geläutert und gespült seinen Lebensweg fortsetzen.

Der Anblick der terrassierten Weinberge bei Mühlhausen und Roßwag zerrt einen durch die Windschutz-

DER SPAZIERGANG Auch wenn es notorische Zweifler immer noch nicht glauben mögen: Wiederum führt ein Wanderweg parallel zur Straße, man muss nur ein wenig suchen – in diesem Fall von Hohenhaslach nach Ochsenbach, und zwar in gehörigem Abstand. Das wäre eigentlich schon schön genug. Wer aber vor echten Abenteuern nicht zurückschreckt, sollte einmal von Häfnerhaslach aus das Kirbachtal durchwandern, durch den Wald nach Diefenbach. Dann hat er / sie sich zwei, drei Portionen Kutteln im „Ochsen" verdient (mit Zimt!). Und wie erwähnt: Der Spazierweg von Mühlhausen nach Rosswag (oder auch andersrum) dürfte in unseren Gauen gänzlich vergleichslos genannt werden.

27 Kilometer Terrassenmauern:
Die Reblandschaft zwischen Roßwag und Mühlhausen findet in Deutschland nicht ihresgleichen.

scheibe. Man muss einfach aussteigen und an der wild mäandrierenden Enz entlangspazieren. Die deutsche Gewohnheit, jedwedes Flüsschen beidseitig mit Autostraßen abzuschnüren, wurde hier gottlob einmal außer Kraft gesetzt. Spektakulär erheben sich die Muschelkalkfelsen. Einsam in der Höhe schwebt manches Winzerlein, preisgegeben den Elementen. Wenn man bedenkt, dass ein Dreifaches an Arbeitseinsatz notwendig ist, um an solchen Stellen Rebbau zu betreiben, wird man das Engagement der Genossenschaftskellerei Roßwag-Mühlhausen (Schützingen inklusive), die hier für den Großteil verantwortlich zeichnet, umso höher schätzen. Man macht das für Winzergenossenschaften einzig Richtige: ein breit angelegtes Sortiment mit günstigen, sauberen Basisweinen vorhalten, gleichzeitig jedoch mit Spezialitäten nach oben vordringen.

Roßwag hat noch viel mehr vorzuweisen: Ein Fachwerkdörfchen mit strubbeligen Vorgärten, hingekuschelt unter den Trockenmauer-Weinberg – derart reizend, dass es den Verfasser vor Jahren inspirierte, die erste der „Weinwanderungen des Conde Guelmo" im „Wein

Gourmet" an dieser Stelle beginnen zu lassen. Krone, **Adler, Lamm** hießen ganz klassisch die Gaststuben; unwillkürlich denkt man an Hugo von Hofmannsthal, der vor hundert Jahren gedichtet hat: „Den Erben lass verschwenden / an Adler, Lamm und Pfau / das Salböl aus den Händen / der toten, alten Frau." Mit anhaltendem Bedauern mussten wir Anfang 2007 feststellen, dass die herrliche alte „Krone" verwaist war. Wer wird sie sich wieder aufzusetzen wagen?

Neben einer Vielzahl von Nebenerwerbswinzern halten sich eine Handvoll Selbstvermarkter im Steilhang. Zimmermann und Gille sind zwei Geheimtipps benamt, die von Einheimischen und Weintouristen gern aufgesucht werden. Norwin Gille nutzt die intensive Mineralität der Muschelkalkböden für langlebige Erzeugnisse. Wer hätte gedacht, dass ein Müller-Thurgau nach sieben Jahren zugleich einladend-frisch und komplex gereift schmecken kann? **Gilles Besen** scheint wie von Zauberhand besonders gut zu kehren: und zwar die Gäste in die niedere Stube hinein, noch bevor überhaupt geöffnet wurde. Sprich: Voll ist sowieso, doch die Dehnbarkeit des Fassungsvermögens annähernd magisch.

Gündelbach, ein paar Kilometer nördlich hinterm Wald gelegen, zählt gleich zwei Höfe, die es in Württemberg an die Spitze geschafft haben. Seit vielen Jahren ein Hauptanziehungspunkt für die Region, ebenso stark in Rot wie Weiß, gibt der Sonnenhof ein Paradebeispiel ab, wie ein Familienweingut auch außerhalb der berühmtesten Weinbaugebiete in Weinberg und Keller nahezu Vollkommenheit erreichen kann. Ohne Zweifel, hier brummt der Laden! Aber nicht so laut, dass es die sensiblen flüssigen Geschöpfe im Dämmerschlaf der Reife zu stören vermöchte.

Kuttelsuppe

Inspiration:
Krone, Roßwag

Vom kuttelkundigen Metzger vorbehandelte, geschnittene Kutteln verwenden (außer sie lieben es, wenn Ihre Wohnung nach Scheiße stinkt). Diese mit Zwiebeln in Butterschmalz andünsten, bemehlen, mit Riesling und Brühe aufgießen und mit Lorbeer, Wacholder, Pfeffer, Salz und Muskat würzen und so lange ziehen lassen, bis sie weich sind. Mit süßer Sahne abschmecken.

Voralpenlandschaft
bei Schützingen.

Noch tiefer drin im Tale, an historischer Stätte, steht der Steinbachhof: Von so etwas träumt man wohl, wenn man in grauer Städte Mauern Idealvorstellungen vom Leben auf dem Lande hegt. Übrigens gehen solche Träume manchmal in Erfüllung, wie sich am Lebenslauf der Nanna Eißler aus Berlin ablesen lässt. Gemeinsam mit ihrem Gatten Ulrich zeichnet sie verantwortlich für charakterstarke Weine mit unverwechselbarem Säurespiel.

Von Freitag bis Sonntag hat der ausgehungerte Wanderer Glück. Dann kann er im **Lamm**, einem auffälligen Wirtshaus mit wunderschön geschmiedetem Schild, erleben, wie sich Dorfgemeinschaft und Naherholungstourismus harmonisch ergänzen. Schnitzel und Siedfleisch, Rauchfleisch und Sonntagsbraten (Rind und Schwein vereint zusammen ...), sie werden umspült von selbstgebauten Weinen.

Wer nun kein Auto hat, der kriegt auch keines mehr. Wir sind an der Besiedlungsgrenze angekommen. Dabei ist es dringend erforderlich, Schützingen mit seiner Fachwerk-Hauptstraße zu besuchen. Nicht nur die Roßwager WG pflegt hier den Rebbau, auch zwei mittelgroße Weingüter haben Feines vorzuweisen: Zaiß und Häge. In der Krone, einer heftig besuchten Anbetungsstätte für göttliche Kutteln mit Bratkartoffeln, lassen sich die Tropfen genießen. Die Häges sind wohl das einzige Weingut mit weiblichen und männlichen Weinen. Ilse Häge betreibt ökologischen Weinbau, Mann Johannes naturschonenden; dafür obliegt ihm die Bearbeitung des herrlichen Closterweinbergs oberhalb vom Kloster Maulbronn. Sowohl sein Mitwinzer Jaggy aus Ötisheim als auch Häge selbst beweisen, dass hier eine Top-Lage rekultiviert worden ist. Und zwar mit mönchisch-arbeitsintensiven Trockenmauern. Damit hat man in dieser Gegend ja Erfahrung.

Fast schon Karl May: zackige Kalksteinfelsen über Enz-Schleife.

Genossenschaftskellerei Roßwag-Mühlhausen
Vaihingen/Enz-Roßwag

Das liegt so heimelig unter der Steillage.

Man merkt das meistens ganz schnell, ob gedungene Öffentlichkeitsarbeiter platte Slogans von sich geben oder ob Menschen aus der Mitte der Dinge heraus für ihre Liebe zu Land und Produkten Worte suchen. Ulrich Allmendinger, Vorstandsvorsitzender der Genossenschaftskellerei, und Kellermeister Jürgen Essig lieben Roßwag. Und es schwingt etwas mit wie Dankbarkeit, hier leben zu dürfen, wenn sie die geheimen Pfade durch die „Halde" preisen, vom Roßwager Roten schwärmen oder die „sehr gute Infrastruktur" des Ortes loben. Wer so emotional verflochten mit den Gegebenheiten seiner Arbeit zu Werke geht, wird keine seelenlose Ware produzieren. Im Gegenteil, die Ergebnisse werden über das ökonomisch Machbare hinausweisen. Mit Fug kann man die Roßwager, Mühlhausener und Schützinger Winzer als Kulturarbeiter bezeichnen. Nicht nur die mordsmäßig schwere Arbeit zur Erhaltung der 27 Kilometer Trockenmauern (!) (!!), auch die Neukonzeption repräsentativer Bauten gehört zu den hiesigen Besonderheiten.

In Zeiten, da andere Genossenschaften zweckorientierte Profanstbauten errichteten, hatte man hier schon so viel Gespür, einen stilvollen Festsaal mit Holzkassettendecke zu bauen. Das aktuelle Großprojekt: ein neues Kellereigebäude – aber keine schlichte Fabrikanlage, sondern mit Kreuzgewölbekeller! „Im touristischen Sinn auch was bieten" will Ulrich Allmendinger. Dazu gehört auch der Umbau des ehemaligen Backhauses in eine Wein-Begegnungsstätte; eine beispielhafte Aktion.

„Wir müssen den Ausbau dem Wein anpassen," beschreibt Jürgen Essig seine Verfahrensweise. Er hat den großen Bogen zu spannen zwischen solchen Kolossen wie dem beim „Vaihinger Löwen" mit dem ersten Platz ausgezeichneten Lemberger und bestens trinkbaren Alltagsweinen für den Vierteles-Freund. Mit über hundert

Manfred-Behr-Straße 34
Vaihingen/Enz-Roßwag
07042 2950
www.wein-rosswag.de

Das Enztal gehört nicht zum Kraichgau, doch manchmal lohnt sich ein Blick über die südliche Gebietsgrenze.

Hektar in aufwändigsten Terrassensteillagen ist schon der logistische Aufwand exorbitant.

Mit feinem Süd- und Süßstich bezwingt der Trollinger Kabinett auch hartnäckige Verächter dieser Rebsorte – dabei hat man zugleich das Empfinden, einen reinen Naturwein zu schlürfen. Auf derselben Stufe steht der Lemberger trocken aus 2003, ungesäuert trotz Dauersonneneinstrahlung. „Dann wäre er mir zu spitz, zu grasig," wägt Jürgen Essig die Methoden ab. Im Zweifel weniger, das gilt für den Einsatz von Kellertechniken auch in Abläufen von solcher Größenordnung.

Selbstverständlich wird sich die Neugier nicht zuletzt auf den Spätburgunder richten. Auf Muschelkalk gewachsen, das muss doch was sein! Ist es auch, keine Sorge. Die Spätburgunder Auslese von 2003 könnte sich mit ihrer hyperintensiven Art überall durchsetzen, dem Franzosen ein „à la bonheur!", dem Briten ein „O my goodness!" und dem Rheinländer ein „Boah, ey!" entlocken. Ja genau, solche Weine wollen wir von den Roßwager und Mühlhausener Halden! Und es gibt noch viel zu entdecken ... vom Barrique-Cabernet Mitos über den Traminer-Sekt bis zum Helfensteiner oder Samtrot.

Einem, den wir seit der ersten Route kennen, begegnen wir natürlich auch im Enztal wieder: „Der Kalkboden liefert in der Regel den besten Wein, (...) weil er die steilsten Abdachungen hat, größtenteils concave Weinlagen bildet ... Man besuche Roßwag und Mühlhausen an der Enz, man mag sich umsehen, wo man will, nirgends wird man diesem Ähnliches, außer in Württemberg finden." Hat er mal wieder Recht gehabt, der Herr Bronner aus Wiesloch. Auch nach 170 Jahren würde er wiedererkennen, was ihn damals in Roßwag so beeindruckt hat. Dank des Einsatzes der Genossen und all ihrer Vorreiter und Mitstreiter.

Weder Provence noch Mittelrhein: Felsformationen zwischen Roßwag und Mühlhausen.

Weingut Norwin Gille
Roßwag

Es war'n so schöne Traube.

Nicht alles, was anstrengt, macht auch glücklich. Mit dem Terrassenweinbau scheint das aber eine andere Sache zu sein; zumindest wenn man Norwin Gille begegnet, hat man unmittelbar den Eindruck, dass einer tut, wofür ihn der Herrgott auf Erden gesandt hat. Eine zupackende Munterkeit vermittelt sich sofort, wenn man den adretten, immer lebendigen Hof betritt. Man vergleiche einmal den psychosomatischen Effekt eines solchen Wein-Einkaufs mit sonstigem Shopping in Baumärkten, Einkaufszentren oder Möbelhäusern …

„Roßwager Stäffele" heißt die heiß begehrte Besenwirtschaft, worin wir noch einmal eine Steigerung jenes positiven Lebensgefühls zu verspüren meinen. „E guts Kraut hemmer; aber's Rezept verrate merr net." Es muss halt auch Grenzen geben zwischen inner circle und Fan-Club … Erstaunlich und zur Nachahmung empfohlen: Als Spezialität gilt hier die mündliche Vereinigung von Sauerkraut mit Schnitzel, zwei Lieblingen des Deutschen Besens. Sonst gehen sie sich immer aus dem Weg – dabei sind sie ein Traumpaar! Eines unter vielen. Denn das Sauerkraut geht gern mal fremd bei Gilles: mit dem einschmiegsamen Salzfleisch etwa. Oder mit dem „Ripple," einem kolossalen Saftbolzen.

Freilich ist Ehefrau Monika Gille zur Besenzeit extrem gefordert. „Wennn dann manchmal abends Ruh isch, isch auch schön." Kann man verstehen. Zuvor aber wird zentnerweise Rauchfleisch gesäbelt und Bratwurst gebrutzelt. Und Gsälzbrot geschmiert … Sie wissen nicht, was das ist? Also zunächst mal: nix Salziges. Man könnte es auch Marmeladenbrot nennen. Was vielleicht schon wieder auf eine falsche Fährte führt. Denn weder das Brot, noch die hausgemachte Marmelade gehören auch nur annähernd in die gleiche Gattung wie der übliche Kram aus Agrarindustrieschrott und Fruchtsurrogaten, der das Frühstück des Städters gemeinhin ziert.

Mühlhäuser Straße 7
Vaihingen/Enz-Roßwag
07042 25005

Solche Winzer braucht das Land: Norwin Gille, in punkto Lebensfreuden nicht wegzudenken aus Roßwag.

Roßwag ist einzigartig. Es kann ja gar nicht anders sein, als dass die Besonderheit seiner Lage, das Geschützte, zugleich dramatisch Aufragende, nicht auch auf die Menschen irgendeinen Einfluss gewönne. Ein Nachbar der Gilles hatte bis vor kurzem noch eine Wagnerwerkstatt, ein anderer schmiedete Verse zur höheren Ehre der Roßwager Sphäre. – Angenommen, Sie wären Winzer und müssten sich dieser Aufgabe stellen: Einer der herrlichsten Weinberge im Land, Muschelkalk, ausgesprochen mildes Klima ... Was würden Sie tun?

Am allerbesten, erst einmal Norwin Gille fragen. Der würde Sie schon versorgen mit der nötigen Portion Gelassenheit. „Wir machen das alles immer noch ganz einfach." Nur nichts erzwingen wollen. Und aufpassen: Bei Regen, da steigt die Unfallgefahr in den Steillagen. Silvaner, Riesling, Müller-Thurgau, Spätburgunder und Trollinger-Lemberger. Das reicht doch. Und alle paar Jahre, wenn Sie Lust haben, mal einen schönen Schillerwein machen. Wonach der Mensch sich sehnt, das schätzt auch der Wein: Ruhe. Muße. Reife Entscheidungen.

Es scheint, der Muschelkalk versieht die Trauben mit konservierenden Mineralien. Anders ist nicht zu erklären, dass ein sieben Jahre alter Müller-Thurgau von Gille noch so frisch schmeckt wie kurz nach seiner Geburt. Auf der anderen Seite der Skala: ein Spätburgunder Roßwager Halde von 2003. Intensiv, lohend, fast schokoladig zart. Aber vor allem: Ein Wein. 2003! Wo manche mit sorgenverquälter Miene eines Problemjahrs gedenken, strahlt Norwin Gille das Strahlen des belohnten Winzers: „Es warn so schöne Traube ..." Genau erinnert er sich an den „Tag, als der Trollinger gelesen wurde." Eine Auslese wurde daraus. Wer sie probiert hat, kennt Roßwag.

Vier Kinder durchwuseln das ländliche Anwesen. „De Zwoitkloinschte isch am ärgschte," was die Hinwendung zur Traube als solcher anbetrifft. Das hört man gerne. Denn just an solchen Orten, die wie nur wenige von der Gültigkeit menschlicher Überlieferungen künden, hätte man's gern, wenn noch der Urgroßneffe einen Gille anträfe, der genauso überzeugt, bejahend und fremdenfreundlich seinem Hauptgeschäft nachgeht: Weinbau.

Flugstunde.
Der „Adler" vor blauem Himmel, schräg gegenüber von Gilles Besen.

Weingut Sonnenhof
Gündelbach

*Wir gelten als
Spezialitäten-Weingut.*

Einstiegsdrogen sind unvergesslich. Ihr Erinnerungswert besteht meist darin, dass vorherige Erfahrungen in fundamentaler Weise überboten wurden. Womöglich handelt sich der Verfasser jetzt eine Einweisung in eine jener beliebten Nervenkliniken mit Tradition im Ländle ein (Hölderlin et al.), doch es sei zugegeben, dass ihn ein gewisses Maß an Trauer befällt, heute keinen Merlot 2004 trocken von Gündelbacher Wachtkopf köpfen zu dürfen. Ja, ja, ganz richtig: Merlot. Im Holzfasse gereift. Falls es noch eines Beweises bedurft hätte, dass so genannte internationale Sorten zumindest in Baden-Württemberg angebaut werden dürfen, sollen, müssen – hier ist er. Ein vollkommener Wein, erhaben, ohne dick aufzutragen. Herr Fischer: Da haben Sie was angestellt.

Sonnenhof 2
Vaihingen/Enz-Gündelbach
07042 818880
www.weingutsonnenhof.de

Zu Zeiten, da Konsistorial- und Geheimräte zigarrenknipsend sich ins Herrenkabinett verzogen, wäre einer wie Albrecht Fischer schwer vornübergebeugt gegangen. Nicht unbedingt der genossenen Getränke wegen, sondern aufgrund der am Brustrevers lastenden Orden. (23 Goldmedaillen hat es 2005 gehagelt.) Gemeinsam mit Frau Charlotte und Schwager Helmut Bezner hat er Mitte der Siebziger den Sonnenhof gegründet – und erweist sich seither als Pionier für so ziemlich all die Dinge, die den heimischen Rebbau so weit nach oben gebracht haben, wo er eben heute steht: Trockenmauerbau (in Roßwag), Traubenhalbierung und -reduzierung, temperaturgeführte Gärtanks, Barrique-Ausbau, neue Sorten, Windräder ... – Winzer im Umkreis, zieht die Hüte! Hier hat einer für Euch mitgeschafft.

Albrecht Fischer:
Multiplikator, Initiator, Netzwerker.

Bereits im zweiten Jahr (1977) erhielt der Sonnenhof den Bundesehrenpreis. „Dann kam so 'ne Fernseh-Crew und hat über uns Junge 'ne Story gemacht." Seither ging es zumindest nicht mehr abwärts. Der Son-

Der Vielfältige – gewohnt, im Rampenlicht zu stehen.

nenhof gilt als Leitweingut. Wie so oft, dürfte das Geheimnis des reibungsverlustarmen Produzierens gar keines sein: gute familieninterne Kooperation, klare Aufgabenverteilung. So gebührt ein Gutteil der Meriten Charlotte Fischer, die neben einer Unmenge an Kenntnissen über Frucht und Wachstum (nicht nur der Trauben!) über einen Sinn für erhaltende Kulturarbeit verfügt. Die Erntemannschaft hat nicht „in den Gewürztraminer" zu fahren, sondern in den Römersteig – übrigens tatsächlich ein antiker Passweg mitten durch den Weinberg hindurch. Springer, Wachtkopf ... all die alten Lagennamen sind Ausdruck von Phantasie und Überlieferung. Werden sie vergessen, muss das Gedächtnis der Landschaft als verloren gelten.

Zwei der drei Söhne von Albrecht und Charlotte Fischer, Martin und Joachim, arbeiten im Weingut mit. Zudem ist der Sonnenhof mit zwölf Angestellten ein Lehrbetrieb ganz klassischer Prägung. Einer der Auszubildenden, der hier seine „Freude an der Arbeit mit Pflanzen" entdeckt hat, erwirbt sich Fertigkeiten, um ins Weingut der künftigen Schwiegereltern einsteigen zu können – Verflechtungen also von fast schicksalhaften Dimensionen!

Vermutlich sind es nicht zuletzt biographische Gründe, die Albrecht Fischers ungewöhnlich hohen Einsatz für die Nachfolgegenerationen erklären. „Ich bin gelernter Landwirt. Hab mich in jungen Jahren für Weinbau statt für Milchviehhaltung entschieden." Kauf des ersten eigenen Weinbergs: mit 19 Jahren. Es folgte eine Steigerung der Ertragsfläche von 0,3 auf 28 Hektar. Neben umfangreicher kommunalpolitischer Tätigkeit gibt er den Moderator bei der Vaihinger Weinmesse – „I bin net grad auf'd Gosch g'falle." Hätte auch keiner behauptet.

Ganz entspannt genießen ...
Familienweingut Sonnenhof.

Gemeinsam mit den Herren Röll, Drautz, Ellwanger, Dr. Bäder und Graf Adelmann hat Fischer die holzige HADES-"Studiengruppe Neues Eichenfass" gegründet. Dies nun ist Kooperation, Austausch auf höchstem Level. Das HADES-Siegel kommt nur auf die Flasche, wenn der Wein im Kollegenkreise für würdig und heilsam (billig kann er dann nicht mehr sein) befunden wurde, europaweiten Terroir-Maßstäben entspricht.

Es nimmt für den Sonnenhof ein, dass nun beileibe nicht nur Jet-Set-Tropfen für die Stuttgarter upper class produziert werden. Tatsächlich gibt es auch so was noch wie das Landesblut TL HT, den halbtrockenen Trollinger-Lemberger um die 5 Euro. Mit der Einschrän-

Überblick.
Vom TL über Muskateller zu Samtrot.

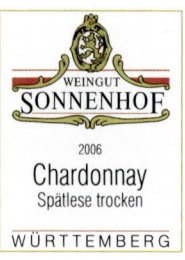

kung allerdings, dass man sich mit einer goldenen Preismünze auf dem Etikett abfinden muss ... Nicht anders verhält es sich mit dem luftig-fruchtigen, dabei trotzdem erdkräftigen Lemberger trocken '04 oder der Cuvée Donero aus Dornfelder, Spätburgunder und Cabernet Mitos. So weit ein paar der Gutsweine. Was soll dann bitte schön ein Lagenwein von Sonnenhof gewinnen? Muss man eigens Platin-Münzen einführen?

Immer wieder spannend, Vorurteile der Weinbranche zu widerlegen. Hätte man vor Jahren ernstlich so etwas wie den mit der Goldmedaille „Riesling du Monde" behafteten Gündelbacher Wachtkopf Selection aus diesen Breiten erwartet? Eine narkotische Aromendichte, Mineralien und Fruchtessenzen tanzen Hand in Hand; ein Wein für Asthmatiker – einfach zum Aufatmen. Aus der Großlage Wachtkopf stammt ingleichen ein überzeugender, ungewöhnlicher Chardonnay, auch als Barrique-Version erhältlich. Und nicht verhehlen kann oder will Albrecht Fischer seine Leidenschaft für den Muskateller; die Auslese von 2003 schenkt der Sorte etwas von dem zurück, was die Dichter in früheren Jahrhunderten daran so feurig priesen.

Es versteht sich von selbst, dass beim Rotwein des Lembergers in entsprechendem Umfang und Maßstab gedacht wird. 2001 mit 31 Monaten Eichenfassreifung, 2002 mit 24 Monaten. „Lonely on the top" heißt ein anspielungsreicher Schlager von Randy Newman. Auch wenn Albrecht Fischer auf dieser Höhe ein paar Kompatrioten an seiner Seite weiß – man möchte ihm ein ängstliches „Halt!" hinauf rufen. Irgendwo muss doch auch einmal Schluss sein, das sind doch Trauben, und wer glaubt heute noch an Feen-Kräfte? Kurzum, der Verfasser sieht sich außer Stande, hierfür angemessene Metaphern zu ersinnen. Und eine Auftröselung in Kaffee-, Tabak,- Lederenoten und Hastenichgesehn kann ruhig mal unterbleiben.

Was aber nicht fehlen darf, ist ein Hinweis auf den wohl besten Samtrot, an den wir uns erinnern können: Eine trockene Auslese von 2003. Sollten sich die Fischers besinnen, neben Weinen, Bränden, Likören und Essigen auch noch in die Schmuckproduktion einzusteigen, könnten sie hieraus, angelehnt an Böhmische Granaten, ein Halskettchen verfertigen. Am besten eines, das duftet.

Weingut Steinbachhof
Gündelbach

Die Weine dürfen leben bleiben

Manche Leute quälen sich furchtbar ab mit ihren Lebensträumen. Da gibt es 40-jährige Krankenkassenfachangestellte, die eigentlich Romanciers sind, aber irgendwie mit dem ersten Kapitel noch nicht angefangen haben ... Da sind 55-jährige Jugendprojektbetreuerinnen, die als wiedergeborene numidische Prinzessinnen eigentlich einen Thronanspruch in Innerafrika hätten, aber irgendwie noch nicht weiter südlich als, sagen wir, Alicante vorgedrungen sind ... Es gibt aber auch Leute, die gründen ein Weingut und sind fünf Jahre später an der Spitze. Wir sprechen vom Steinbachhof, genauer: von den Eißlers. Ein Stoff, der legendentauglich ist in mehrfacher Hinsicht.

Das Schicksal der Nanna Eißler könnte als Exempel dienen, wie weit die Glücksmöglichkeiten des Menschen doch allzumal gespannt sind. Vom Berliner Bahnhof Zoo, wo sie aufgewachsen ist, ins abgelegenste, atemberaubendste Weingut Schwabens: Man muss sich nur noch entscheiden, ob man den Plot zum Spielfilm oder zur Novelle ausbaut; das Thema dürfte ein Selbstläufer sein.

Ulrich Eißler hat seine eigene Geschichte zu erzählen. Fünf Generationen lang war der Hof in Familien-

Hofgut Steinbachhof 1
Vaihingen/Enz-Gündelbach
07042 22068
www.weingut-steinbachhof.de

Durchaus kein erschröcklicher Ort mehr:
Seit den ersten Tagen der Maulbronner Mönche hat sich einiges getan.

besitz, gepachtet vom Herzog von Württemberg. Vor 1.000 Jahren gehörte das Grundstück dem Domkapitel Speyer, ging dann über in den Besitz des Klosters Maulbronn. Noch zu Zeiten von Ulrich Eißlers Großvater herrschte die typisch universalistische Organisationsform Württemberger Hofgüter. Er war der Verwalter, das Zentralgestirn im eigenen Kosmos, „eine strahlende Persönlichkeit."

Seit 1974 Familieneigentum, bedeutet die Bewirtschaftung des gewaltig dimensionierten Guts eine Herausforderung, von der sich der gemeine urbane Zweizimmerbewohner keinen Begriff macht. „Start war mit 20.000 Flaschen und Null Kunden," amüsiert sich Nanna Eißler über den eigenen jugendlichen Wagemut. Indessen sie selbst eine Winzer(innen)ausbildung beim in Fragen der Unterstützung des Weinbaunachwuchses bemerkenswert aktiven Sulzfelder Thomas Hagenbucher gemacht hat, stellte Gemahl Ulrich mitten im Landwirtschaftsstudium plötzlich fest: „Ich bin gar kein Landwirt." Sondern Winzer.

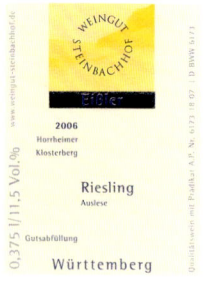

Schwerlich dürfte jemand zu finden sein, der den beiden Wein-Abenteurern den raschen Erfolg missgönnte. So energiegeladen-zielstrebig wie mit der Gründung des Weinguts geht es auch beim An- und Ausbau zur Sache. „Wenig Filtration, wenig Eingriffe ..." – „Einen authentischen Wein machen, der auch seine Ecken hat ..." Wir verstehen recht: Die Eißler'schen Erzeugnisse sind Weine für Fortgeschrittene, eher Haute Cuisine als Bauernvesperplatte (wobei genau dazu der Gündelbacher Steinbachhof Lemberger Weißherbst trocken „von hinterm Haus" bestens passen würde).

Vom Wachtkopf stammt ein spontan vergorener Riesling 2004. Um die „zarte Restsüße", die Nanna Eißler heraus schmeckt, ebenfalls empfinden zu können, muss man schon über höchst elaborierte Geschmacksorgane verfügen. Auf Anhieb nimmt einen das schwindelerregende Karussell der Säurearomen mit auf die Runde. Schönen Gruß an Rheingau, Pfalz und Mosel: Denkt bitte nicht, Ihr seid die Einzigen, die was vom Riesling verstehen!

Zumal bei den Roten gilt zu bedenken, dass sie nicht als trinkfertige Weine abgefüllt werden. Beim 2005er Lemberger trocken von der Mühlhauser Halde plagt uns das schlechte Gewissen, dass wir ihn überhaupt schon aufgemacht haben. Allzu sehr plagt es uns nun auch wieder nicht, denn die Verkostung war wirklich mehr Verheißung denn Plage. Fast ein wenig verwirrend die kräftig-mineralischen Muschelkalktöne. Also unbedingt noch mal probieren. In ein, zwei Jahren. Schon etwas weicher, dabei ähnlich intensiv und anspruchsvoll: die 1- und 2-Sterne-Lemberger trocken aus dem Holzfass von 2003. Mit ihrer Kunstedition Cuvée E.M. trocken legen die Eißlers nun einen echten Kanoniker vor. Die Wein-Welt hat ja längst aufgemerkt ... Und sie wird dran bleiben am Steinbachhof. Dessen sind wir gewiss.

Probierhäuschen.
So schnuckelig kann (W)Einkaufen sein.

Bei manchen Menschen muss man direkt Angst haben, wenn ihnen der Erfolg nachrennt. Auf dem Steinbachhof scheint ein System gegenseitiger korrigierender Unterstützung installiert worden zu sein, so dass man getrost einen positiven Verlauf erwarten kann. Ein Beispiel aus 2005: Wenn die kleine Emma einmal nicht auf ihre schwangere Mama aufpasst, dass sie bei der Verkostung bloß nichts abkriegt, sondern in Schlaftrunkenheit vor sich hin quiekt, dann findet sich bestimmt eine Oma, die wiederum den Hund Resi aktiviert, welcher die Kleine sogleich eifrig zu trösten beginnt. So was nennt man ein eingespieltes System. Und ob Sie es glauben oder nicht: Auch so was schmeckt man.

Warten auf das Startsignal.
Blühwilliger Baumriese am Steinbachhof.

Wengerter Häge
Schützingen

Praktisch zwei Betriebslagen haben wir.

Illinger Straße 13
Illingen-Schützingen
07043 8915
www.weingut-haege.de

Bedauerlicher Weise liegen nur wenige Untersuchungen über die Vorlieben Außerirdischer im Bereich Weinbau vor. Es ist aber anzunehmen, das spitzohrige Vulkanier, so sie in Schützingen landen sollten, das Weingut Häge „faszinierend" fänden. Nicht allein aufgrund der spannenden Einteilung in einen weiblichen (streng ökologisch) und einen männlichen Part (naturnah), sondern auch wegen eines anderen höchst seltenen Umstands: Die „Wengerter Häge" haben Rebbesitz in vier völlig verschiedenen, in der Tat faszinierenden Einzellagen.

In einem einzigen Weingut ist es also möglich, Muschelkalk-, Keuper-, Sandstein- und was noch all für Weine probieren zu dürfen ... einprägsame Geschmackserlebnisse inklusive. Im Schützinger Heiligenberg sind es vor allem die Ökoweine Ilse Häges, welche die Aufmerksamkeit auf sich ziehen. „Ökoweinbau – das war schon immer mein Traum." Auf den mageren Böden der höheren Heiligenberg-Lagen gedeiht zum Beispiel ein „typischer Stromberg-Riesling." Von eigentümlicher Mineralität, dabei saftig und fruchtwürzig.

„Aus der Geschichte hat der Heiligenberg einen sehr guten Rotwein-Ruf." Trollinger, Spätburgunder und Samtrot wachsen da, alles Holzfass-Kinder; letztgenannte

Wengerter Häge, das Vier-Lagen-Weingut.

schlummern mindestens ein Jahr, bis sie hinaus dürfen. Das sind keine Macho-Weine, die alles beiseite drücken, was sonst noch zur Geltung kommen will. Im Gegenteil, eine geradezu katzenhafte Anschmiegsamkeit (ohne unkompliziert zu sein ...) fordert zur Kombination mit – naturgemäß biologischer – guter Küche heraus.

Womöglich liegt es an der Herkunft der Häges aus dem Bodenseegebiet, dass sie dem Spätburgunder besondere Aufmerksamkeit widmen; einschließlich Sekt gibt es nicht weniger als sechs Versionen zu verkosten – bis hin zum krönenden Barrique von 2003. Man darf gespannt sein auf die Ergebnisse mit französischen Klonen. Ungemein probierenswert auch die Rotwein Cuvée trocken aus Cabernet Sauvignon, Spätburgunder und Lemberger, ebenfalls Barrique-gelagert.

Tja, und da kommt es dann doch, das Thema, auf das Johannes Häge wahrscheinlich am häufigsten angesprochen wird: der Maulbronner Closterweinberg. Keineswegs ein Spleen, die hohen Sandsteinterrassen der Zisterzienser wieder zu errichten, sondern, wie sich bald herausgestellt hat, eine großartige Investition in eine Hochqualitätslage. Außerordentlich gelungen nimmt sich die Gestaltung der Flaschen vom Maulbronner Closterweinberg aus. Der berühmte Brunnen ziert den Regent, ein absolut individuelles Geschöpfe mit mords Potenzial – wie auch der Grau- und Spätburgunder. Was sollen Kloster-Besucher aus aller Welt eigentlich nach Haus mitnehmen, wenn nicht eine Flasche Closterweinberg? Eine Kraichgau-Stromberger Vinothek muss her – mitten ins Kloster – und zwar bald!

Pure Neugier ergreift schaumweinfreudige Leserinnen und Leser, wenn ein gereifter Illinger Schanzenreiter Riesling extra brut über die Preisliste galoppiert. Dort Pinot blanc de noir brut, hier Trollinger brut oder gar Gewürztraminer (klar, auch brut). Nicht anders bei den Bränden: Cox und Quitte, Hagebutte, Schlehe, Marc vom Trollinger und vom Gewürztraminer, Calvados und Hefe vom Riesling ... ganz schön gefährlich, was Sie da machen, sehr verehrte Familie Häge!

Ilse Häge.
Ansichten einer Winzerin.

Bleibt abzuwarten, was geschieht, wenn der Erstgeborene stärker in den Betrieb einsteigt. Nach dem Weinbaustudium hat es ihn erst einmal zum Praxissemester in die USA gezogen. Wer weiß, was er mitbringt? Zinfandel würde man den Häges auch noch zutrauen ...

Lob der Dekadenz
Gondelsheim – Obergrombach – Untergrombach

ROUTE 15

Sie sind es gewohnt, Ihre Schweinskaldaunen in Auerochsenfett braten zu lassen? (Mit Honig?) Im Theater knabbern Sie gern ein Tütchen von diesen unwiderstehlichen Otternasen? Und lieben den Wein, versetzt mit Dattelhonig und Purpurschneckensirup? Klar, dann kann man Ihnen auf Reisen auch keine glibberige Hirsesülze oder sonstigen Bauernpamp vorsetzen. Sie haben also Verständnis für die Speyerer Fürstbischöfe, dass diese sich auf der 1. Etappe nach Augsburg in Gondelsheim eine bescheidene Unterkunft errichten ließen; „Fuhrhalterei" ist natürlich Understatement. Das LoewenThor war einst ein barocker Palazzo, dessen Innenhof (immer beliebtes Flächenmaß:) zwei Fußballfelder groß gewesen sein soll. Erlebnisgastronomie des 17./18. Jahrhunderts: Man konnte wählen zwischen den kuscheligen Kamin-Separées, üppig geschmückten Seitenkabinetten – oder man begab sich sogleich in den Spiegelsaal zu einer mittleren Orgie mit ausgesucht freundlichen Landmädels. Man konnte wählen? Man kann es wieder. Das ist einem Mann zu danken: Albert Müller, der das LoewenThor in den 80ern erwarb und Stück für Stück mit dem poetischen Vorstellungsvermögen eines Theatervisionärs

Pomp and Circumstance.
Der fürstbischöfliche Spiegelsaal (links) ist ein Zeichen wahrer Demut.

Neckerei am Brunnon.
Bronze-Girlie vor Gondelsheimer Schloss.

DER SPAZIERGANG Natürlich durch den Gondelsheimer Schlosspark hinauf zur schlosseigenen Begräbniskapelle. Dann entweder weiter über Neibsheim nach Gochsheim – oder einfach wieder zurück in den Ort und im LoewenThor ordentlich Champagnerbier zischen lassen. Wohlgemut trabt sich's selbstverständlich auch durch Untergrombach, bis ein breiter Pfad nach oben in Richtung der sagenumtönten Michaelskapelle abbiegt. – Und jetzt noch eins: **Obergrombachs Altstädtchen,** unterhalb der Burg, durchstrolcht an einem einsamen Vorfrühlingsmorgen, hält dem Vergleich mit jedweder Rheinromatikstadt stand. Zartfühlender kann man nicht restaurieren. Da das kaum jemand weiß, bleiben die zahlreichen Kätzlein meist unter sich. Kauern auf Simsen und Söllern, dehnen sich unter jahrhundertealten Portalen. Und lassen sich's wohl sein.

Erfreulich unpopulär: Obergrombachs historisches Ensemble wird nur von wenigen Reiseführern angepriesen.

atmosphärisch wiederherstellte. Wer das LoewenThor zum ersten Mal betritt und nicht der Länge nach hinschlägt, muss seelisch leicht verwest sein.

Brahms und die Indianer hatten Recht. Die Erfindung der Eisenbahn war der letzte Schmonses. Was damit alles nieder ging! Intakte Landschaften, urbane Glacis-Promenaden ... und das edle Treiben der Fuhrhaltereiunternehmer, die den Transport von Ohm-, Fuder- und Stückfässern über so lange Zeit überwacht haben. Undank der Welt! Mit dem Pfiff der ersten Lokomotive sank das LoewenThor in Dornröschenschlaf; ein rötlich gewölbter Rosenstock erinnert an die hundert Jahre gespenstischer Ruhe. Wie mag es Albert Müller ums Herz gewesen sein, als er den Prinzen machte und hinter dem Dorngestrüpp das Tor aufstieß ---? Es ging nicht um historisch exakte Rekonstruktion; so viel nur immer möglich war, wurde gerettet. Balken wurden ersetzt, Sandsteine eingefügt, Wandmalereien ergänzt, ein Bächlein durch diesen Innenhof Marke Romeo und Julia geleitet ... und es entstand eine Zimmerfolge von der stimmungsmäßigen Dichtigkeit einer Wunderkammer. Nicht genug zu preisen ist Müller für sein Taktgefühl, nicht das x-te Hautevolée-Getto Nordbadens etabliert zu haben, sondern die Speisekarte nach wie vor für jedermann zugänglich zu halten. Ein bisschen Fürstbischof schlummert ja in uns allen; man muss ihm nur die Chance zur Entfaltung geben. Da ziemt es sich, dass im LoewenThor auch die Grauburgunder, Schwarz- und Rieslinge und Blauen Limberger von Adel sind – kein Geringerer als der Reichsgraf und Marquis zu Hoensbroech lässt ins LoewenThor liefern.

(Nachtrag: Wer die beiden hochkulturellen Anspielungen zu Beginn des ersten Absatzes kapiert hat, schreibe die Lösung auf eine Postkarte und überschwemme den Verlag damit. Vielleicht gewinnen Sie ja eine Reise nach Bauschlott!)

Gondelsheim – in vorschriftsmäßigem Reiseführerdeutsch müsste es wohl „Juwel des Lehmlands" genannt werden. Neben dem **LoewenThor** gibt es nämlich eine zweite Sensation zu bestaunen: ein Schottisches Schloss. Das der Grafen Douglas. Nicht nur die Geschichte ist bemerkenswert. Ein Refugié aus dieser berühmten Linie (Fontane: „Ich hab's getragen sieben Jahr ...") ließ sich das hochromantisch-tiefmittelalterliche Wohnschloss in eine Landschaft stellen, die ihn – however – an seine verlorene Heimat erinnert hat. Gewiss wird der Grund zur Flucht Liebeskummer gewesen sein, Spielschulden oder ein Duell – ach, 19. Jahrhundert ... was sind wir heut für Fadiane! Gegenwärtig befindet sich das Anwesen in einem Idealzustand der Halbverfallenheit. Kopfschüttelnd ob all der Schönheit steigt man entlang der ehemaligen Schlossgärtnerei empor zur Haus- und Begräbniskapelle. In einiger Entfernung sind Rebenhügel auszumachen. Gondelsheim baut noch 1 ha. Der Schlosspark dürfte selbst den neuzeitlich erschienenen homo SAPiens Irrationales stammeln lassen. Es sagt viel, dass hier in ein Eckchen ein ansehnlicher Spielplatz integriert wurde: Das schottische Feenland im Kraichgau bleibt für Kinder bis auf weiteres geöffnet.

Was wir gar nicht verraten wollten: Es gibt zwei Offiziersmessen der Titanic. Eine befindet sich ein paar Tausend Fuß unter der Meeresoberfläche. Die andere hier. Der Großvater des aktuellen Grafen hatte einen Spleen für die Schiffsbaukunst. Und ließ sich das hübsche Stück noch vor Fertigstellung der Titanic ins Gondelsheimer Schloss einbauen. Hoffentlich bricht jetzt kein Massentourismus los. Der Kunstverein Gondelsheim, der hier residiert, pflegt eher die intime Soirée denn den profanen Trubel.

Richtung Helmsheim böte sich dann in den **Schlossstuben** am Fußballplatz die Gelegenheit, sich auf ein Weilchen den Weingartner Schäfer-Weinen zu widmen. Auf dem Weg weiter ins Grombachtal reiht sich ein Kraichgauer Mischreblandwirtschaftserlebnis ans nächste. Sinfonisch eingeflochten, erhebt sich immer wieder das

Siedfleisch mit Meerrettich

Da gibt es nun zwei Varianten. Aber nicht für das Fleisch. Gutes Rindfleisch soll es sein, jawoll, auch schön mager, wie sich's für Rindfleischsuppen gehört. Wie man die macht, muss ich Ihnen hoffentlich nicht sagen. Also – wenn die fertig ist, nehmen wir das Suppenfleisch heraus und schneiden es in nicht zu dünne Scheiben.
Beim Meerrettich ist das schon schwerer. Jedenfalls reiben wir selbst den Meerrettich, da gibt es kein Vertun. Schön heulen, so muss das sein. Entweder also, wir mischen das Geriebene unter dicke saure Sahne, etwas süße Sahne mit Salz, ein wenig Mayonnaise und Quark zum Andicken. Oder wir basteln eine Mehlschwitze, löschen diese ab mit weißem Wein und süßer Sahne, geben Fleischbrühe hinzu (sollte ja kein Problem sein, nachdem wir ja vorher das arme Rind gekocht haben), bringen's kurz zum Sieden, fügen dem Brei den Meerrettich zu, rühren, rühren, rühren und würzen mit Muskat.
Opa Heinrichs Lieblingsvariante: Fleisch in des Tellers Mitten, heiße Meerrettichsoße drüber, Klacks kalten Meerrettichquark nebendran, frischen Meerrettich drüber raspeln. Und wenn's sein muss, ein paar Tröpfchen Kürbiskernöl.

Mehr Frühling war nie.
Junge Damen, Richtung Schlosspark-Spielplatz promenierend.

Im Namen des Rumpsteaks.
Ganz in der Nähe des Gondelsheimer Löwenthors bringen Nico und Grillmeister Thomas die griechische „Rose" zum Erblühen.

Thema des unerwarteten Weinbergs (6/8-Takt, Streicher), dem es zwischen Maisfeldern (Tambourin, Tschinellen), Waldungen (Horn natürlich) und Apfelwiesen (Flöte, Fagott) wohl zu plaisieren scheint. Dann und wann – sehr charakteristisch – der typische Kraichgauer Baum, einzeln stehend auf Höhenkamm, gern Linde oder Eiche. (Englisch Horn, elegisch).

Gen Obergrombach verdichtet sich das Rebenthema so ungestüm, dass man sich genötigt fühlt, in einem Gastraum Unterschlupf zu suchen. Der **Grüne Baum** bietet sich zu diesem Behufe an, ein Landgasthof von Ruf, wo der Wirt vielleicht nicht gerade „wundermild," aber auf jeden Fall urwüchsig genannt werden muss. Bis vor zwei Jahren hat man im Grünen Baum den Wein noch selbst gekeltert: Unter- und Obergrombach, zwei Groß-Dörfer, die ohne Weinbau nie zu denken waren! Inzwischen wirft sich der Wein aus dem Grombachtal also in die Arme Alexander Dolls und der Weingartner Genossen; dies ist gewiss kein Fehler. Erfreulich für Wein-Journalisten und andere Fetischisten ist es natürlich immer, wenn Lagen-Profile erhalten werden können. Dies trifft insbesondere für den **Michaelsberg** zu, der das Zeug hätte, eine überregionale Berühmtheit zu sein. Steinzeitliche Siedlungsfunde, frühmittelalterliche Frömmigkeit, eine weiße Hochzeitskapelle – und die wieder eröffnete Gaststätte: Wer bietet mehr?

Gasthaus LoewenThor
Gondelsheim

Spiegelbilder Belgiens.

Nicht viele Biere gibt's auf Erden, die es in punkto Geschmacksintensität mit guten Weinen aufnehmen können. Belgische Champagner-Biere sind aber etwas anderes als Bier. Nur noch fünf Brauereien weltweit produzieren nach dem aufwändigen Verfahren: Zwei Jahre lang reift das Bier in Holzfässern, wird mit frisch Gesiedetem auf Champagnerflaschen gezogen und gärt dann noch einmal 20 Tage bei 25° C in der Wärmekammer. Eine ganze Reihe dieser weich perlenden Delikatessen lässt LoewenThor-Wirt Albert Müller in Belgien herstellen, teils aromatisiert mit Herzkirschen, Him- oder Waldbeeren.

Ein Bier wie das bräunliche „Jordaens" bringt den gesamten Wahrnehmungsapparat auf Hochtouren. Der Hals wird von innen mit einer kühlen Crème massiert; man hat den Eindruck, soeben für viele Generationen Frondienst entschädigt zu werden – geleistet vielleicht für die Fürstbischöfe, denen das Palastanwesen des LoewenThors seinerzeit als Reisequartier diente. „Moro" ist eine schokoladig-malzige Nachtischbombe, Freund kubanischer Montecristo-Zigarren (Nr. 2). „Les trois brunettes" konfrontiert einen drastisch mit der Erkenntnis, dass man eigentlich in selbstgewählter Unsinnlich-

Bruchsaler Straße 4
Gondelsheim
07252 6667
www.loewenthor.de

Üppiges Dekor:
Das LoewenThor,
ein Ort der Einkehr.

keit vor sich hinvegetiert, wenn man nicht wenigstens einmal pro Woche davon kostet; über den „Troubadour" schweigen wir uns aus. Nur so viel: Das ist mal eine würdige Reverenz für jenen seit etwa 600 Jahren ein wenig heruntergekommenen Berufsstand!

Albert Müllers LoewenThor: ein Kompendium des Außergewöhnlichen, Okkult-Anachronistischen. Begehbares, erlebbares Barock. Benelux-Küche; Weine vom Marquis und Reichsgrafen zu Hoensbroech (auch von Männle aus Durbach); der Innenhof: wie für eine Koproduktion von Shakespeare und Rostant entworfen; ein Tiefbrunnen im Saal mit Ratsherrengestühl (wem fiele da nicht Hofmannsthal ein: „Der tiefe Brunnen weiß es wohl: / Einst waren alle tief und stumm, / Und alle wussten drum ...") (oder Rilkes Marienleben, illustriert von Heinrich Vogeler, vertont von Hindemith ...); zwei Kaminzimmer unter schwarzbraunen Balkendecken; ein burgundischer Salon von 1680 mit feinem Fries-Zitat des Rathauses von Beaune – und dann der Spiegelsaal, wo sich bisweilen zur Nacht in allen Künsten erfahrene Lebedamen des örtlichen Kunstvereins zum Charleston einfinden ... – Welch ein Rundgang durch tausend Lustbarkeiten, welch magisches Theater mit glücklichem Ausgang! Aber der Eintritt kostet – so ist das nun mal – manch einen den Verstand.

Eine Tarte flamande muss freilich immer sein, saftig mit Blattspinat und Käse, erlesen mit Räucherlachs oder Chorizzo-Würsten. Das Angebot wechselt, ingleichen beim Bier. Diese Wahlpflicht soll keineswegs den Einfallsreichtum der Küche schmälern: Mittagsmenues vom Feinsten sind manchmal schon für 10 Euro zu haben. – Alles zusammengenommen (das luftig-licht gestaltete Gästehaus Zum Roten Hahn – tatsächlich eine Anspielung auf Fontanes Stechlin – nicht zu vergessen), kann man sich eines Gefühls der Dankbarkeit kaum erwehren, dass dem Kraichgau ein solches Refugium voller Bannkraft und Sogwirkung wiedergeschenkt worden ist. Mit jener Unterart des Alkoholismus, die auf Champagnerbiere beschränkt und nicht ausbleibt, wenn man mal mit ihnen angefangen hat, muss man allerdings fertig werden; aber so verlaufen eben Märchen und Legenden: Ohne kleinere Opfer machen sie's nicht.

Verdichtete Atmosphären.
Empfindsame Zeitreisen im LoewenThor.

Landgasthof Grüner Baum
Obergrombach

Bis vor zwei Jahren hab ich selber Wein gemacht.

Es soll tatsächlich Leute geben, die der Vorstellung, einem gekochten Schweinekopf und ein paar Schnäpsen gegenüber zu sitzen, keinen enschiedenen Reiz abzugewinnen vermögen. Im Grünen Baum im Grombachtal hat sich das Saukopfessen allerdings zu einer solchen Beliebtheit entwickelt, dass im Zeittakt gegessen werden muss, damit die andern draußen keine schlechte Laune kriegen. Eine ganze Latte von ungewöhnlichen „events" hat man im Grünen Baum zu gewärtigen, worunter die derberen bestimmt nicht die unbeliebtesten sind: Froschschenkelessen etwa oder „Wildspezialitäten aus heimischem Schuss."

Da inzwischen Weingarten für Obergrombachs Reben verantwortlich zeichnet, hat der Wirt, eine beeindruckende Erscheinung, eine feine Auswahl von Schäfer und aus der WG zusammengestellt. Für Obergrombach ist der Grüne Baum so etwas wie ein Förderinstitut für Heimat-Kulinarik und Sozialgeschichte.

Bei allerlei Kalbshaltigem (-bratwurst, -nierenbraten, -kotelett ...) werden Anekdoten ausgetauscht, von heute und gestern ... So von der alten Kneipe in Rettigheim, wo die nicht minder betagte Besitzerin Rosa die nostalgischen Neigungen der Zeit wohl erkannte und Billigwein aus dem Etschtal bezog, um diesen unter der Marke „Rosa-Wein" für 9 DM (seinerzeit ein ziemlich happiger Preis) zu verkaufen. – Mit Leidenschaft obliegt der gemeine Obergrombacher immer wieder dem „Cego," einem tarotähnlichen Kartenspiel, das badische Leasing-Soldaten aus Napoleons Armee mitgebracht haben.

Kontinuität und Abwechslung – so in etwa wäre das Motto im Grünen Baum zu formulieren. Selbst wer hier an 300 Tagen im Jahr sein Vesper einführt, wird stets von neuem überrascht sein. Dazu passt sehr schön der wöchentlich wechselnde „Aktions-Wein" – eine Initiative, die stolz die Flasche der Region hochhält.

Hauptstraße 40
Bruchsal-Obergrombach
07257 3331

Prädestiniert für Erholungskuren.
Szenen aus Obergrombach.

Gasthaus
Zum weißen Lamm
Untergrombach

Wir stehen für alle andern auf.

Schulstraße 6
Bruchsal-Untergrombach
07257 1366
www.weisses-lamm-bruchsal.de

Enttäuschung ausgeschlossen:
Das „Weiße Lamm" zu Untergrombach.

Taucht hinter jeder Ecke auf:
Die weiße Kapelle auf dem Michaelsberg.

Wenn es wahr ist, dass „Elsaß" nicht nur einen Landstrich, sondern auch einen Gemütszustand ausdrückt, so findet es sich punktuell verdichtet in der Sommerabendbläue vor dem „Weißen Lamm" zu Untergrombach. Beim Umbau zu einem größeren Gästehaus mit 15 Zimmern ist man glücklicherweise behutsam vorgegangen: Sowohl Fachwerk-Frontseite als auch Kachelofen-Stube sind erhalten geblieben.

Schade, dass auch hier der Eigenausbau Untergrombacher Michaelsberg-Weine zum Versiegen gekommen ist. Es trösten uns des Seniors Selbstgebrannte – Willis, Himbis, Quetschis, und wie sie alle heißen mögen. Elegante Auswahl muss man der Weinkarte auf jeden Fall bescheinigen; neben all dem Guten und Besten, was die Umgegend zu bieten hat, wechseln sich Deutsche Qualitätsweingüter in der Rubrik Besonderheiten ab.

Einen „Berg voll Hunger" sollte mitbringen, wer sich des Koteletts oder des Schäufeles mit Kartoffelsalat annimmt. Der Küchenmeister (und Inhaber) kocht famos in alle Himmelsrichtungen. Auf dem Weg vom Bahnhof zum Lamm lässt sich prima feststellen, ob gerade Dienstag oder Donnerstag ist: Der Dampfnudel- und der Ochsenfleisch-Tag (mit Meerrettich, hmm!) strukturieren das Zielpublikum erkennbar unterschiedlich.

Freundlich-gelassen nehmen die Wirtsleut' die Huldigungen der Schlemmer und Schlecker entgegen. Über die Tische weg schwappt eine Welle der Erlustigung; so hat man sich das Elsass immer vorgestellt. Eine Exklave liegt in Baden, Untergrombach, zwischen Bruchsal und Karlsruhe. Unbedingt ausprobieren!

Verstaatlichung und Separatismus
Weingarten – Jöhlingen – Grötzingen – Durlach

ROUTE 16

Himmelsleiter, Richtung Paradies immer geradeaus.
Terrassenweinberg Staatsweingut Durlach.

Wie man sich täuschen kann. Da liegt so unbescholten-landstädtisch in stetem Feiertagsschimmer die ehemalige Residenz Durlach, angeschmiegt an den Turmberg, viel älter (und weiser) als Karlsruhe, von Karlsruhe überholt ... am Wegesrand der Geschichte. Dabei: Ein gärender Untergrund lässt den Gedanken der Freiheit und der Autarkie nicht in Vergessenheit geraten. Zu Zeiten des Badischen Befreiungskrieges 1848/49 waren die hiesigen Wirtshäuser Zentren des Widerstands. Man fand sich auch zum Äußersten bereit, als Anfang der 1990er-Jahre der letzte verbliebene Weinberg – die Turmberg-Lage – in Gefahr geriet. Was? Der Turmberg soll Baugebiet werden? Privatisiert? Zweckentfremdet? Nach knapp 1250 Jahren Rebtradition schnöder Profitgier hingeopfert? So schnell konnte die Landesregierung gar nicht regieren wie sich ein Durlacher Bürgerbündnis gegründet hatte, aktionsreich und findig, heimatliebend und entschlossen. Ob man sich tatsächlich an die Rebstöcke gekettet hätte angesichts nahender Bagger, lässt sich heute nicht mehr rekonstruieren.

Jahre später, aus der Rebveredelungsanstalt war längst das Staatsweingut Karlsruhe-Durlach geworden, bekam Dirk Mötje, der aktuelle Vogt im Hause, die seinerzeit gezeichnete erste Aktie der Bürgerinitiative ehrenhalber ausgehändigt. Inzwischen hatte eine nicht unbedeutende Landesbank, deren Namen wir diskret verschweigen wollen, ein paar Millionen durch Keller und Gebäude gepumpt; der Laden leuchtet, glänzt, schimmert, auf den neuesten Stand gebracht. Alle sind's zufrieden. Alle? Man weiß ja nie, was im Durlacher Untergrund so vor sich hin brodelt. Das herrschaftliche Anwesen liegt nun einmal inmitten eines Wohnviertels, welches, nun ja, nicht unbedingt zu den übelsten Sozialen Brennpunkten Deutschlands zu zählen ist. Dementsprechend setzt sich auch die Hauptklientel des neualten Weinguts zusammen, die beim Sommerfest mit nonchalantem Siegerlächeln unter der Pergola flezt. Wahrscheinlich hat Dirk Mötje mit der Einführung des „Vinaeum," eines ebenso erschwinglichen wie auch beschwingten Sommerweins, die Erstürmung und Instandbesetzung des Staatsweinguts verhindert ...

Rote Brüder:
Die Durlacher Spitzen bekommen alle Zeit der Welt zum Reifen.

Im Schnellzug zwischen Konstanz und Hamburg gibt es mancherlei erhabene Momente: Die 36 Tunnel im Schwarzwald; die Yburg vor Baden-Baden; die Hessische Bergstraße bei Heppenheim ... Wer irgendwann zwischen den verbrieften Highlights einmal aufblickt, könnte mit einem beinahe unwirklich-wundersamen Anblick belohnt werden. Ein Rebenhang wie von Hugo Steiner-Prag ins Dreidimensionale lithographiert. Winzige Weinberghüttchen, Wälder drumrum. Wenn sich dann noch einer der Mitreisenden auskennt, wird er wohl genießerisch-selbstbewusst Auskunft geben: „Das, tja ... das ist Weingarten!"

Das junge Team der Weingartner Winzergenossenschaft verbreitet gute Stimmung. Die Türme der evangelischen und der katholischen Kirchen, die sich nur noch mit der Apsis ankucken, nebst dem mittelalterlichen Wartturm hat man zum Emblem erkoren. Hier ist mancherlei bewegt worden in den letzten Jahren; die Transformation einer traditionellen WG in einen modern-ansprechenden Identifikationsbetrieb für die Region scheint wundersam geglückt. Neben der erfreulich burgunderlastigen Kollektion für alle Gelegenheiten bietet die WG Weingarten etwas vielleicht ebenso Wertvolles:

Schutz und Erhalt vieler Einzellagen quer durch den Kraichgau, die der Landschaft ihr unverwechselbares Profil geben ... und – umgekehrt – in Folge der Verschiedenheit der Böden variantenreichste Geschmacksabstufungen in die Fässer zaubern.

Für Weingarten und den Wein sehr zu begrüßen, hat sich auch ein privater Betrieb etabliert. Thomas Schäfer verfolgt andere Konzepte als die Winzergenossen. Schlank, edel, streng selektioniert, bereichern seine Erzeugnisse die regionale Palette ungemein – was nicht zuletzt überregional für Anerkennung sorgt. Unstreitig gehört Schäfers gelungenes Experiment der vehementen Ertragsreduzierung zu den überraschendsten Entdeckungen im Kraichgau.

Ähnlich einprägsam wie das Panorama Weingartens schiebt sich das Weichbild Durlachs vor die Linse. Barocker Kirchturm vor Steillage – das gehört einfach zu den grandiosen Kulturlandschaftsbildern Badens. Ein eigenes Kapitel schreibt das Staatsweingut Karlsruhe-Durlach. Weiter zurück als an dieser Stelle (771 n. Chr.) blicken die wenigsten Weinberge weltweit. Nur zu gescheit, dass man hier daran gegangen ist, die Kräfte zu bündeln und ein Klasseweingut zu schaffen, das umsichtig und souverän-charmant geführt wird. Längst liegen nicht nur lokalpatriotische Herzen und Kehlen Dirk Mötje, Stephanie Fuller und Rüdiger Staudt

Die Winzerfigur am Ortseingang von Weingarten war – ein Bürgergeschenk zur B3-Einweihung.

Durlach, vom Turmberg aus gesehen. Das da hinten heißt Karlsruhe.

zu Füßen. Vor einiger Zeit wurde dem Staatsweingut von einem Weintester ein wenig zufrieden stellendes Preis-Leistungsverhältnis attestiert; wir teilen diese Einschätzung nicht. Wir sind die Stufen in den Steilhang eigenfüßig hochgekraxelt, ein einziges Mal und ohne Bütte auf dem Rücken – und waren hernach schwer behandlungsbedürftig ... (Mit Lemberger Rosé.)

Auch Grötzingen, an der Öffnung des Pfinztals ins Rheintal gelegen, hat eine markante Reblage (vom Staatsweingut bebaut) vorzuweisen. Der von Neubauten dominierte Ort beherbergt gleichwohl eine Fülle stiller Winkel. Jöhlingen, die nächste Haltestelle an der „Transbadenia S 4," hat sich mit animierten Auxerrois' in Kennergedächtnisse eingetragen. Von hier ab dominiert die kraichgautypische Wellenlandschaft. Das Landsträßchen hinüber nach Gondelsheim (vorherige Route), vorbei an geschmückten Wegkreuzen und plötzlichen Aussichtspunkten, vereint schon vieles von dem, was sich passionierte Kraichgau-Reisende erhoffen – und mit Fug erwarten dürfen.

Satter Kraich
zwischen Jöhlingen
und Gondelsheim.

Winzergenossenschaft Weingarten e.G.
Weingarten

Ein paar junge Idealisten und Ü-30-Rebstöcke ...

Blindverkostungen sind ja von gestern. Mit diesem wichtigtuerischen Geschnüffel und Geschnalze kann man sich eigentlich nur blamieren. Es ist an der Zeit, dem Weinkonsum das Taktile zurückzugeben; zu Amphoren-Zeiten war's noch en vogue. Wir empfehlen einen freundlichen Wettstreit mit verbundenen Augen: Anhand der Flaschenformen erfühlen wir die Produkte der WG Weingarten. Originalität und Variationsbreite sind beeindruckend. Am Ende der Veranstaltung, wenn man sich von den anämischen Model-Flaschen der Serie „Prestige" bis zum üppig-prägnanten Auxerrois-Sekt („der mit der Goldmedaille") vorgefühlt hat, wird man Tucholskys strapaziertes Bonmot, worin er die mangelhafte Streichelbarkeit des Weines beklagt, eindrucksvoll widerlegt haben.

Die Atmosphäre innerhalb der (außen mit poppigem Postgelb angereicherten) weinigen Hallen ist so ganz anders als man sich eine klassische Winzergenossenschaft vorstellt. Hier sitzen keine „Gong-" oder „Landser-"Leser mit Pepita-Hütchen und Hornbrille um Resopaltische beim lieblichen Müller-Thurgau und dreschen Schafskopp; es war eine sehr kluge Entscheidung, drei jungen Leuten die Geschicke des Betriebes anzuvertrauen: Alexander Doll als Geschäftsleiter, Michael Müller im Vertrieb und Georg Lorenz im Keller haben ein Profil der Willkommenheit geprägt, das unwillkürlich vermittelt, wie viel Freude Weinkaufen bereiten kann. Die Kundenkarte bei der Videothek könnte man jedenfalls schon mal stornieren.

Winzergenossenschaftsmuffel seien eigens daran erinnert, wie sehr diese Organisationen mit der großen sozialen Vergangenheit heute Hauptbewahrer unersetzlicher Einzellagen sind, die Private längst hätten aufgeben müssen. Für die Kraichgauer Landschaftskulturpflege

Kirchbergstraße 17
76356 Weingarten
07244 70330
www.wg-weingarten.de

Masse und Klasse.
Stahltanks der Genossen.

Beispielgebend für Wein und Speise:

Das Walk'sche Haus in Weingarten.

jedenfalls hat sich die WG Weingarten das Prädikat „besonders wertvoll" verdient.

In Karlsruher Kreisen des Wohllebens und der gesättigten Vernunft ist man seit langem des Pinot-Grigio-Gesüffels überdrüssig. Zur einfachen, guten Pasta passt ein einfacher, guter Burgunder aus der Weingartner „Chablis-Serie." In Weiß-, Grau- und Spät- immer eine Bank, wurde das Preis-Leistungs-Verhältnis nachhaltigst berücksichtigt.

Die Prestige-Reihe liefert einen anschmiegsamen Auxerrois – als Frühlingswein ein Muss, wenngleich Aromen von Walnuss, Mandarine, Birne und Marzipan Weihnachtsstimmung aufkommen lassen könnten. Aus derselben Reihe stammt ein Spätburgunder Rosé, der einfach zu schade ist, um ihn enervierenden Vergleichen mit mediterranen Kollegen auszusetzen. Seine Schlankheit wirkt nie blass; die vollfruchtigen Inhalte weisen über jenen Moment hinaus, da die Teller mit Resten von Krabben-Kapern-Sauce hinausgetragen werden.

Auf der Düsseldorfer ProWein (hat je jemand darüber nachgedacht, warum die wichtigste Weinmesse ausgerechnet am Niederrhein staffinden muss? – Wir entscheiden über Altbier ja auch nicht in Sulzfeld) hat es der 2003er Weißburgunder unter die besten 50 Deutschen Weißweine geschafft. Damit bewiesen die Juroren Traute: Denn hier begegnet(e) uns ein höchst eigenwilliger, kolossaler 15-Prozenter.

Aus der Vielzahl gehobener Kreszenzen zieht Alexander Doll noch einen 2001er Weingartner Hohenberg Grauburgunder Auslese heraus. Die Extraktstoffe sind so dicht, dass man eine badische Landesfahne draus häkeln könnte. (Oder – eingedenk verronnener Jahrhunderte – einen Kurpfälzer Löwen draus kneten.)

Und dann der Clou für Connaisseure und Novizen: der Auxerrois Blanc Jahrgangssekt 2003. Bezaubernd, gestenreich, verwöhnt wie die jüngste Mätresse des Fürstbischofs – allerdings eine im 8. Monat schwangere, beäugt man die pummelig-hochbarocke Flaschenform. Das ist der Clou. Mancher Champagner nimmt sich dageben ein wenig gewöhnlich, wir wollen nicht sagen popelig, aus. Jetzt nur noch schnell irgendein Fest erfinden. Die „Weingartner Mühlenweihe" vielleicht. Oder ein Jubiläum: 222 Jahre Verkündung des Walzbacher Separatfriedens (?). Und dann: Kling-kling und zum Wohle!

Winzerschmaus

Ja, was haben wir denn noch so alles im Kühlschrank? Ein bisschen Fleischkäse vom zweiten Frühstück? Ein paar ergraute Blutwurststücke, die man letzten Sonntag Tante Emilie nicht mehr andrehen konnte? Eine morsche Zwiebel? Etwas Gemüse vom Vorjahr? Gewürzgurken? Und ein paar Eier ungewissen Haltbarkeitsdatums fliegen auch noch rum? Großartig! Denn jetzt heißt's nur noch kleinschneiden, die Pfanne anwerfen und schön der Reihe nach, dass es nur keinen Matsch gibt, alles ins heiße Butterschmalz applizieren, kernig würzen und mehrmals umwenden. Hat jemand gesagt, er hätte was gegen Resteessen?

Dekorativ schon von weitem: Weingartener Weinberge, von der Winzergenossenschaft aus betrachtet.

Bilderbuch-Lage: Die Durlacher Turmberg-Terrassen.

Weingut Schäfer
Weingarten

Ich hab meine Eltern bei mir angestellt ...

Jöhlinger Straße 46
76356 Weingarten
07244 722316
www.wein-gut-schaefer.de

Eigene Wege:
Thomas Schäfer, Weingartener Solist.

Unbedingte Leidenschaft ist wohl die Grundvoraussetzung, wenn sich ein Unternehmen selbständig macht, wo vorher alles genossenschaftlich organisiert war. Solchermaßen zum Dissidenten im eigenen Lande geworden, besteht der größte Reiz darin, ein unverwechselbares Qualitätsprofil zu entwickeln. Thomas Schäfer ist dieses Kunststück gelungen; der Ruf des mittelgroßen Weinguts hallt seit längerem durch die Region und darüber hinaus. „Zuerst hat man mir gar nix zugetraut; aber dann hat man gemerkt, dass ich mich ganz gut sehen lassen kann." Die Top-Gastronomie zwischen Ettlingen und Bretten ordert folglich regelmäßig; so gehört die weitberühmte Oberländer Weinstube Rinderspacher in Karlsruhe seit gut acht Jahren zu den treuen Kunden.

Als Einstiegstropfen in die wunderbare Welt der Schäfer-Weine eignet sich der Jöhlinger Auxerrois besonders gut: nussig, mit Ananas und sonstigen gelben Früchten, die sich unaufhaltsam in die Nase schieben. Sogleich fällt auf, was auch die anderen Kreszenzen auszeichnet: Reinheit gepaart mit Grazie. Es ist ein wertvolles Geschenk, das Schäfer dem Fachwerkstädtchen Jöhlingen gemacht hat; wer dortselbst keinen Auxerrois von Schäfer im Keller hat, sollte sich ernstlich fragen, ob er denn ein guter Patriot sei.

Feingliedrig und extraktreich, samtig und mineralisch zugleich, so überzeugen die Weißburgunder auch anspruchsvollste Gaumen. Keineswegs zu vernachlässigen: die Burgunder-Sekte, die in bestechender Perfektion die Aufmerksamkeit der Pritzel-Gourmets auf Weingarten zu lenken angetan sind. Bedauerlicherweise sind Sektflaschen ziemlich zerbrechlich und außerdem recht bald ausgetrunken, sonst könnte man sie besten Gewissens als mobile Aushängeschilder für den Kraichgau, appliziert an die Ortsschilder, verwenden.

Bei allem Ernst, den die Weinbereitung gebeut, hat sich Thomas Schäfer etwas ganz Neckisches einfallen

Natursteinmauer.
Im Weingut Schäfer plant man eine ganze Menge aufzubauen.

lassen: Das Sorten-Panorama lässt sich (noch) im verkleinerten Abbild probieren. Fünf Mini-Bordeaux-Fläschchen erscheinen hervorragend geeignet für Picknick, Vesper oder Fünfminutenpause. Leider scheinen unsere Zeiten zu prosaisch für derlei Galanteriewaren: Die junge Klientel, an die wohl gedacht war, greift scheinbar lieber zu Hanf-Lemon-Bier und Red Bull. O tempora ...

Ein weiterer Marketing-Trick: Unter 300 Mitbewerbern hat es Schäfer ins DFB-Pokal-Finale 2005 geschafft. Am Deutschen Weininstitut in Mainz wurde der trockene Barrique-Spätburgunder von 14 überraschten Juroren prämiert. Es steht zu hoffen, dass sich pflegliche Umgangsformen mit Klasse-Gewächsen bis in die VIP-Zonen der neuen Arenen mittlerweile verbreitet haben: Denn Schäfers Spätburgunder erfordern Sorgsamkeit und Aufmerksamkeit. Wer die Tropfen nicht ausreichend belüftet, gehört an die Eckfahne gefesselt.

Mit teils 30 bis 40 Litern liegt der Ertrag hier ungemein niedrig. Überflüssig zu erwähnen, dass nur von Hand gelesen wird. Was bleibt da noch zu erstreben, wenn man so früh so viel erreicht hat? Eine gute Einbindung in die Aufbruchsgemeinschaft Kraichgau vielleicht. Oder auch ein Großkeller, hinten im Garten, bis zur Decke eingelassen ins Erdreich. Platz wäre noch.

Weingartener Ortsmittelpunkt:
Walk'sches Haus und katholische Kirche St. Michael.

DER SPAZIERGANG Süß und ehrenvoll ist's, an langen Septembernachmittagen am Weingartner Walzbach durchs Gartengelände zu gehen, bis ein Hohlweg jenseits der Jöhlinger Landstraße hinauf in die Weinberge führt. Man braucht zwar eine Weile, bis man oben ist, aber der Ort gibt Geborgenheit und Stille in Hülle und Fülle zu kosten. Wir können sogar den Weinberg in weitem Bogen zurück bis zur Ortsmitte durchqueren – und kommen ziemlich genau zwischen **Krone** und **Walk'schem Haus** heraus ...

Staatsweingut
Karlsruhe-Durlach

Wir sind eigentlich ganz gut aufgestellt.

Posseltstraße 19
76227 Karlsruhe
0721 940570
www.turmbergwein.de

Begründete Begeisterung:
Dirk Mötje, Staatsweingutsherr.

Liebe zum Detail.
Nicht nur Leidenschaft und Energie waren nötig, um Weingut und Weinberg wieder auf Hochglanz zu bringen.

Sollte es einen Turmberg-Geist geben (und wer wollte dies ernstlich bezweifeln?), so wird sein nächtliches Auge zurzeit mit viel Wohlgefallen auf dem Steilhang unterhalb der staufischen Ruine ruhen. Manch prominenter Gast – und Geist – war hier schon zu Besuch und hat dem Rebanbau gefrönt: Die Römer natürlich, die Klöster Lorsch (771 n. Chr.) und Herrenalb, die Markgrafen von Baden schließlich, worunter sich Mitte des 19. Jahrhunderts ein Wilhelm hervor tat: Die traumhaften, kalenderblatttauglichen Terrassenmauern ließ er anlegen und Qualitätssorten pflanzen. Von 1903 bis in die 80er wurden im Landesauftrag Reben veredelt. Keine so ganz belanglose Vorgeschichte eigentlich.

Heutigen Besuchern vermittelt sich der Eindruck „alles bestens in Schuss", umstandslos. Nicht unschuldig daran: die L-Bank, die Veranwortung bewiesen und die Schaffung einer Modellanlage unterstützt hat. Von Dirk Mötje und seinem Team – Stephanie Fuller in der Vertriebsleitung, Rüdiger Staudt als Kellermeister (kennen wir den nicht? Genau, der Spezialwinzer aus Zeutern!) – dürfte, wenn der Kalauer gestattet ist, der Turmberggeist begeistert sein. Zum grünen Daumen kommt hier der goldene Gaumen. Es ist die kompromisslose Klarheit der Weine, die Maßstäbe setzt. Mötje kann sich das Urteil erlauben: „Wenn ich von einem Wein Kopfschmerzen bekomme, ist der Betrieb für mich erledigt." Bewundernswerte Selbst- und Stilsicherheit zeichnen den einsti-

gen studiosus weinsbergensis aus; schon in jüngsten Jahren bekam er eine der verantwortungsvollsten Positionen im Badischen Weinbau übertragen. Männer von solcher Umsicht, solchem Fachverstand müssen es einst gewesen sein, die aus verstreuten Filiationen mächtige Klöster formten ...

Erquickend unklösterlich hingegen heißt uns der Secco willkommen. Der Name ist understatement; denn nach einem vergleichbar zartperligen Aromenkatarakt müsste man andernorts eher lange forschen. Kerner (!), Scheurebe und Rivaner rauschen ineinander, verwirrende Düfte von weißer Schokolade, Mandarinen und von Limetten gischten auf.

Bedenkt man, welche schier untermoselanischen Mühen es kostet, die Steilstlage per Seilzug zu bewirtschaftet – der Grötzinger Anteil nimmt sich auch nicht eben plan aus –, erscheint Mötjes Diktum „wir sind preiswert" nachvollziehbar. Denn gemach: Mit der Vinaeum-Cuvée (Krasis aus vinum und Jubiläum) kann sich auch der mäßig begüterte Turmberg-Freak etwas Feines gönnen.

Auf der Suche nach rosigen Überraschungen stellt der früh gelesene Lemberger Weißherbst sicherlich einen Höhepunkt in Baden dar. Es ist selten, dass man sich von einem Lachsfarbenen so schwer lösen kann. In einen Menschen verwandelt, wäre der Wein eine atemberaubende Schönheit, sogar mit Charakter! Selbiges

Sendungsbewusstsein:
Dirk Mötje, ein Meister der Eloquenz.

wäre auch von den Rosés zu vermelden, die den hellen Lemberger beerbten. Die Turmberg-Rieslinge nehmen sich so knackig-trocken aus, dass mancher Restzucker-Hasser sich verwundert die Gurgel riebe. Dafür treten die Auxerrois' zurückhaltend-grazil auf – Weine für Prinzessinnen und solche, die es noch werden wollen.

Mit den Roten vom Turmberg ist das so eine Sache. Ende 2005 war der '03er noch nicht gefüllt. Man braucht Glück, Geduld und gutes Timing, um an den wenigen Lemberger oder an den raren Spätburgunder zu kommen. Als sie dann endlich da waren, sprangen ihnen die Herzen entgegen und die Geldbörsen auf. Die 2005er Lemberger aus dem Holzfass und aus dem Barrique ("Ja, die amerikanische Weißeiche passt super zum Lemberger!") beeindrucken durch bestmögliche Struktur, Mineralität und Seidigkeit. Trotzdem: Der Turmberg-Oscar für Regie und Hauptrollen ging 2005 an den Spätburgunder Barrique: „Ein perfekter Wein aus perfekten Trauben." Geduldig reifte er seiner Erfüllung entgegen – und zwar in einer „internationalen Eichenholzfass-Cuvée aus deutschen, französischen und amerikanischen Hölzern."

Wem dies alles immer noch nicht ausgefallen genug ist, dem kann womöglich ein Muskat-Ottonel weiterhelfen. „Wenn wir nicht wissen, wie man den macht, wer dann?" fragt Mötje realitätsgetreu. Es ist eine echte Risikosorte, die mal 50, mal 1.200 Liter in den Tank bringt. Je nach dem, wie der Turmberg-Geist gerade wieder gelaunt ist ...

Verbissschutz:
Junge Reben muss man schützen, denn die Tierlein im nahen Walde finden immer ein Schlupfloch ...

Kulinarischer Bummel
von Weingarten nach Karlsruhe

Es soll ja Landstriche geben, wo die Wirte zum Einheitsschnitzel alles reichen: Lambrusco und Wellness-Drinks, Cola-Bier und Zitronenjoghurt – nur keine heimischen Weine. Solches lässt sich die Gastronomie zwischen Weingarten und Karlsruhe nicht nachsagen. Um all die Vielfalt gründlich auszukosten, müsste man schon vor Ort wohnen. Und wer wäre so privilegiert?

Mit dem **Walk'schen Haus** besitzt Weingarten eines der Vorzeige-Restaurants in Baden. Natürlich bekommt man hier kein Vesperfutter für drei fuffzig. Zur Hohen Küche hat der Sommelier so ziemlich alles aus der Gegend zusammengeschleppt, was gehoben und probierenswert erscheint.

Sollten Abkunft oder Gestimmtheit ein wenig weniger ins Erlesene tendieren, erfreue sich der Hals-Magen-Darm-Trakt an der wiedereröffneten **Krone**, die Gut-Bürgerliches auch mit anspruchsvoller Standardküche vereint. Die regionale Weinkarte ist umfangreich.

Vielleicht wäre es ein neuer Marketing-Einfall für das Weingut Schäfer, Wanderstäbe an Stammkunden zu verteilen – so zahlreich sind die Gaststätten im Rund,

Atmosphärisch und kulinarisch ganz oben:
Im Walk'schen Haus zu Weingarten.

Grötzinger Memorabilie:
Der im Dorfkern enorm gut sitzende Bundschuh.

Werner Klenert:
Turmherr und Spitzenkoch.

wo Schäfer'sche Weine auf dem Tisch stehen. Nach vollzogener Speisenaufnahme könnte dem Gast jeweils eine Plakette zur Anbringung auf dem Krummstab ausgehändigt werden ... Neben nahezu sämtlichen Weingartner Etablissements bieten auch die Grötzinger **Ratsstuben** Schäfer-Weine auf, ingleichen der putzige **Bundschuh**.

Durlach wird selbstverständlich dominiert vom Turmberg. Dort heroben im Turmberg-Restaurant **Klenerts** sowie im nahen **Schützenhaus** gibt es die hiesigen Kellerkinder zu kosten. So soll das sein: Im Durlacher

Hoch droben zwischen Wald und Villen:
Das Schützenhaus.

Durlacher Wahlmöglichkeiten.
Vogelbräu und Kranz.

Ochsen (s.o.), wo es sinnlich-französisch zugeht, ist das Staatsweingut ebenso vertreten wie im Frischbier-Brauhaus **Vogelbräu**, das hat den Vinaeum im Angebot – und empfiehlt dazu Haxen, deren Knusprigkeit zartfühlende Gemüter zu erschrecken vermöchte. Im **Kranz**, einem türkisch-deutschen Vorzeigeprojekt wechselseitiger Integrationskultur, hat sich Schäfer aus Weingarten einen Vorzugsplatz auf der Karte gesichert.

Nicht sehr weit ist es nach Karlsruhe hinein, wo vom ordentlichen Biergarten (**Hoepfner** ...) bis zur urbadischen Weinstube (**Viktoriagarten** ...) alles vertreten ist, was sich der versoffene Inhabitant nur wünschen kann. Vorbildlich, wie hier in sämtlichen Läden, wo es Wein zu erstehen gibt, das Umland den Geschmacks-Ton angibt. Ein bisschen mehr Kraichgauer dürfte es aber immer noch sein ...

Im wiedergefundenen Paradiesgärtlein
Ittersbach – Niebelsbach–
Dietlingen – Ellmendingen

ROUTE 17

Das Muster ist angelegt. In allen bekannten und bestimmt auch unbekannten Kulturen stimmt es überein. Das beginnt mit minimalen Anzeichen der Verwunderung, zunächst noch beiseite geschoben – bevor sie sich zu einem Zeichen verdichten. Licht spielt eine Rolle, weiches Licht, Mörikes warm-golden fließendes Septembermorgenlicht; in der Luft stehen gebliebene Wassertropfen; Spiegelbilder und Nebelschweifwedel; langsam ansteigender Hauch. Wichtig sind Andeutungen übergroßer Fruchtbarkeit, Dejà-vu-Effekte, willkommene Verunsicherungen ...

Wir sprechen über das Phänomen der Entrückung, der Reise ins Irreale; vom Kontakt mit metaphysischen Nebenwelten. Im Alten Testament gibt es Propheten, die mitten aus ihrem gewöhnlichen Dasein heraus abgezogen werden – und Einblick erhalten in immer geahnte Über-Welten. In den Legenden der Kelten geraten Einzelne unvermittelt in einen Bann, treten durch

Ein Stündlein wohl vor Tag ...
Nebelreben bei Ellmendingen.

Fässerweise Fruchtbarkeit.
Unterm Kelterdach.

eine Pforte, betreten ein Neben-Reich, in dem eine andere Zeit – oder gar keine mehr herrscht.

Bei Dante und Milton ist es die Entdeckung als Wiederbegegnung: mit christlich-vorchristlichen Jenseitsvorstellungen, mit Gestalten aus Geschichte und Nachbarschaft, mit des Menschen Hoffnungen und Hoffnungslosigkeiten. Bei Eichendorff geleitet der Tod als unaufdringlicher Bergführer über den Höhenkamm, wohinter sich der ungeheure Blick auftut: gewaltige Ströme, unermessliche, glänzende Ebenen.

Wie auch immer: Die Idee der Aufweichbarkeit der Grenzen zwischen Jetzt und Einst, Hier und Irgendwo beschäftigt die Menschen, seit sie Felsbilder pinseln. Ritter und Schiffer, Verworfene und Sieger, Ausgezeichnete und Betrogene haben die Randbezirke des Innern und Äußern zu erkunden gesucht; eines blieb den Geschichten und Gesängen, den Abenteuerberichten und Irrfahrtsschilderungen immer allgemein: Der Einlass, die Einweihung, die Inspiration kann nicht erzwungen werden. Es geschieht unerwartet, gnadenhalber. Rückkehr ist ungewiss – auch gerät der Gedanke daran immer mehr in Vergessenheit ...

Wer vom Kämpfelbachtal aus, durch wenig anheimelnde Siedlungskonvolute namens Wilferdingen – Singen – Remchingen den Weg pfinzentlang nach Süden

sucht, kann noch nichts ahnen von dem, was ihn erwartet. Keltern, Ziel der Reise, klingt natürlich schon nach Obst-, vielleicht gar nach Weinbau. Wahrscheinlich war das aber noch zu Zeiten, mutmaßt man, als in Niederbayern keine Maßkrüge, sondern Weinbecher kreisten, als auf dem Lechfeld die Spuren der Ungarnkriege von Reben überwuchert wurden ...

Solchen Gedanken nachhängend, überwindet der Reisende die erste Hügellinie. Sieht ja schon mal ganz anders aus! Spätestens wenn das Städtchen Nöttingen (einigen bekannt durch ein Gastspiel in der Fußball-Regionalliga) im Rücken liegt, weicht das unablässige Staunen über die rapide sich verdichtende Schönheit der Natur einer Gewissheit: Hier in der Nähe müssen Pomona, Demeter und Aphrodite eine Göttinnen-WG aufgemacht haben; ob nur zum Obstpflücken oder zum Wohnen, ist noch uneindeutig. Keine Birnen-Nuss-und-Apfelsorte fehlt, keine Spätsommerblume. Und alles, was da wächst, kommt einem dicker, runder, inniger vor als anderswo.

Ist Ellmendingen mit seiner kolossalen Baumkelter erreicht, verflüchtigt sich der letzte Zweifel: Hier muss es Reben geben – und der Wein wird herrlich sein! Tatsächlich, vom Schwarzwald gleichzeitig würzig angeweht und schützend in den Arm genommen, verber-

Landschaft bei Ellmendingen.
Im Arm des Schwarzwalds ruhend, gehört das Kelterner Tal zu den lieblichsten im Kraichgau.

Museum Alte Kelter:
(Nur während Ausstellungen geöffnet!)
Kontakt: Arbeitskreis Heimatpflege und Kunst Keltern e.V., Ettlinger Straße 35, 75210 Keltern, 07236 6878

Dorfgespräch.
Ellmendinger Gartenszene.

gen sich wundersame alte Weinstöcke in der cultura mista: unzerstörte Überlieferung möglichst friedlicher Koexistenz zwischen Pflanzen und Pflanzen, Pflanzen und Tieren und Menschen.

Am besten, man legt sich erst mal unter einen Nussbaum um zu begreifen, was hier eigentlich geschehen – besser: was hier nicht geschehen ist. Könnte es sein, dass dieser abgetauchte Landstrich gar nichts mitbekommen hat von Adams Fall? Oder hat das Paradies tatsächlich neu eröffnet – am Hintertürchen der Welt? Paradise lost? Das war gestern. Paradise regained – wir haben den Eingang gefunden! Jetzt aber brav antreten in Zweierreihen. Und bitte beachten: Nicht kratzen, nicht beißen. Höchstens das Holzkohlefleckchen vom Flammkuchen und den Schwarzriesling am Gaumen.

Am Abend, wenn die Glocken Frieden läuten,
Folg ich der Vögel wundervollen Flügen,
Die, lang geschart, gleich frommen Pilgerzügen,
Entschwinden in den herbstlich klaren Weiten.

Es geschieht nicht mehr allzu oft, dass man im Weinberg Familien antrifft, die sich ins Gras strecken, um miteinander Trakl zu lesen. Wir weigern uns zu glauben, es sei ein Zufall, ausgerechnet am Ellmendinger Keulenbuckel eine solche Fülle seltener Begegnungen zu erleben; weiter oben, auf einer Bank in seinem eigenen Wingert, sitzt der über 80-jährige Winzer Heinkel und raucht eine Zigarette. Später, wenn die Abendsonne weniger intensiv auf den Wegen liegt, wird er gemächlich ins Dorf hinunter schlendern, sich ein Vesper bereiten: zwei Viertele, etwas Brot und etwas Speck. So wie jeden Abend.

DER SPAZIERGANG Also das ist nun wirklich kein Problem. Natürlich in Keltern-Ellmendingen die **Alte Kelter** suchen (das ist nicht schwer), von dort aus hinauf in die Weinberge, dann irgendwann links durch die Reben, bis es auf gewundenen Pfaden hoch an den Waldrand geht. Von dort aus sehen wir im Tale die **Weinberghütte** von Siegfried Guthmann. Und wer da noch weiter wandern will, dem können wir leider auch nicht mehr helfen.
Übrigens spaziert sich's auch ganz wunderschön von der **Ellmendinger Grenzsägmühle** aus. Aber nicht in die falsche Richtung latschen! Außer Sie sind von Natur aus eher pragmatisch veranlagt und lieben Asphaltband an Wellblechgarage.

Manchmal muss man sich ernsthaft fragen: Hat man das gelesen oder erlebt?

Doch sogar hier, am besseren Ende der Welt, schütteln die Generationen zuweilen die Köpfe übereinander. „Gestern warn mei Bube im Wingert. Ha, i seh' ja gar kei Traube mehr!" Tja, die Methode der Ertragsreduzierung wird man den Zeitzeugen von Krieg und Nachkrieg gewiss nicht bis ins Herz hinein vermitteln können. Trotzdem spricht keine Verbitterung aus dem Unbegreifen. Eher ein zages „Wer weiß, wofür's gut ist." Schließlich hat man ja selbst einmal Dinge betrieben, die den Eltern die Haare zu Berge stehen ließen ...

Wie es nicht anders sein kann: Mitten im Weinberg existiert eine Verknüpfungs- und Versöhnungsstelle der Geschlechter, Gesellschaften und Generationen. Siegfried **Guthmanns Weinberghütte** gehört zu den unanfechtbar elysischen Gastronomie-Erlebnissen – nicht weil hier mit soviel prunkvollem Raffinement gekocht oder serviert würde – sondern weil alles Überflüssige fehlt. Man sitzt da, wo der Wein-Jünger hingehört: Zwischen Reben. Es wird aufgetischt, wessen man dringend bedarf: naturnah Selbstgebauten und schmackhafte Speisen, beides mit Eigennote. Und dann verliert sich der Blick ins Rund (hier ist es einmal kein Reiseführer-Klischee: Der Schwarzwald-Rand hinter Weinbergen und Tal beschreibt tatsächlich einen Halbkreis), das Gespräch ins Grundsätzliche, die Zeit in den Gläsern. Und wenn der Nachtwind gar zu heftig um die Schenkel fächelt, lässt sich binnen kurzem das Dorf erreichen, wo mit dem **Goldenen Ochsen** ein ausnehmend sitzenbleibenswertes Restaurant erhalten geblieben ist.

Eine ganze Reihe Winzergenossen arbeiten noch am Keulenbuckel und am Klepberg. Drüben in Dietlingen, Heimat des weitgeschätzten Speisehauses **Zum Kaiser**, hat sich Claus Bischoff vor einem Vierteljahrhundert dem Ökologischen Weinbau verschrieben. Er ist meist der Erste, der genannt wird, wenn die Rede vom südlichen Kraichgau geht. Mit kompromisslos trockenen Weinen von diamantener Klarheit hat er sich einen fabelhaften Ruf erworben. Bischoff gehört zu den wenigen, die sich trauen, das für ihre Produkte zu verlangen, was diese – notdürftig in Mammon umgerechnet – tatsächlich Wert wären.

Nimmt man den mutigen Umsteiger Gerhard Neye dazu, dürfte die Großgemeinde Keltern prozentual die höchste Dichte ökologisch-naturverbunden wirtschaftender Winzer aufweisen, die gegenwärtig bekannt ist. Faszinierend: Auch der gelernte Drucker Neye, ein Autodidakt wie Bischoff, hat einen ganz eigenen Stil entwickelt; Weine von ungemeiner Dichte und Vielfalt erschüttern die Weltbilder gewiefter Vinologen, die am Fuße des Nordschwarzwalds so alles Mögliche erwartet hätten: aber keine Neuentdeckungen in ihrer Spezialdisziplin ... In einer vorbildlich renovierten Stube mit umlaufendem Kachelofen tagt zweimal jährlich für je zwei Monate das Besenparlament im Ittersbacher **Kuckuckshof**. Wir lassen ab, davon allzu umständlich zu schwärmen; es ist jetzt schon nicht immer leicht, noch ein Plätzlein zu ergattern.

Kachelofenseligkeit in Ittersbach:
Traditionell im Frühjahr und im Herbst öffnet Gerhard Neye seinen Märchen-Besen, den Kuckuckshof.

Begibt sich dann der mit Bildern und Erfahrungen überladene Kraichgau-Bummler zur Endhalteschleife der Straßenbahn, erhält er immerhin Gelegenheit, sich angesichts der leeren Sinnmitte dieses Wunderwerks stadtplanerischer Trostlosigkeit ein wenig emotional auszunüchtern. Denn es droht, gen Karlsruhe zuckelnd, noch einmal ein Höhengenuss erster Güte. Kurz hinter Ittersbach öffnet sich ein Blick über das Kelterner Tal, bis hinüber zu den Weinbergen von Dietlingen und Ellmendingen – und es stockt einem unwillkürlich der Atem, dass sich so viel Reichtum auf so knappem Raum konzentriert findet. Hat Georg Trakl diesen letzten von 17 Kraichgauer Rundgängen eröffnet, so gebührt Gottfried Keller das Schlusswort des Vorworts:

Trinkt, O Augen, was die Wimper hält,
Trinkt vom goldnen Überfluss der Welt!

Ökologisches Weingut
Im Kuckuckshof Gerhard Neye
Ittersbach

Wenn ich mir's aussuchen könnte: Ich wüsste nicht, warum ich den Standort wechseln sollte.

Textliche und graphische Gestaltung zählen gemeinhin nicht unbedingt zu den Originalstärken praktizierender Winzer. Macht ganz und gar nichts – dafür gibt's ja uns. In Gerhard Neyes Kuckuckshof kann schnell bemerkt werden, dass er die Dienste von Profis nimmermehr in Anspruch nehmen wird – ist es doch selber einer. Da gibt es so mancherlei „Altlasten" aus seinem ersten Leben als Graphiker und Drucker; der emblematische Kuckuck ist wunderhübsch ausgewählt, die Kurzbeschreibungen der Weine haben Witz und Würze.

Von wegen wunderhübsch: Das Kuckuckshofhäuschen macht sozusagen die Honneurs für den Karlsruher Vor-Vorort Ittersbach. Ittersbach? Da, wo die Straßenbahn hin fährt? (Neye: „Zum Kuckuck mit der Bahn!") Ja genau. Aber was hat das mit Weinbau zu tun? Diese Frage stellen immer weniger Leute. Zumindest die wein-

Lange Straße 51
Karlsbad-Ittersbach
07248 291
www.kuckuckshof.de

Versteinert im Weinberg. Fundstück von Gerhard Neye.

nasigen Residenzstädtler nutzen immer häufiger das beneidenswerte Ausflugsangebot. Wie der gemeine Wiener mit der Linie D vom Zentralfriedhof Richtung Nußdorf zum Heurigen kutscht, begeben sich die KarlsruherInnen – vornehmlich zur klassisch auf Frühjahr und Herbst verteilten Besenzeit – auf Kurzreise ins Vorgebirg.

Harmonische Gestaltung 1:
Gerhard Neye kanns mit dem Schwarzriesling so gut wie mit dem Zeichenstift.

Im Sommer, wenn es bei Neyes nix zu beißen gibt (für die Kundschaft) außer Wein, kann man sich immerhin im benachbarten **Rössle** zum selbstgebrauten Kuckucksbier niederlassen – ein original belassener Scheunenhinterhof mit prima Biergartenküche. Wen es allerdings zu Wildschweingulasch in Burgundersoße an hausgemachten Semmelknödeln zieht, muss eben warten, bis die aus einem Heimatmärchen herausgelöste Besen-Stube wieder geöffnet hat.

Dann gibt's auch die hochwohllöbliche „Kartoffelsupp im Löwenkopf (kein Rezept vom Großwildjäger!)" mit Blechkuchen – eine nur noch selten anzutreffende Kombination von hohem Reiz. Oder die „Mousse au Knobi," von der Chefin „einfühlsam," doch „hochprozentig" aus Käse und Knolle zusammen gerührt. In einem Akt archäologischer Pionierarbeit wurde 2006 der erste Most seit langem aufgelegt. „Je vielfältiger die Sorten, desto besser die Maische, der Most." Auch ein über 20 Jahre alter Apfelbrand bezeugt die hohe Berechtigung von Streuobstwiesen im Vorderschwarzwald. Wie soll man ein so ehrwürdiges Destillat überhaupt ansprechen? Euer Durchlaucht? Oder Euer Magnifizenz?

Harmonische Gestaltung 2:
Manchmal muss man sich im Leben halt ein wenig schräg legen ...

Eingelegter Bauernkäse aus dem Piemont, „Toma!", (Hollywood-Starlets würden „O my god!" kreischen) oder Wildschweinschinken mit Parmesan, schwarzem Pfeffer, Olivenöl und Zitrone illustrieren den Besen-Plus-Anspruch. Welchselbiger mutatis mutandis für die enorm etragsreduzierten Weine gilt. Es dürfte nicht eben als übertrieben risikoarm gelten, in unseren kühl-funktionalen Tagen ein 4-ha-Weingut zu gründen. Die ein paar Kilometer entfernten Lagen Klepberg und Keulenbuckel bezeichnet Neye augenzwinkernd, doch bestimmt als „erstarkenden Standort: eine der höchsten Dichten an Öko-Winzern in ganz Baden." 2004 gewann der Neuling mit dem „Quarto" (nein, weder Opel noch Rocksängerin, sondern die südlichste Kraichgauer Cuvée) die Eco Vin-Trophy im Bereich Rotwein – „kompatibel für Kachelofen und Kaminfeuer," wie Neye annonciert.

Bewandert in Ökologie, Önologie und Ästhetik: Gerhard Neye.

Auch unverschnitten gehört der Schwarzriesling zu den Sorten, denen der Kuckuckshof besonders zu gefallen scheint; die '03er Auslese würde uns dermaßen zu Verbalergüssen verleiten, dass wir lieber selbstdiszipliniert-nüchtern abpinseln: 4,8 g/l reife Weinsäure, 10 g/l Restzucker, dichte Glyzerine, 28,2 g/l zuckerfreier Extrakt. So, jetzt wissen Sie Bescheid. Fehlt nur noch der Wein. – Ein hoch veranlagter Nobling (Gutedel-Silvaner-Kreuzung), nach dem alten Rebschutzwart „Emil" (Bischoff) genannt, spielt sehr packend auf: Säure mit Suchtcharakter. Ein Riesentipp zum Käse-Fondue! „Im Weißwein sind wir ein bisschen auf den Rivaner fixiert." Sogar sur lie wird die immer noch da und dort verkannte Rebe geschmackssteigernd gelagert.

Und noch was für ganz abgefeimte Genusswurzeln: Di Pinot, ein Rosé aus noir und meunier. „Im Rosé sind wir zwangsläufig stark." Ohne Zweifel. Die zwei Burgunder in einem sind aber auch in Rabenschwarz erhältlich: Schwarzriesling und Spätburgunder innig miteinander verschmolzen wie zwei Liebende, die ein halbes Leben aufeinander gewartet haben. „Zwei unterschiedliche Charaktere müssen sich zu einem neuen Ganzen ergänzen." Schön gesagt, Herr Neye. Klingt wie die Hochzeitsansprache des Brautvaters. Und soll es wohl auch sein!

Grenzsägmühle
Keltern-Niebelsbach

Wir haben auch schon mal im Januar den Garten aufgemacht

Grenzsägmühle 2
Keltern-Niebelsbach
07082 7101
www.grenzsaege-
muehle.de

Barbarakirche
von 1523 im nahen
Ellmendingen.

Das wäre ein sehr schöner Stoff für ein Kinderbuch: Die kleine Ida will wissen, wo eigentlich die Grenzen herkommen; ihr Großvater, der unbedingt Pjotr heißen muss oder ähnlich gemütvoll, führt sie zu einer Mühle am Rand des Waldes, wo die großen Grenzen exakt ausgesägt werden ... Nicht ganz so poetisch, doch immerhin stark grenzbetont, leitet sich der Name der Grenzsägmühle zwischen Niebelsbach und Ellmendingen her: Vier Gemeinde- und zwei Landesgrenzen prallten hier aufeinander ... mit all den feinen Chancen, die sich für talentierte Schieber somit ergaben.

„Das war alles Wiesen, teilweise noch Wald," beschreibt Nordin Dekkar, Mitbesitzer der historischen Verköstigungsstätte, das einstige nähere Umfeld. Warum ausgerechnet hier in den letzten Jahren Besiedlungs- und Gewerbegebiete ausgeschrieben und mit einem gewissen Hang zur Drastik auch bebaut worden sind, lässt sich wohl nur mit den autoaggressiven Zügen begründen, die wachstumsorientierter Ökonomie nun mal inne zu wohnen scheinen. Zum Glück hat die Grenzsägmühle noch eine Rückseite. Kaum aus dem Gastgarten aufgestanden, betritt man schon, wonach einem wahrlich der Sinn steht: ergrünte Stille, fruchtschwere Umschlossenheit, zurückhaltende Menschenpräsenz.

Für viele, die vom Schwarzwald aus in die Ebene vorstoßen, stellt die Grenzsägmühle den kulinarischen Erstkontakt zum Kraichgau dar. Sie gehört zu beiden: Letzte der großen Waldmühlen, aber schon Ankündigung nahrhafterer Böden; es gibt Bischoff-Weine – welche Verheißung! –, Mostbraten und Flammkuchen. Jean-Jacques Frisch heißt Dekkars Kompagnon, Elsässer natürlich – und Klasse-Koch.

„Was ich heute mache, hab ich eigentlich nicht gelernt." Schon zu Zivildienst-Zeiten beim Roten Kreuz hat Nordin Dekkar Frisch und die Mühle kennen gelernt.

„Erst gepachtet, dann gekauft" wurde das gute Stück. Manch einer aus der Region, der gern Nummer sicher geht, hat die Grenzsägmühle so fest im Programm wie Münchener etwa den Biergarten am Chinesischen Turm im Englischen Garten oder den Augustinerkeller. So ein Abend kann gar nicht misslingen – vorausgesetzt, es gibt keine Nervtöter in der Gesellschaft.

Pforzheimer Bier und Kelterner Wein künden von geglückter Nahbereichsorientierung. Dekkar und Frisch ergänzen das Unvermeidliche; so lange im Kraichgau keine Muscheln wachsen, muss man sie eben einführen. Da wir schon beim Glitschigen, Verzeihung Zartcremingen sind: Die Kutteln mit Bratkartoffeln gehören zu den am meisten nachgefragten Gerichten.

Mit 8 bis 10 Festangestellten und ebenso vielen Zusätzlichen hat das Gespann eine ganz schöne Korona Mühlen-Burschen und -mädel angestellt. Repräsentativ in seiner Mittelpunktfunktion – 20 Minuten von Pforzheim, 40 von Karlsruhe (ÖPNV-Zeiten!) –, kapituliert die Grenzsägmühle vor keiner Jahreszeit. Wenn man deren Lauf beeinflussen könnte, würde man wohl mehrmals pro Abend von Sommer auf Winter und wieder zurückschalten, um Baumschatten und Kachelofendämmer erleben zu dürfen. Aber dann bräuchten die beiden Gastro-Unternehmer ja noch mehr Personal. Und wir wollen schließlich, dass uns die Mühle mindestens noch so lange erhalten bleibt, bis man im Kraichgau wieder Muscheln züchtet.

Winzersteak mit braunen Zwiebeln und Bibeleskäs

Inspiration:
Siegfried Guthmann,
Ellmendingen

Wir benötigen: Ein gut eingelegtes Schweinesteak, welches wir in einer Pfanne mit Zwiebeln und viel Butterschmalz schön saftig braten. Jetzt können wir's entweder auf ein Brötchen legen, das Brötchen wieder zuklappen und rein beißen. Wir können das Ergebnis unserer Bemühungen aber auch auf einen Teller hieven und Bibeleskäs daneben klatschen. Die Schnellvariante: Magerquark, Frischkäse und Hüttenkäse im Verhältnis 2:1:1 mit süßer Sahne, roten Zwiebelstückchen, schwarzem Pfeffer und Salz vermengen und mit roten Pfefferbeeren bestreuseln!

Auf der Grenze
zwischen Gewerbe- und Naturpark: das Ausflugsziel Grenzsägmühle.

Ökologisches Weingut
Claus Bischoff
Keltern-Dietlingen

Wein ist ein ganz besonderes Wasser, das über den Pflanzenkreislauf gegangen ist!

Von den vielen Wegen, die in den ökologischen Weinbau münden, ist dies einer der ungewöhnlichsten. „Aus Spleenigkeit mal irgend so was begonnen" hat Claus Bischoff, als ihn das moussierende Studium der Betriebswirtschaftslehre noch mit all seinen Wonnen umfing. Kaum angefangen, ein wenig Rebland zu bearbeiten, kam Bischoff in Kontakt mit eben jenen Pestiziden, die schon so manches Winzerleben schmerzlich abgekürzt haben. „Kein Bock druff gehabt." Eine nachvollziehbare Reaktion, nicht wahr? Die keineswegs in Resignation mündete, sondern in Innovation. So höret denn.

Die Freude an intelligenten Lösungen grundierte den Prozess von Beginn an, bis ein Weingut in Idealgröße geschaffen war. „Ich hab mir alles autodidaktisch beigebracht und dann die Prüfungen gemacht." In den Anfangsjahren war es ausgerechnet das dichte Netzwerk anthroposophischer Einrichtungen im Pfinz-Enz-Kreis, das Bischoffs Auskommen sichern half. Waldorf-Väter, beim Einkauf alkoholhaltiger Getränke gewöhnlich der Sittenlosigkeit geziehen, sahen plötzlich eine Chance, die Unterstützung naturfreundlichen Anbaus mit privatistischem Genussstreben zu vereinen.

Was nun beileibe nicht heißen soll, Claus Bischoff verfolge männerorientierte Marketingstrategien. Eher im Gegenteil; gerade weibliche Wesen scheinen den Aufenthalt im mit viel ästhetischem Scharfsinn gestalteten Verkaufskeller hingebungsvoll zu genießen. Von der Pforzheimer Modejournalistin bis zur aufs Land verzogenen spontan-kreativen indisch-indianischen Design-Künstlerin schätzen die unterschiedlichsten Couleurs die Trias Ambiente-Wein-Naturfreundschaft.

Bahnhofstraße 14
Keltern-Dietlingen
07236 6728
www.weingut-bischoff.de

Claus Bischoff
ante portas (links).

Cooler Autodidakt:
Claus Bischoff.

Viel Kollegenlob entfleucht Bischoffs Mund – Konkurrenten scheint er keine zu kennen. Das ist angenehm und verständlich zugleich. Lange Maischestandzeiten, durchgegorene Trockenheit. Reintönige Seidigkeit zeichnet seine Weine aus. Verbesserungsvorschläge? Keine. Die Dietlinger und Ellmendinger Weinberge scheinen die Gegenwart des selbstbewussten Winzers zu lieben – und geben alles, um in der Flasche bis zum letzten Mineral präsent zu sein.

Man müsste einmal einem begabten Geologen und Kartographen eine Bouteille Bischoff'schen Weißburgunders in die Hand drücken: Eigentlich sollte er in der Lage sein, die Weinbergslandschaft im Umkehrschluss präzise zu rekonstruieren. Abgepufferte Gaumen- und Gemütsschmeichler wird man im Sortiment nicht finden. „Traubensaft in Wein zu kippen war immer etwas, was ich mir nicht vorstellen konnte." Schon beim ungewöhnlich eleganten Rivaner hat die immer neu gestellte Frage „Wie kann's funktionieren?" eine überzeugende Antwort gefunden.

Erwartungsgemäß werden gerade die Spätburgunder-Gewächse in ihrer Typizität ernst genommen und zur Entfaltung gebracht. Hier sind keine von der Sonne verhöhnten, an heißen Kirschsaft mit Amaretto gemahnende Tussi-Weinelchen zu gewärtigen; eher so vielschichtige Charaktere wie der 2001er Spätburgunder Barrique. Bischoff hat ein – gewisslich zur Dämonenabwehr taugendes – Teufelsbild erstanden, das die Flasche ziert. Die Weinteufel-Barrique-Cuvée von 2003 könnte als südliches Weintor des Kraichgaus fungieren. Selbst in dieser Güteklasse, da Bischoff souverän mit dem Holz spielt, kommt einem das altehrwürdige Prädikat „Naturwein" in den Sinn.

Anteilseignerin der Himmelbläue: Die Dietlinger Kirche.

Es werden Preise erzielt, die dem begründeten Anspruch vollauf entsprechen. „Der wo's net zahle will, soll's halt bleibe lasse. Trink i'n halt selber. Null Skrupel. Der wo den kauft, macht e Schnäpple." Können Winzer cool sein? Sonst fällt einem dieses Prädikat zu diesem Sektor selten ein. Hier stimmt's.

In die weinige Gefahr der Eigenverkonsumierung eines Gutteils seiner ranghöchsten Erzeugnisse wird Claus Bischoff mit Sicherheit nicht kommen. Des nähern und fernern ward ein haltbares Netz intakter Gourmet-Beziehungen gewoben – denn siehe: Ökologie berücksichtigt den Menschen in seinen Zusammenhängen genauso wie jedes Träublein.

Wein-Refugium der eigenen Art: Claus Bischoffs Weingut im Dorfkern Dietlingens.

Weingut „Weinberghütte"
Siegfried Guthmann
Remchingen und Ellmendingen

*Man hat das Gefühl,
man steht oben auf der Erdkugel.*

Karlsbader Straße 80
Remchingen 3
07232 71739
Besenwirtschaft:
Beim Albrechtshof,
Keltern-Ellmendingen

An den warmen Tagen im September, wenn die ersten Nüsse durch den Hohlweg kullern und es zu beiden Wegseiten in den Trauben leise simmert, soll man den Anstieg wagen: von Ellmendingen aus, an der Kelter vorbei, höher hinauf ins entlegene Seitental, bis hin zur **Weinberghütte**. Wie der Abglanz einer Utopie schwebt sie da zwischen Reben und Himmel. „Sie sind so schön, die milden, sonnenreichen / verträumten Tage früher Herbsteszeiten ..." hat Edith Rhonsperger vor hundert Jahren gedichtet. „Mit einer Milde, die kein Wort dir nennt, / fühlst du des Sommers Hauch vorüberwehen – / ein leis Erinnern, was von ihm geblieben."

Eben dies macht den Aufenthalt hier in dieser Entrückung so kostbar: Es scheint alles aufbewahrt, zusammengeweht, hierher ausgelagert, wofür wir sonst keine Zeit zu haben meinen: ein großer Sommer, ein ruhiger Gebirgsblick, Fülle der Ernte, Gastfreundschaft. Besinnung, Gespräch. Kutschen klappern durch den Wingert. Kinder rutschen auf gerundeten Felsen herum. Und ihre Eltern? Fläzen gut gelaunt und wohlversorgt wie selten bei Schinkenflammkuchen und würziger Weißwein-Cuvée aus Müller-Thurgau, Kerner und Grauburgunder, bei Winzersteak und Schwarzriesling-Weißherbst.

Man nimmt es Siegfried Guthmann sofort ab, wenn er erzählt: „Das Kleinklima ist natürlich optimal. Unwetter? Äußerst selten." Seit 20 Jahren lässt er die Erde in Frieden. Verbandslos alternativ angebaut werden ingleichen Gemüse, Salate, Kräuter; das arme Pforzheim, von Krieg und Wiederaufbau schwer mitgenommen, beherbergt zum Trost wenigstens einen Wochenmarkt, wo Guthmanns Ernte – Wein inklusive – feilgeboten wird.

Etwas dermaßen Extraordinäres, dass es schon wieder passt, hält der gelernte Kellermeister für seine Gäste bereit: eine nur maische-, nicht aber restvergorene rote

Cuvée, die er noch einmal der Sommerhitze ausgesetzt hat; ein Verfahren, wie es auf der Krim praktiziert wird. Und siehe da – diese seltsam prickelnd süße, gleichwohl hintergründige Aromatik, wie wir sie vom dunklen Krim-Sekt (oder auch vom gehobenen Lambrusco) kennen, entwickelt sich auf einzigartige Weise. Das ist der rechte Wein zum Nicht-mehr-Aufstehen. Man denkt nach, was man sich noch so alles wünschen könnte, kommt auf nichts – und gibt sich der kontemplativen Daseinsweise des interesselosen Wohlgefallens hin.

Am Nebentisch tendiert der Gesprächsverlauf inzwischen Richtung letzte Dinge und ernste Werte. „Es muss doch irgendwie 'ne gescheite Möglichkeit geben zu leben ..." Symbolische Orientierung stiften vielleicht die Vöglein auf dem Felde. Von Zeit zu Zeit stürzen sie sich auf die ungeschützten Trauben. „I lass se halt fresse. De Dornfelder isch zuerst weg." Ein Musterbeispiel friedsamen Miteinanders, wie es sich sinistre Firmen- und Staatschefs zum Leitbild nehmen könnten.

„Sie glaube gar net, was da abends für e Flugtätigkeit isch." Fledermäuse surren über die Rebzeilen. Siegfried Guthmann hat ein Schwedenfeuer entfacht – stilles Glimmen in ausgehöhlten Baumstämmen. Manch später Schweinebraten mit dunkler Zwiebelsoße und Holzofenbrot muss nachgeordert werden. – Wenn jetzt der HErr durch seinen Garten ginge und sähe uns so beieinander sitzen, wäre er wohl ausnahmsweise mal mit uns zufrieden. Und wir mit ihm. Wir ließen ihn gerne einen guten Mann sein. Und sähen ihm geruhsam zu, wie er droben mit den Sternen Boule spielt.

Gemischte Landwirtschaft.
Guthmanns Hof in Remchingen, ein paar Kilometer von der Weinberghütte entfernt.

Guthmanns Riesenfass
an der Weinberghütte, vielleicht der am schönsten gelegenen Besenwirtschaft Baden-Württembergs.

Neidisch?
Abschlussverkostung in Heidelberg.

Nachwörtchen

Kraichgauer Neuzüchtung?
Vorschlag von Pauline Krebs.

Auf dem Rückzug, wie überall.
Kraichgauer Schafherde.

Sie sind Winzer? Im Kraichgau zufällig? Und Sie stehen hier nicht drin bzw. nur mit einer nackten Erwähnung? Das ist aber ungerecht! Bitte melden Sie sich beim Verlag. Laden Sie uns ein. Wir kommen. Wir sind höflich, pünktlich und wissen uns einigermaßen zu benehmen. Und trinken Ihnen auch nicht den ganzen Keller leer. (Wahrscheinlich.) (Diese Einladung zur Einladung gilt natürlich auch für Gastronomen.)

Sie sind kein Winzer? Sie wohnen nicht einmal im Kraichgau? Kein Grund, sich zu schämen. Aber Sie können uns gern Hinweise geben, wenn Sie in betreffenden Geländen so jemanden durch den Weinberg haben huschen sehen. Kurze Personenbeschreibung genügt. Wir sind Ihnen dankbar. Aber nicht so überschwänglich, dass wir gleich Reisen auf die Malediven verlosen würden. Fahren Sie lieber nach Neuenbürg.

Von Auflage zu Auflage wird sich unser Kraichgauer WeinLeseBuch sowieso verändern. Kann ja sein, dass irgendwo eine junge Winzerin eine Lage neu bestockt (wünschenswert). Oder ein Winzer, der eigentlich schon alles erreicht hat, gibt auf und widmet sich dem Anbau vergessener Selleriesorten auf nanotechnologischer Basis (weniger wünschenswert). Insofern bleibt unser liebes, altes Lesebuch gewissermaßen kategorisch aktuell,

Memento mori.
Der Verfasser verabschiedet sich.

ist dabei so offen, tolerant und jungdynamisch, dass es sich glatt um einen Führungsposten bei der SAP bewerben könnte.

Eines lässt sich mit Gewissheit sagen: Im Lauf der Arbeit am Buch, während der vielen Kurzreisen über Feld- und Radweg, Schienenstrang oder die beiden Pankraichgauianas B 292 und 293, durch die Besuche bei so mancher Winzer- und Wirtsfamilie ... sind wir von muffeligen Misanthropen zu leutseligen Gutmenschen mutiert. Im Ernst: Ein solches Übermaß an Aufgeschlossenheit, Gastfreundschaft, Lebensfreude ließ alle unsere Erwartungen verblassen.

Weinpilgerfahrten in den Kraichgau sind ein großartiges Therapeutikum gegen Missmut und Borniertheit. Wer ohnehin als Sonnenscheinchen über Gottes Erde schwebt, wird durch einen Besuch zwischen Enz und Elsenz ganz gewiss nicht trübsinnig werden. – Die große Abschlussverkostung zum Weinlesebuch auf einer Heidelberger Terrasse Ende April 2007 bestätigte noch einmal grandios die Erfahrung von zweieinhalb Jahren Forschungsarbeit: Wer einmal in Kontakt kommt zu liebevoll gehegten Kraichgauer Weinen, wird nimmermehr davon ablassen. In aller Demut, wir haben Dutzende bekehrt – und von dem Irrweg hektischer Verlegenheitskäufe im Discounter abgebracht.

Wirtschaftskrisen hin, Steillagenplackerei her: Weinbau scheint glücklich zu machen. Und Glück steckt an, mindestens so heftig wie Pessimismus. Wir haben uns anstecken lassen – und es ist evident, dass wir nicht die einzigen sind. Wie der Bodensee ein bedeutendes Reservoir für Wasser, so der Kraichgau für irdisches Glück. Was zu beweisen war. Und damit gut.

Wohlverdiente Letzung:
Gert Steinheimer nach knapp 2.000 Fotos.

Literatur

Niemand, der sich literarisch-heimatkundlich mit dem Kraichgau befasst, kommt um die alten Drei herum: **David Chyträus'** Früh-Werk **De Craichgoia** markiert so etwas wie die literarische Kreidezeit des Kraichgaus. In seiner Rede **„Das Kraichgau und seine Bewohner",** gehalten 1555 an der Uni Rostock, hub er an: „Es ist ein besonderes Geschenk der Gnade Gottes, dass im ganzen Kraichgau der Boden von solcher Güte ist, dass er beinahe überall in reichlichster Fülle Wein, Einkorn, Spelz und andere Früchte und an vielen Orten Safran und Mandeln hervorbringt."

Sodann wäre da natürlich der berühmte **Samuel Friedrich Sauter** zu nennen, der zu Unrecht als „dichtelndes Dorfschulmeisterlein" verspottete Sammler und Bewahrer historischer Zeugnisse – darüber hinaus ein witzig-hintergründiger Schilderer von Weinbergs- und Wirtshausidyllen. **Leopold Feigenbutz (Der Kraichgau und seine Orte)** hat Sauters regionalhistorisches Schaffen auf breiter Basis fortgeführt. Für alle diese gilt: Wer sie lesen will, muss die Bibliothek (BLB) bzw. die Antiquariate durchstöbern. Hie und da haben Heimatvereine Sondereditionen herausgegeben; auch diese sind allesamt vergriffen (Stand: 03/07).

Für den Weinbau in Baden und Württemberg lassen sich eine ganze Reihe teils namhafter Autoren anführen. Die Lektüre geht oftmals sehr ins Detail, ist darum eher den Spezialinteressierten zu empfehlen. Da wäre zuvörderst der Theologe **Balthasar Sprenger** zu nennen, welchselbiger an der Maulbronner Klosterschule immerhin von 1751 bis 1781 zu lehren geruhte. Sein Standardwerk: **Vollständige Abhandlung des gesamten Weinbaus.** (Das ist doch mal ein Titel!)

Historisch weiter zurück zu datieren ist **Johann Walters** 1607 in Ettlingen erschienenes **Schönes / Herrlichs / und Nuetzlichs / auch Bewertes / Weinbuechlein / von schoenen Kuensten.** Gewidmet dem Mark-

Herbst des Einsamen.
Kehraus im Wein-Garten.

grafen von Baden und dem Herzog von Württemberg zu gleichen Teilen. Wenn das kein Vorreiter war ...

Ludwig Heinrich Kalb wirkte als Pfarrer in Kürnbach. Seine Untersuchung **Der Weinbau nach theoretischen und praktischen Kenntnissen** (1810) hatte einen gewissen Einfluss auf **Johann Philipp Bronner**, den neben Blankenhorn wohl bedeutendsten Weinforscher in hiesigen Gefilden. Der Wieslocher unterhielt eine eigene Rebschule, machte sich um die Einführung von Qualitätsrebsorten verdient (u. a. St. Laurent), entwickelte nach bordelaiser Vorbild die Schnellpresse – und trat nicht zuletzt durch zahlreiche Standardpublikationen hervor, so **Der Weinbau im Königreich Württemberg (Heidelberg 1837), Der Weinbau und die Weinbereitung an der Bergstraße (1842), Die deutschen Schaumweine (ebenfalls 1842)** oder **Die deutschen Rothweine und ihre zweckmäßige Behandlung (Frankfurt 1855)**. Als innovativen Vorstoß lässt sich Bronners Fragenkatalog (63 Stück) begreifen, eine Art komprimierter Leitfaden zum Qualitätsweinbau.

Lambert von Babo (1790–1862), Gutsbesitzer in Weinheim, bereicherte die Fachdiskussion nicht nur durch die größte Rebsortensammlung Deutschlands, er trat auch mit eifrig rezipierten Werken hervor: **Der Weinstock und seine Varietäten (Frankfurt 1843-45)** oder auch **Der Weinbau in Geschichten und Gesprächen (1846)**. Ferner wäre der Heidelberger Universitätsgärtner **Johann Metzger** zu nennen, der 1827 eine Abhandlung mit dem Titel **Der rheinische Weinbau in theoretischer und praktischer Beziehung** vorlegte.

Anlässlich der Ausstellung in der Badischen Landesbibliothek Karlsruhe „Literatur zum Weinbau in Baden-Württemberg" Anfang 2007 sind drei Schriften neu erschienen, die einiges Interesse verdienen. So der **Briefwechsel 1877 – 1880 zwischen Adolph Blankenhorn und Friedrich Hecker**. Der Eichtersheimer Hecker war es nämlich, der dem bedeutenden Oenologen und Weinliteratursammler Blankenhorn („bibliotheca oenologica") den entscheidenden Tipp gab im Kampf gegen die Reblaus und den Kontakt zu dem amerikanischen Forscher Charles Val. Riley herstellte. Im Alter wandte sich der Revolutiär augenscheinlich den viel sanfteren Dingen zu.

Zweitens die Doktorarbeit von **Theodor Heuss: Weinbau und Weingärtnerstand in Heilbronn am Neckar**. Heuss selbst pflegte eine nostalgisch-humoristische Erinnerung an das Werk des Einundzwanzigjährigen. „Die Erwähnung dieses ersten „wissenschaftlichen" Versuchs hat ... zumeist nachsichtige Heiterkeit gefunden. Die sich unterrichtet fühlten, pflegten zu sagen: Wie Stresemann über den Flaschenbierhandel ..."

Das dritte Büchlein wurde von einem Mann verfasst, dessen Sohn uns besser im Gedächtnis geblieben ist (oder geblieben sein sollte) als er selbst: **Johann Caspar Schiller: Vom Weinbau**. Inwieweit Sohn Friedrich in und um Marbach an seines Vaters Wirken Anteil genommen hat, ist nicht im Detail überliefert. Eine regionale Brauerei in Oggersheim, das sich rühmt, dem deutschen Dichter eine Nacht Exil gewährt zu haben, wirbt indessen mit Schillers Vorliebe für Bier ...

Um im literarischen Milieu zu bleiben: Von Hofdomänenrat **Carl Friedrich Gock**, einem Halbbruder **Hölderlins**, stammt die Darstellung **Über den Weinbau am Bodensee, an dem oberen Neckar und der schwäbischen Alb**, erschienen bei Cotta 1834. Bemerkenswerter Weise war auf dem Plakat der genannten Ausstellung ein Hölderlin-Bruchstück zu lesen.

Wenn über dem Weinberg es flammt
Und schwarz wie Kohlen
Aussiehet um die Zeit
Des Herbstes der Weinberg, weil
Die Röhren des Lebens feuriger atmen
In den Schatten des Weinstocks. Aber
Schön ist's die Seele
Zu entfalten und das kurze Leben.

Gert Boegners immenser Bildfundus, aus dem sein vielbeachteter Bildband **Kraichgau. Streifzug durch Land und Geschichte** (4. Auflage, Karlsruhe 2005) entstanden ist, war uns ein treuer Begleiter.

Eine Sondererwähnung verdient **Karl Serden**, dessen im Verlag Heimat- und Volkskunde 1992 herausgegebener Sammelband **Weinland Kraichgau** von Heimatliebe, historischem Detailwissen und intimer önologischer Kennerschaft zeugt.

Lebensformen, grenzüberschreitend.
Wein-Terrassen bei Mühlhausen an der Enz, südliche Nachbarn des Kraichgau-Stromberg-Gebiets.

Adressen von A bis Z
(die Seitenzahlen verweisen auf die Hauptnennungen)

Adler (s. „Zum Adler")

Adler, Brauereigasthof
(s. „Hotel Adler
Brauerreigasthof")

Adler Metzgerei
(S. 41), Brückenstr. 1
74889 Waldangelloch
Stadt Sinsheim
07265 250

Alte Mühle (S. 140)
(Gutsausschank) Im Wert 1
74831 Gundelsheim
06269 427333

Altes Rathaus (S. 222)
Weinstube Fam. Vinçon
Hauptstr. 11
75438 Knittlingen-
Kleinvillars
www.altes-rathaus.com

Altes Rentamt
(s. „Zum Alten Rentamt")

Auenhof
(s. „Lebens- und Arbeits-
gemeinschaft Auenhof")

Bälz (S. 176)
(Metzgerei, Gaststätte)
Hauptstr. 51
74193 Schwaigern-Stetten
07138 6237

Bäckerei Stier (S. 150)
Altstadtstr. 20
75031 Eppingen
07262 912096
www.backstube-stier.de

Baumbachhof (S. 208)
Baumbachweg 9
75438 Kleinvillars
07043 909987

Baumgärtner (S. 236)
(Weingut) An der Steige 94
74343 Sachsenheim-
Hohenhaslach
07147 6298
www.weingut-
baumgaertner.de

Becker (S. 81) (Weingut)
Oberer Jagdweg 13
69254 Malsch
07253 25189
www.weingutbecker.de

Benz (S. 154) (Weingut)
Eppinger Str. 56
75031 Eppingen-Elsenz
07260 1807

Besenstube Büchele (S. 223)
Heiligenäcker 1
75057 Kürnbach
07258 7640
 (2 Stufen am Eingang)

Besenwirtschaft
Kümmerle (S. 181)
Bahnhofstraße 23
74193 Schwaigern-Stetten
07138 6574
www.kuemmerles-besen.de

Bischoff (S. 303) (Weingut)
Bahnhofstr. 14
75210 Keltern-Dietlingen
07236 6728
www.weingut-bischoff.de

Bös (S. 77)
(Weingut)
Wiesenäcker 2
69254 Malsch
07253 278818
www.weingut-boes.de

Bosch (S. 99)
(Weingut)
Gutenbergstr. 8
76669 Bad Schönborn
Verkauf ab Frühjahr 2008:
Obere Lußhardt 1/1
76709 Kronau
07253 3852

Brauerreigasthof,
Hotel Adler (s. „Hotel Adler
Brauerreigasthof")

Bregler (S. 161)
(Winzerhof)
Hahngrundstr. 29
75056 Sulzfeld
07269/6166
www.winzerhof-bregler.de

Brüssel (S. 161)
(Weingut und Weinstube)
Hauptstr. 140
75056 Sulzfeld
07269 584
www.weingut-bruessel.de

Bundschuh (S. 289)
(Weinstube)
Friedrichstr. 14
76229 Karlsruhe-
Grötzingen
0721 4839260

Burg Hornberg (S. 140)
(Weingut)
74865 Neckarzimmern
06261 5001 ab 10 Uhr
www.burg-hornberg.de

Burg Ravensburg
(S. 168)
(Weingut)
Hauptstr. 44
75056 Sulzfeld
07269 91410
www.burg-ravensburg.de

Burg Steinsberg (S. 135)
(Restaurant)
Steinsberg 1
74889 Sinsheim-Weiler
07261 65266
www.burg-steinsberg.de

Burg Ravensburg
(S. 168)
(Restaurant)
Hauptstr. 44
75056 Sulzfeld
07269 914191
www.burg-ravensburg.de

Czech (S. 200)
(Weingut)
Schillerstr. 21
75057 Kürnbach
07258 1562
Besenwirtschaft:
Mühlstr. 1
07258 926324
www.weingut-czech.de

Dorfschänke (S. 207)
Franz-von-Sickingen-Str. 20
75038 Flehingen
07258 222

Engel, Zum (S. 96)
(Gaststätte)
Andreasplatz 8
76698 Ubstadt-Weiher
07251/6600

Faigle (S. 238)
(Weingut)
Zum vorderen Weinberg 44
71665 Vaihingen/Enz-
Horrheim
07042 34567
www.weingut-faigle.de

Ferber (S. 195)
(Weindorf)
Ferdinand-von-
Steinbeis-Ring 43
75447 Sternenfels
07045 200480
www.weindorf-ferber.de

Fußball Gaststätte
des VfB (S. 69)
Schönbornstr. 9
69231 Rauenberg
06222 62644

Gaststätte Scharfes Eck
(S. 207)
Gochsheimer Str. 23
75038 Oberderdingen
07258 924080

Gaststätte
Schlossgartenrestaurant
(S. 207)
Franz-v.-Sickingen-Str. 47
75038 Oberderdingen
07258 1512

Genossenschafts-
kellerei Roßwag-
Mühlhausen eG
(S. 253)
Manfred-Behr-Str 34
71665 Vaihingen/Enz-
Roßwag
07042 2950
www.wein-rosswag.de

Gille (S. 255)
(Weingut)
Mühlhäuser Str. 7
71665 Vaihingen/
Enz-Roßwag
07042 25005

Goldene Gans (S. 65)
(Weingut Krämer)
Schillerstr. 42
69234 Dielheim
06222 70535

Goldener Ochsen
(S. 295)
Durlacher Str. 8
75210 Keltern-
Ellmendingen
07236 8142

Graf Neipperg
(S. 177)
(Weingut)
Schlossstr. 12
74193 Schwaigern
07138 941400
neipperg@t-online.de

Grenzsägmühle
(S. 300)
(Gasthaus)
Grenzsägmühle 2
75210 Keltern-
Niebelsbach
07082 7101
www.grenzsaegmuehle.com

Grötzinger Ratsstuben
(S. 290)
Niddastr. 9
76229 Karlsruhe-
Grötzingen
0721 4839304
www.groetzinger-
ratsstuben.de

Grüner Baum
(S. 273)
(Landgasthof)
Hauptstr. 40
76646 Bruchsal-
Obergrombach
07257 3331
gruenerbaumgrimm
@web.de

Grüner Hof (S. 20)
(Hotel)
Karlsruher Str. 2
75015 Bretten-Diedelsheim
07252 93510
www.gruener-hof.de

Guggugsnescht (S. 126)
(Weingut Zorn)
Prof. Hubbuch-Str. 21
76703 Kraichtal-Neuenbürg
07259 1656
www.guggugsnescht.de

Guthmann (S. 306)
(Weingut)
Karlsbader Str. 80
75196 Remchingen
07232 71739
Weinberghütte
(Besenwirtschaft):
Beim Albrechtshof
75210 Keltern-Ellmendingen
07236 6540

Guy Graessel (S. 20)
(Restaurant)
im Hotel „Grüner Hof"
Karlsruher Str. 2
75015 Bretten-Diedelsheim
07252 7138
www.guy-graessel.de

Haagen (S. 245)
(Weingut)
Sternenfelser Str. 20
74343 Sachsenheim-Häfnerhaslach
07046 6202

Hafner (S. 103)
(Weingut)
Schönigstr. 2
76090 Ubstadt-Weiher
07253 5414
www.weinguthafner.de

Häge (S. 264)
(Weingut)
Illinger Str. 13
75428 Illingen-Schützingen
07043 8915
www.weingut-haege.de

Hagenbucher (S. 162)
(Weingut) Friedrichstr. 36
75056 Sulzfeld
07269 911120
www.weingut-hagenbucher.de

Hammerschmiede
(S. 105) (Wein- und
Sektgut) Seegrabenstr. 1
76698 Ubstadt-Weiher
07251 961555
www.weingut-hammerschmiede.de

Häußermann (S. 190)
(Weingut) Burrainstr. 55
75447 Sternenfels-Diefenbach
07043/8449
www.weingut-haeussermann.de

Heitlinger (S. 33)
(Weingut) Am Mühlberg 3
76684 Östringen-Tiefenb.
07259 91120
www.heitlinger-wein.de

Hildes Besenstüble
Heilbronner Str. 45
74038 Großvillars
07045 3368
www.hildes-besenstueble.de

Petite Willegaß
(S. 123) (Weingut Hirsch)
Mittelstr. 1
76684 Ostringen-Odenheim
www.weingut-hirsch.de
07259 1085

Hockenberger (S. 151)
(Weingut)
Sinsheimer Str. 47
75031 Eppingen /
Elsenz
07260 684

Hoensbroech (Weingut)
(siehe „Reichsgraf
und Marquis zu
Hoensbroech")

Höhengaststätte Leinburg
(S. 150)
75031 Eppingen-Kleingartach
07138 811150

Hoepfner Burghof
(S. 290)
Haid-und-Neu-Str. 18
76131 Karlsruhe
0721 6183400
www.hoepfner.de

Honold (S. 117)
(Weingut)
Am Hummelberg 1
76684 Östringen
07253 278627
www.weingut-honold.de

Hornberg, Burg
(s. „Burg Hornberg")

Hotel Adler Brauereigasthof (S. 137)
Hoffenheimer Straße 1
74939 Zuzenhausen
06226 92070
www.brauereigasthof-adler.de

Hummel (S. 84)
(Wein- & Sektgut)
Oberer Mühlweg 5
69254 Malsch
07253 27148
www.weingut-hummel.de

321

Ihle (S. 56)
(Weingut)
Höfe am Strößel 3
69231 Rauenberg
06222 64692
www.weingut-ihle.de

Im Kuckuckshof (S. 297)
(Weingut Neye)
Lange Str. 51
76307 Karlsbad-Ittersbach
07248 291
www.kuckuckshof.de

Jaber's Bar
(Bistro, Café)
(S. 154)
Bahnhofstraße 7
69151 Neckargemünd
06223 868977
www.jabers.de

Jaggy (S. 226)
(Weingut)
Obertal 1
75443 Ötisheim
07041 3502
www.weingut-jaggy.de

Kaiser, Zum
(s. „Zum Kaiser")

Kannenbesen, Zum
(s. „Zum Kannenbesen")

Kanne-Post (S. 229)
(Gasthof)
Stuttgarter Str. 3
75438 Knittlingen
07043 32213

Keller (S. 236)
(Weingut)
Rechentshofer Str. 8
74343 Sachsenheim-Hohenhaslach
07147 7909
www.keller-weingut.de

Kelterhof (S. 223)
(Weingut)
Fam. Schäufele/Heckele
Freudensteiner Str. 1
75038 Großvillars
07045 8565
www.kelterhof.de

Kempf (S. 87)
(Weingut)
Oberer Mühlweg 9 c
69254 Malsch
07253 278500

Kern (S. 209)
(Weingut)
Sternenfelser Str. 51
75038 Oberderdingen
07045 911060
www.weingut-kern.de
 (Zimmer nicht)

Kern (S. 161) (Weingut)
Justinus-Kerner-Str. 2
75056 Sulzfeld
07269 960712

Klenerts (S. 290)
Restaurant auf
dem Turmberg
Reichardtstr. 22
76227 Karlsruhe
0721 41459
www.klenerts.de

Klosterschmiede (S. 220)
(Hotel-Restaurant)
Klosterhof
75433 Maulbronn
07043 40000
www.klosterschmiede.de

Klumpp (S. 107) (Weingut)
Heidelberger Str. 100
76646 Bruchsal
07251 16719
www.weingut-klumpp.de

Koch (S. 67)
(Weingut)
Rudolf-Diesel-Str. 4
69234 Dielheim
06222 70344
www.weingut-koch-baden.de

Konditorei Schell
(s. „Schell Schokoladen-manufaktur")

Kraichgau-Stromberg Tourismus e.V.
Melanchthonstr. 32
75015 Bretten
07252 96330
www.kraichgau-stromberg.de

Kranz (S. 290)
(Musik- und Bierkneipe)
Pfinztalstr. 39
76227 Karlsruhe-Durlach
0721 405485

Krone (S. 21)
(Gasthaus)
Hauptstr. 30
75428 Illingen-Schützingen
07043 2264

Krone (Hotel-Restaurant)
(S. 221)
Marktplatz 2
75015 Bretten
07252 97890
www.krone-bretten.de

Krone (S. 204)
(Landgasthof)
Untere Bergstr. 2
76703 Kraichtal-Gochsheim
07258 91240
www.landgasthof-krone-kraichtal.de

Krone, Zur
Weingarten
(s. „Zur Krone")

Kuckuckshof (Weingut)
(siehe „Im Kuckuckshof")

Küferschänke (S. 145)
(Hotel, Restaurant, Weingut)
Kaiserstr. 83-85
74889 Sinsheim-Weiler
07261 2418
www.kueferschaenke.de

Kümmerle (S. 181)
(Privatkellerei)
Entengasse 11
74193 Schwaigern-Stetten
07138 6674
www.privatkellerei-
kuemmerle.de

Kümmerle, Besenwirtschaft
(s. „Besenwirtschaft
Kümmerle")

Lamm (S. 224) (Gasthaus)
Henri-Arnaud-Str. 10
75443 Ötisheim-
Schönenberg
07041 5227

Lamm, Zum (s. „Zum Lamm")

Lamm (S. 252)
Schützinger Str. 5
(Gasthof)
71665 Vaihingen/Enz-
Gündelbach
07042 22068

Lamm (S. 236)
(Hotel-Restaurant)
Klosterbergstr. 45
71665 Vaihingen/Enz-
Horrheim
07042 83220
www.hotel-lamm-heim.de

Lamm (S. 251)
(Gasthof)
Rathausstr. 4
71665 Vaihingen/Enz-
Roßwag
07042 21413
www.lamm-rosswag.de

Lamm, Weißes
Bruchsal-Untergrombach
(siehe „Weißes Lamm")

Landmetzgerei Renz
(S. 155)
Eppinger Straße 55
75031 Elsenz
07260 8367
www.landmetzgerei-
renz.de

Lebens- und
Arbeitsgemeinschaft
Auenhof (S. 221)
Auweg 34
75245 Neulingen-
Bauschlott
07237 4854631
www.auenhof.org

Leinburg, Höhen-
gaststätte
(s. „Höhengaststätte
Leinburg")

Lindner (S. 208)
(Hotel und Restaurant
Alte Weinstube)
Hemrich 7
75038 Oberderdingen
07045 96330
www.lindner.de

LoewenThor /
Hotel Hahn (S. 271)
Bruchsaler Str. 4
75053 Gondelsheim
07252 6676
www.LoewenThor.de

Lutz (S. 214)
(Weingut, Weinstube und
Gästehaus)
Amthof 1
75038 Oberderdingen
07045 201900
www.weingut-lutz.com

Markheiser (S. 147)
(Weingut)
Unter der Stadt 14
74889 Sinsheim-
Hilsbach
07260 421

Meisersick (S. 69)
(Besenwirtschaft)
Malschenberger Str. 20
69231 Rauenberg
06222 60232

Menges (S. 62)
(Weingut, Hotel, Gutshof)
Suttenweg 1
69231 Rauenberg
06222 95110
www.gutshof-menges.de
 (Weingut)

Merkle (S. 241)
(Weingut)
Blankenhornstr. 12-14
74343 Sachsenheim-
Ochsenbach
07046 7677
www.weingut-merkle.de

Metzgerei Gaststätte Bälz
(s. „Bälz")

Mühlenbäcker
(S. 137)
Mühlweg 9
74939 Zuzenhausen
06226 1372
ww.dermuehlen-
baecker.de

Neipperg, Graf (Weingut)
(s. „Graf Neipperg")

Ochsen (S. 290)
Pfinzstr. 64, 76227 Karlsruhe
0721 943860
www.ochsen-durlach.de

Ochsen, Keltern-Ellmendingen
(s. „Goldener Ochsen")

Ochsen, Zum, Sternenfels-Diefenbach (s. „Zum Ochsen")

Palmbräuhaus (S. 157)
Rappenauer Str. 5
75031 Eppingen
07262 8422
www.palmbraeuhaus.de

Palatin Wiesloch (Hotel)
Ringstr. 17-19
69168 Wiesloch
06222 58201
www.palatin.de

Palme (S. 157) (Gaststätte)
Rappenauer Str. 10
75031 Eppingen
07262 610704

Pavillon (S. 134)
(Besenwirtschaft) Oststr. 5
74831 Gundelsheim
06269 8015
www.weinbau-pavillon.de

Pfefferle (S. 171) (Weingut)
Ochsenburger Str. 17
75056 Sulzfeld
07269/6190
www.weingut-pfefferle.de

Plag (S. 197) (Weingut)
Leibergerweg 1
75057 Kürnbach
07258 234
www.weingut-plag.de

Rapp-Kieß (S. 43)
(Weingut)
Franz-Lehar-Str. 17
74889 Sinsheim-Eschelbach
07265 8727
www.weingut-rapp-kiess.de

Rathaus, Altes
(s. Altes Rathaus)

Ratsstuben, Grötzingen
(s. „Grötzinger Ratsstuben")

Ravensburg, Burg
(s. „Burg Ravensburg")

Ravensburg, Burg
(Restaurant)
(s. „Burg Ravensburg, Restaurant")

Reblandhof (S. 165)
(Weingut Kern)
Eppinger Weg 3
75056 Sulzfeld
07269 6162
www.weingut-reblandhof.de

Reichsgraf und Marquis
zu Hoensbroech (S. 37)
(Weingut) Hermannstr. 12
74918 Angelbachtal-Michelfeld
07265 911034
www.hoensbroech.eu

Remise (S. 137)
(Landhaus, Gasthaus)
Hauptstr. 62a
74869 Schwarzach
06262 92220
 (Landhaus)

Renz, Metzgerei
(s. „Metzgerei Renz")

Restaurant Schloßstuben
(S. 269)
Schlosswiesen 4
75053 Gondelsheim
07252 6446

Ringhotel Winzerhof
(S. 69)
Bahnhofstraße 4-8
69231 Rauenberg
06222 9520
www.winzerhof.net

Rose (S. 236)
(Metzgerei und Gasthaus)
Freudentaler Str. 1
74343 Sachsenheim-Hohenhaslach
07147 6370

Rose (S. 270)
(griechisches Gasthaus)
Leitergasse 7
75053 Gondelsheim
07252 42552
www.gasthaus-rose.org

Rössel, Zum
(s. „Zum Rössel")

Rössle (S. 298)
Langestr. 41
76307 Karlsbad-Ittersbach
07248 925031

Rübenacker's Restaurant
Zum Kaiser (S. 296)
(Restaurant)
Bachstr. 41
75210 Keltern-Dietlingen
07236 6289
www.ruebenackers-kaiser.de

Sängerklause (S. 70)
Heiligwiesen 4
69231 Rotenberg
06222 660551

Schäfer (S. 284)
(Weingut)
Jöhlinger Str. 46
76356 Weingarten
07244 722316
www.wein-gut-schaefer.de

Scharfes Eck, Gaststätte
(s. „Gaststätte Scharfes Eck")

Schiele (S. 59)
(Weingut)
Weieräcker 17
69231 Rauenberg
06222 62040

Schloss Bruchsal (S. 111)
76646 Bruchsal
07251 742661
www.schloss-bruchsal.de

Schlossgartenrestaurant,
Gaststätte (s. „Gaststätte
Schlossgartenrestaurant")

Schlosshotel Michelfeld /
Lachers Restaurant (S. 31)
Friedrichstr. 2
74918 Angelbachtal-
Michelfeld
07265 70412
www.schlosshotel-
michelfeld.de
(Restaurant)

Schlossrestaurant
Eichtersheim (S. 31)
Hecker-Stuben
Schlossstr. 1
74918 Angelbachtal-
Eichtersheim
07265 917173

Schützenhaus Durlach
(S. 290)
Jean-Ritzert-Str.8
76227 Karlsruhe
0721 491368

Schwanen, Zum
(s. „Zum Schwanen")

Schloßstuben
(s. „Restaurant Schloßstuben")

Sonnenbergbesen (S. 176)
Thorsten Will
Sonnenberghof 1
74193 Schwaigern-Stetten
07138 67177
thorcar.will@web.de

Sonnenfeldhof (S. 161)
(Weingut) Eppinger Weg 4
75056 Sulzfeld
07269 1590

Sonnenhof (S. 257)
(Weingut) Sonnenhof 2
71665 Vaihingen/Enz-
Gündelbach
07042 818880
www.weingutsonnenhof.de

Staudt (S. 101)
(Weingut und Brennerei)
Kapellenstr. 56a
76698 Ubstadt-Zeutern
07253 50715

Steinsberg, Burg-Restaurant
(s. „Burg-Restaurant
Steinsberg)

Steinbachhof (S. 261)
(Weingut)
Hofgut Steinbachhof 1
71665 Vaihingen/Enz-
Gündelbach
07042 21452
www.weingutsteinbachhof.de

Staatsweingut
Karlsruhe-Durlach (S. 286)
Posseltstr. 19
76227 Karlsruhe
0721 940570
www.turmbergwein.de

Stier, Bäckerei
(s. „Bäckerei Stier")

Talschenke (S. 150)
(Restaurant und Metzgerei)
Talstr. 21, 75031 Eppingen
07262 8367
www.talschenke-eppingen.de

Thalsbach, Weingut am
Kraichgauer Weinstr. 1
76684 Östringen
07253 2789900
www.thalsbach.com

Turmbergrestaurant
(s. „Klenerts")

Ungerer (S. 90)
(Weingut) Brunnengasse 1
69254 Malsch
07253 2971

Viktoriagarten (S. 290)
(Restaurant) Viktoriastr. 7
76133 Karlsruhe
0721 21110
www.viktoriagarten-
karlsruhe.de

Villa Heitlinger
(s. „Heitlinger")

Vinçon-Zerrer (S. 223)
(Weingut)
Heilbronner Str. 50
75038 Oberderdingen-
Großvillars
07045 761
www.vincon-zerrer.de

Vinçon, Waldenser-Besen
(s. „Waldenser-Besen")

Vogelbräu (S. 290)
Amalienbadstr. 16
76227 Karlsruhe-Durlach
0721 819680
www.vogelbraeu.de
 (über Hotel Blauer Reiter)

Waldenserbesen
(S. 208)
Hans Vinçon, Lehrn 5
75038 Großvillars
07045 2557

Walksches Haus (S. 289)
(Hotel, Restaurant)
Marktplatz 7
76356 Weingarten
07244 70370
www.walksches-haus.de

Weiberle (S. 236)
(Weinbau)
Horrheimer Str. 4
74343 Sachsenheim-
Hohenhaslach
07147 6282
www.weinbau-weiberle.de

Weinberghütte
(s. „Guthmann (Weingut)")

Weißes Lamm
(s. „Zum Weißen Lamm")

Wimmers Landwirtschaft
(S. 53), Im Grassenberg 2
69168 Wiesloch
06222 50059
www.wimmers-
landwirtschaft.de

Winter (S. 70)
(Weingut)
Hauptstr. 33
69231 Rauenberg
06222 63823
www.weingut-winter.de

Winzergenossenschaft
Weingarten (S. 279)
Kirchbergstr. 17
76356 Weingarten
07244 70330
www.wg-weingarten.de

Winzerhof, Ringhotel
(s. „Ringhotel Winzerhof")

Winzerkeller Wiesloch e G
(S. 50) Bögnerweg 3
69168 Wiesloch
06222 92730
www.winzerkeller-
wiesloch.de

Zaiß (S. 252) (Weingut)
Feldbergweg 9
75428 Illingen-
Schützingen
07043 920660
www.weingut-zaiss.de

Zehntkeller (S. 71)
Kirchberg 1
69254 Malsch
07253 988788
www.weinschmecker
restaurant.de

Zum Adler (S. 41)
(Gasthaus, Metzgerei)
Brückenstr. 30
74889 Sinsheim-
Waldangelloch
07265 250

Zum Adler (S. 251)
(Restaurant) Rathausstraße
71665 Vaihingen/Enz-
Roßwag
07042 21321

Zum Alten Rentamt (S. 175)
(Hotel, Restaurant)
Schlossstraße 6-8
74193 Schwaigern
07138 5258
www.altesrentamt.de

Zum Kannenbesen (S. 129)
(Besenwirtschaft)
Herrenstr. 28
76703 Kraichtal-
Unteröwisheim
07251 63409
www.kannenbesen.de

Zum Lamm (S. 175)
(Gasthaus)
Marktstr. 1
74193 Schwaigern
07138 5357
www.zumlamm-
schwaigern.de

Zum Rössel (S. 31)
(Gasthaus)
Hauptstr. 15
74918 Angelbachtal-
Eichtersheim
07265 696
www.zumroessel.de

Zum Schwanen (S. 237)
(Landgasthof)
Dorfstr. 47
74343 Sachsenheim-
Ochsenbach
07046 2135
www.schwanen.de

Zum Ochsen (S. 193)
(Gaststätte)
Zaiserweiher Str. 1
75447 Sternenfels-
Diefenbach
07043 955380
www.ochsen-zu-
diefenbach.de

Zur Krone (S. 289)
(Hotel, Restaurant)
Marktplatz 6
76356 Weingarten
07244 741240
 (Restaurant)

Zum Weißen Lamm
(S. 274)
(Hotel, Restaurant)
Schulstr. 6
76646 Bruchsal-
Untergrombach
07257 1366
www.weisses-lamm-
bruchsal.de

Index

Aalkistensee 217
Adelmann, Graf 259
Adler 21, 31, 41f., 251, 256
Adlerbrauerei 89, 137
Aglasterhausen 136
Alb, Schwäbische 179, 315
Allion, Horst 102
Allmendinger, Ulrich 253
Alnatura 161, 167
Altes Palmbräu-Haus 156f.
Altes Rentamt 175
Altes Schloss 137
Altes Testament 292f.
Alte Kelter 292f.
Alte Mühle 134ff., 140ff.
Alte Universität 156
Amtshof 207f., 216
Amtsschreiber-Cuvée 215f.
Anakreontiker 179, 231
Angelbachtal 13ff., 29ff., 37
Anthelu 117
Antinori 166
Apfelbrei 123, 125
Aphrodite 293
Arnaud, Henri 220, 227
Assmanshausen 163
Ataraxia 43
Auenhof 161, 221
Augsburg 267
Augustinerkeller 301
Australien 66, 95, 165, 245
Auxerre 95
Auxerrois 13, 16, 39, 42, 51, 56, 60, 64, 68, 72, 79, 82f., 95, 98, 102, 104, 106, 108f., 119, 127, 278ff., 284, 288

Babo, Lambert von 314
Bacchus 234
Backstoikas 191
Baden 14, 79, 95, 160, 188, 274, 286f., 289, 298, 313f.

Baden-Baden 125, 276
Baden-Württemberg 186, 248, 257
Bäder, Dr. 259
Badisch-Rotgold 70
Badischer Befreiungskrieg 275
Badischer Weinbau 287
Badischer Whisky 89
Badisches Husarenregiment 170
Badisches Rindfleisch 90
Badische Bergstraße 13, 19, 160
Badische Landesbibliothek 314
Bad Schönborn 7, 94ff., 99f.
Bad Schönborn-Langenbrücken 97, 99
Bad Schönborner Goldberg 99
Barall, Nikos 143
Barlach, Ernst 121
Bärlauch 23, 102, 108, 152, 156, 226, 229f.
Bärlauchbrand 102
Bärlauchklößchen 23, 231
Bärlauchknödelchen 229
Bärlauchknöpfle 156
Bärlauchmaultaschen 152, 226
Bärlauchmousse 108
Barta, Georg 193f.
Bauernhof Lerchennest 136
Bauernkrieg 71
Baumbachhof 208
Baumgärtner 236
Bauschlott 161, 221, 269
Beaune 272
Becker 11, 20, 72f., 81ff.
Becker, Alexander 83
Becker, Herbert 81ff.
Becker, Manuel 83
Becker, Marliese 82
Beethoven, Ludwig van 84, 203
Bender, Jürgen 50

Benz, Bertha Cäcilie 48
Benz, Georg 150, 154f.
Bergstraße 13, 19, 50f., 73, 160, 185, 276
Berlichingen, Götz von 132, 134, 143
Berlin 97, 200, 224, 252, 261
Berlin, Bahnhof Zoo 261
Bernard Lutz 214
Bernkastel-Kues 228
Besenbrot 49, 90, 127, 161, 164, 185, 225
Besenwirtschaft 49, 56, 79, 90, 115, 123, 134f., 143, 148, 161, 165, 185, 200f., 208, 216, 238, 251, 255f., 307

Besenwirtschaften

Besenwirtschaft „Reblaus" 79
Besenwirtschaft Brüssel 161
Besenwirtschaft Czech 185, 200ff.
Besenwirtschaft Faigle 238
Besenwirtschaft Gille 21, 251, 255f.
Besenwirtschaft Guthmann 306f.
Besenwirtschaft Hirsch 123
Besenwirtschaft Ihle 49, 56
Besenwirtschaft Kümmerle 176
Besenwirtschaft Markheiser 134f., 147f.
Besenwirtschaft Meisersick 69
Besenwirtschaft Ungerer 90f.
Besenwirtschaft Vinçon, Waldenser-Besen 208, 222

Best of Bio 109
Best of Sweet 85

Bezner, Helmut 257
Biedermeier 47, 52, 203, 206
Biodynamik 165
Biofach 109
Bischoff 20, 296, 300, 303ff.
Bischoff, Claus 20, 296, 300, 303ff.
Blankenhorn, Adolph 314
Blau, Brigitte 105
Blau, Lothar 105f.
Blaufus, Marie 66
Bockenheim 73
Bodensee 311
Bodenseegebiet 265
Boegner, Gert 315
Bolivien 40
Bona dea 235, 241, 244
Bönnigheim 19, 176
Bordeaux 34, 109, 173
Bordeaux-Blend 109
Bordelais 84, 174
Bös 20, 72f., 76ff.
Bös, Rüdiger 72, 77
Bosch 97, 99f.
Bosch, Andreas 99f.
Bosch, Ludwig 99
Bosch, Rudolf 99f.
Bourgogne 22
Boussierhäusel 52
Brackenheim 19, 176
Brahms, Johannes 268
Brandt, Willy 154
Brasilien 120
Brätbrot 216
Braten 200, 231
Bratwurst 255
Bratwurstbrot 143
Bregler 161
Bremen 125
Bremer Stadtmusikanten 171
Brennerei Staudt 101f.
Bretten 217, 221, 224, 284
Brettener Laible 150
Bronner, Johann Philipp 47f., 88, 95, 108, 154, 254
Bruchsal 7, 20, 95f., 98, 107ff., 111, 273f.
Brüssel 161, 172
Bubespitzle 229
Buck 60
Buitenverwachting 62
Bundesehrenpreis 257
Bundschuh 289f.
Bürgergarten 52
Burgrestaurant Ravensburg 161
Burgrestaurant Steinsberg 135

Burgund 2, 40, 83
Burgund, Herzog Philipp von 40
Burgunderschinken 127
Burg Hornberg 132, 143
Burg Ravensburg 168ff.
Burg Steinsberg 135
Burmeister, Claus 161, 168ff.

Cabernet-Cuvée 104
Café Bistro Jabers 154
Café Burckhard 29
Cantate 167
Chablis-Serie 280
Champagne 2, 22, 95, 108, 143
Champagner 108, 281
Champagner-Bier 271f.
Charly 124
Chartaque 220f.
Christmann 99, 109
Chyträus, David 313
Classic-Linie 104
Clausewitz 113
Closterweinberg 228, 265
Corvus 168ff.
Corvus Lemberger 169
Corvus Spätburgunder 169
Cotta 315
Creation Emilia 79
Cube, Felix von 43, 46
Cuvée 61, 63, 66, 109, 119, 128, 198, 214, 260, 263
Cuvée „Jakobus" 214
Cuvée „M" 109
Cuvée Alfred 63
Cuvée Andrea 61
Cuvée Coronari 119
Cuvée Donero 260
Cuvée E.M. 263
Cuvée Goldene Gans 66
Cuvée Rouge 198
Cuvée Zornissimo 128
Czech 185, 187, 200ff.
Czech, Alexander 201
Czech, Josef 200ff.

Dachsenfranz-Biere 137
Dampfnudel 274
Dante 292
Darmstadt 185
Darting 197
Deinhard 109
Dekkar, Nordin 300
Demeter 293
Deutsches Weininstitut 285

Deutschherren-Kloster 134, 137
Dialog-Weine 35
Diedelsheim 20
Diefenbach 20f., 183ff., 190ff., 234, 250
Diefenbacher König 183ff., 190, 192
Diefenbacher Ochsen 193f.
Dielheim 19, 47, 49, 65ff.
Dietlingen 291, 296, 303f.
DIE GÜTER 174
Dionysos 199, 234
Doll, Alexander 270, 279ff.
Domkapitel Speyer 262
Donau 179
Dorfbackhaus 225
Dorfberg 184
Dorfschänke 207
Dörndl 54
Douglas, Grafen 269
Drautz 259
Dreher, Erich 102
Dreißigjähriger Krieg 114, 204, 226
Durbach 272
Durlach 275ff.
Dürrenzimmerner Weißburgunder 156
Düsseldorf 281

Eberbacher Schollerbuckel 134
EcoVin 107f.
Eco Vin-Trophy 298
Eichelberg 29, 32
Eichendorff, Joseph von 292
Eichrodt, Ludwig 203
Eichtersheim 15, 30ff., 314
Eichtersheimer Wasserschloss 31
Eilean Donan Castle 204
Eilfinger Berg 20, 217, 221, 228
Eißler 252, 261f.
Eißler, Nanna 252, 261f.
Eißler, Ulrich 261f.
El'secco 123
Ellmendingen 291, 293f., 296, 300, 301, 304, 306
Ellmendinger Keulenbuckel 294
Ellwanger 259
Elsass 274
Elsässer 300

Elsenz 16, 20, 29, 149ff., 151ff., 311
Elsenzer Spiegelberg 151
Enz 16, 247ff., 253ff., 303, 311
Epikureismus 104
Eppingen 21, 149f., 156f.
Erlenbrüchle 114
Erntehelfer 238, 248
Eros 240
Eschelbach 29, 43f.
Essig, Jürgen 253f.
Etage du Chef 35
Etage Tradition 35
Ettlingen 284, 313

Fachwerkpfad 151
Faigle 235f., 238f., 240
Faigle, Dieter 239f.
Faigle, Heide 240
Faigle, Kerstin 238ff.
Faigle, Willi 238, 240
Fastnachtstradition 72
Faust, Dr. Johann 14, 219, 221, 231
Faust-Geburtshaus 219
Feigenbutz, Leopold 113, 204, 313
Feil 131
Feinschmeckerbesen 187, 199
Fellbach 190
Ferber 187, 195f., 205
Fidelio 106
Fischer 257ff.
Fischer, Albrecht 257ff.
Fischer, Charlotte 258
Fischer, Joachim 258
Fischer, Martin 258
Flammkuchen 106, 300, 306
Fleckenstein, Antje 73
Fledermäuse 307
Flehingen 203ff.
Fleischküchle 129
Flotationsanlage 201
Frankreich 48, 84, 109, 173, 180
Französische Klone 265
Freudenhälde 150
Freudensteiner Reichshalde 190
Friedrich der Große 135f.
Frisch, Jean-Jacques 300
Frost, Birgit 115, 120ff.
Fuller, Stephanie 277, 286
Fußball Gaststätte des VfB 69
Füllhorn 161, 167
Füllselwurst 79
Fundo 122
Fürst, Paul 62

Fürstbischöfe 21, 111, 267, 271

Gadamer, Hans-Georg 91
Galerie 152
Gallomes 182
Gärtner 116, 129ff.
Gärtner, Klaus 129f.
Gärtner, Kurt 129

Gasthäuser

Gasthaus Adler, Waldangelloch 21, 31, 41f.
Gasthaus Adler, Roßwag 251, 256
Gasthaus Altes Rentamt 175
Gasthaus Alte Mühle 134, 137, 140, 142f.
Gasthaus Bälz 176
Gasthaus Bundschuh 290
Burgrestaurant Ravensburg 160
Burgrestaurant Steinsberg 135
Café Bistro Jabers 154
Gasthaus Dorfschänke 207
Gasthaus Engel 96ff.
Gasthaus Grenzsägmühle, Ellmendingen 295, 300f.
Gasthaus Grüner Baum 270, 273
Gasthaus Grüner Hof 20
Höhengaststätte Leinburg 150
Gasthaus Kaiser 296
Gasthaus Kanne-Post 229ff.
Gasthaus Kranz 290
Gasthaus Krone, Bretten 221
Gasthaus Krone, Gochsheim 205
Gasthaus Küferschänke 135, 145f.
Gasthaus Lamm, Horrheim 235
Gasthaus Lamm, Knittlingen 220
Gasthaus Lamm, Roßwag 251
Gasthaus Lamm, Schönenberg 224f.
Gasthaus Lamm, Schwaigern 175
Gasthaus Lamm, Kürnbach 187
Gasthaus Lindner 208

Gasthaus LoewenThor 271f.
Gasthaus Oberländer Weinstube 284
Gasthaus Ochsen, Diefenbach 193ff.
Gasthaus Ochsen, Karlsruhe-Durlach 290
Gasthaus Palme 21, 150, 156f.
Gasthaus Remise 137
Gasthaus Rose, Gondelsheim (griechisch) 270
Gasthaus Rose, Hohenhaslach 236
Gasthaus Rössle 298
Gasthaus Rübenacker's Restaurant, Zum Kaiser 296
Gasthaus Scharfes Eck 207
Gasthaus Schlossgarten 207
Gasthaus Schlosshotel Michelfeld 31
Gasthaus Schlossstuben 269
Gasthaus Schützenhaus 290
Gasthaus Talschenke 150, 156
Gasthaus Viktoriagarten 290
Gasthaus Villa Heitlinger 30, 33ff.
Gasthaus Vogelbräu 290
Gasthaus Walk'sches Haus 280, 285, 289
Gasthaus Wimmer 48, 53ff.
Gaststätte des VfB 69
Gasthaus Zehntkeller 71

Gauangelloch 15
Gauguin, Paul 119
Geigersberg 234, 237, 242
Geisenheim 140, 147, 190
Gemmingen-Hornberg, Baron Dajo von 134, 140ff.
Genossenschaftskellerei Roßwag-Mühlhausen 250, 253f.
Gewölbekeller 116, 216, 246
Gille 21, 251, 255f.
Gille, Monika 255
Gille, Norwin 21, 251, 255f.
Gochsheim 21, 203ff., 207, 268

Gochsheimer Krone 204f.
Gochsheimer Wein 205
Gock, Carl Friedrich 315
Goertz, Jürgen 30
Goethe, Johann Wolfgang 185
Goldene Gans 49, 65f.
Goldparmäne Herzstück 148
Göler 170
Göler, Freiherr Benjamin von 170
Göler von Ravensburg 168
Gondelsheim 21, 267ff., 271, 278
Gondelsheimer Schloss 269
Götzenburg 137, 140
Götzhalde 140, 142
Graessel, Guy 20
Graf Neipperg 174, 177ff.
Gräfin von Paris 147f.
Grand Etage 35
Grappa 61
Grenzsägmühle 295, 300f.
Griebenwurst 146
Grimm-Märchen 65
Grombachtal 269f., 273
Großes Gewächs Husarenkappe 168
Großvillars 208, 223
Grötzingen 275, 278, 287, 290
Grumbirawurscht 127
Grüner Baum 270, 273
Grüner Hof 20
Grünkernsuppe 147
Gsälzbrot 255
Guggugsnescht 114ff., 126ff.
Gündelbach 20, 247ff., 251, 257ff.
Gündelbacher Sonnenhof 20, 257ff.
Gündelbacher Steinbachhof 262ff.
Gündelbacher Wachtkopf 257, 260
Gundelsheim 134, 137, 143
Güth, Servais 81
Guthmann, Siegfried 301, 306f.
Gutsausschank Alte Mühle 134

Haagen, Jürgen 237, 245f.
Habsburg 179
Häcker, Daniel 224f.

HADES 259
Hafner 97, 103f.
Hafner, Hans 103
Hafner, Laura 103
Hafner, Markus 97, 103f.
Häfnerhaslach 233ff., 245f., 250
Häge 252, 264f.
Häge, Ilse 252, 264f.
Häge, Johannes 252, 264f.
Hagen v. Tronje 113, 125
Hagenbucher 20, 81, 161ff.
Hagenbucher, Thomas 161ff., 262
Hainbachtal 32
Hammerschmiede 96f., 105f.
Handkäse 160
Häußermann 20, 184, 186, 190ff.
Häußermann, Friedrich 192
Hecker, Friedrich 30ff.
Hecker-Haus 32
Heger, Dr. 211
Heidelberg 13f., 29, 52, 62, 73, 91, 113f., 134, 150, 156, 165, 308
Heilbronn 165, 175, 190, 200, 235, 315
Heiligenberg-Häfnerhasslach 246
Heiligenberg-Schützingen 264
Heinkel 294
Heitlinger 19, 29ff., 121, 154, 231
Heitlinger, Erhard 29f., 32ff., 121, 231
Helmsheim 269
Hemma 180
Heppenheim 276
Herrenalb 286
Herrnsheim 78
Hesse, Hermann 217ff.
Hessische Bergstraße 276
Heuchelberg-Massiv 176
Heuchelberg-Winzer 181
Heuchelberg-Kellerei 176
Heuriger 298
Heuss, Theodor 315
Hildes Besenstüble 223
Hilsbach 133f., 147f.
Hilsbacher Eichelberg 134, 147f.
Himmelberg 16, 29, 31f., 37ff.
Himmelreich, Zeutern 51, 97

Hindemith, Paul 272
Hirsch 115, 123ff
Hirsch, Elisabeth 115, 123, 125
Hirsch, Karl 115, 123, 125
Hirschgulasch 129
Historische Gaststätte 111
Hockenberger 20, 149ff.
Hockenberger, Thomas 149ff.
Hoensbroech 16f., 19, 21, 31, 37ff., 81, 120, 154, 268, 272
Hoensbroech, Adrian Graf von 38, 40
Hoensbroech, Marquis und Reichsgrafen zu 16, 19, 31, 37ff., 268, 272
Hoepfner 290
Hoffmann, E.T.A. 90
Hofladen 49, 56, 58
Hofmannsthal, Hugo von 251, 272
Höhengaststätte 150
Hohenhaslach 233ff., 250
Hölderlin, Friedrich 176, 257, 315
Holfelder 49
Holunderkäse 221
Holz- und Weinküfer 133
Holzofenbrot 208, 307
Honold 115ff., 128
Honold, Ludwig 115, 117ff.
Hornberg 132ff., 137, 140ff.
Hornberg-Sekt 143
Horrheim 233, 235, 236, 238ff.
Horrheimer Klosterberg 240

Hotels
(siehe Unterkünfte)

Hummel 20, 57, 60, 72, 84ff.
Hummel, Bernd 20, 60, 72, 84ff.
Hummelberg 115, 117, 121
Hus-Hus, Rida 66

Ihle 29, 48f., 56ff.
Ihle, Alois 58
Illinger Schanzenreiter 265
Italien 84, 109
Iti Kai 165
Ittersbach 291, 296f.

Jagdschloss Kirrbachtal 233, 241
Jaggy 220, 226ff., 252
Jaggy, Marie Luise 227, 229ff.
Jakobsweg 116f.
Jannings, Emil 219
Japan 99, 120, 179
Jöhlingen 275, 284f.
Josecco 202

Kaiserstuhl 100, 192
Kalb, Ludwig Heinrich 314
Kalbsnierenbraten 42, 102
Kalbsrollbraten 229
Kämpfelbachtal 292
Kamtschatka 23
Kanne-Post 21, 23, 221, 227, 229ff.
Kannenbesen 116, 129ff.
Kapelle auf dem Letzenberg 71
Karlsruhe 20, 101, 125, 131, 160, 274ff., 277, 284, 286, 289f., 296f., 301, 314f.
Karolingischer Schreiber 207
Kartoffelsalat 123, 147, 161, 274
Kartoffelwurst 49, 56 (s. auch Grumbirawurscht)
Käseladen, Bretten 221
Käs mit Musich 160f., 172
Katte, Hans Hermann von 135
Ka ora 165
Keith, Leutnant von 135
Keller, Gerd 236
Keller, Gottfried 296
Kellertopf 216
Keltern 20, 117, 293, 295f., 300ff.
Kempf, Harald 20, 61, 70, 73, 87ff.
Kempowski, Walter 147
Kern, Weingut 204, 211, 208ff., 214, 234
Kern, Dietrich 165ff.
Kern, Michelle 165ff.
Kernle's Tee 209
Kesselbrühe 223
Kessel- und Salzfleisch 129, 196
Kesselfleisch 200
Keulenbuckel 296, 298
Keuperblut 240
Kieselbronn 164

Kiliansfest 175
Kirbach 236
Kirbachhof 237
Kirbachtal 194, 233f., 241, 246, 250
Kirchberg 236
Kirschen 129
Kirschwasser 148
Kleiner Odenwald 14
Klenerts, Turmberg-Restaurant 290
Klepberg 296, 298
Klingenberg 163, 179
Klingenberger Schlossberg 179
Klosterberg 240
Klosterberg Riesling 240
Kloster Lobenfeld 136
Kloster Maulbronn 217ff., 252, 262
Klumpp 20, 81, 95, 98, 107ff., 116, 120
Klumpp, Andreas 109
Klumpp, Markus 109
Klumpp, Uli 95, 107, 116
Kneller 97
Knipser 109
Knittlingen 14, 21, 217ff., 221, 227, 229ff.
Knittlinger Reichshalde 218, 221
Koch, Cornelia 49, 67f.
Koch, Friedhelm 49, 67f.
Konditorei Schell 134
Königsstuhl 14
Koteletts 274
Kraichbach 16, 105
Kraichgaubahn 177
Krakauer 200
Krämer, Gerlinde 49, 65f.
Krämer, Karl-Friedrich 49, 65f.
Kranz 290
Kräuterkäse 208
Kräuterlikör 240
Krebs, Heike 164
Krebs, Pauline 310
Kreis der Empfindsamen 185
Krim-Sekt 307
Krone, Bretten 221
Krone, Gochsheim 21, 204f.
Krone, Roßwag 251f.
Krone, Weingarten 285, 289
Kuckucksbier 298
Kuckuckshof 296ff.
Küferschänke 135, 145
Kümmerle 175f., 181f.

Kümmerle, Daniel 181f.
Kümmerles Getränkehandel 176, 181f.
Kunz 97
Kürnbach 20, 160, 183f., 187, 197, 199, 200ff., 204, 208f., 216, 314
Kürnbacher Lerchenberg 202
„Kürnbacher Stiftsberg" 183
Kurpfalz 65
Kurz-Lang 171
Kußmaul, Adolf 203
Kutteln 191, 194, 229, 250ff., 301
Kuttelsuppe 251

Lamm 23, 175, 187, 220f., 224, 229, 236, 251f., 274
Lamm, Gasthaus, Horrheim 236
Lamm, Gasthaus, Knittlingen 220
Lamm, Gasthaus, Kürnbach 187
Lamm, Gasthaus, Roßwag 251
Lamm, Gasthaus, Schönenberg 224f.
Lamm, Gasthaus, Schwaigern 175
Landesbank 276, 286
Landgasthof Grüner Baum 273
Landgasthof Metzgerei Bälz 176
Landgasthof Remise 137
Landmetzger Renz 155
Landwirtschaft, Wimmer 48, 53ff.
Late Harvest 166
Laura 103f.
Leberknödel 129
Leberspatzen 229
Lechfeld 293
Léhar, Franz 128
Leinburg 150
Lerchennest 135
Letzenberg 71, 73, 77, 117
Letzenberg-Kapelle 71, 73, 117
Letzenberger Haufen 71
Leuthold, Heinrich 144
Linsensalätle 3,5f.
Linsen mit Spätzle 231
Löchle 21, 157
LoewenThor 21, 266f., 271f.

331

Lorenz, Georg 279
Loriot 165
Lorsch 286
Lötschetal 227
Lucashof 99
Lutz 208, 211f., 214ff.
Lutz, Bernhard 214f.
Lutz, Manuel 214

Mahler, Gustav 228
Main 171
Malaysia 191
Malefizgefängnis 219
Malsch 17, 19f., 56, 71ff.
Malschenberg 69, 79
Malscher Mannaberg 72
Malscher Oelbaum 82
Mänaden 233
Mangold, Gudrun 129
Mannheim 48, 50, 65f., 151f., 210
Männle 272
Maori 165
Marbach 249, 315
Marc 61
Markheiser 133ff., 147f.
Markheiser, Franz 133ff., 147f.
Martinskirche 203ff.
Master Etage 35
Matriarchatsriten 235
Maulbronn 217ff., 221, 228, 252, 262
Maulbronner Closterweinberg 228, 265
Maulbronner Eilfinger Berg 20, 221
Maulbronner Klosterschule 313
Maulbronner Mönche 261
Maultasche 143, 157, 161, 172, 194, 196, 199, 210, 225, 229, 236
Meisersick 69
Meistersinger 169
Melanchthonhaus 221
Menges 60, 62ff., 69
Menges, Edwin 60, 62ff.
Menges, Monika 69
Menges, Sebastian 62ff.
Menzingen 206
Merkle 233, 235, 237, 241ff.
Merkle, Anja 235, 237, 241ff.
Merkle, Georg 237, 242ff.
Merkle, Gerlinde 237
Merkle, Herbert 237

Merkle-Sekt 235, 244
Met 194
Metzelsupp 133, 161, 206f.
Metzger, Dr. Wolfram 111
Metzger, Johann 314
Metzgerei Adler 21, 31f., 41f.
Metzgerei Bälz 176
Metzgerei Guggolz 171
Metzgerei, Talschenke 150, 156
Michaelsberg 270, 274
Michaelskapelle, Eichelberg 32
Michaelskapelle, Untergrombach 268
Michelfeld 16, 32, 37ff.
Michelfelder Himmelberg 37
Milton, John 292
Monaco 237
Mondial du Pinot Noir 85
Montecristo-Zigarren 271
Morgenstern, Christian 126
Mörike, Eduard 291
Mosel 13, 37, 46, 99f., 262
Most 116, 129, 176, 298
Mostbraten 300
Mötje 286ff.
Mötje, Dirk 276f., 286ff.
Mousse au Knobi 298
Mühlacker 217, 224
Mühlenbäcker 137
Mühlhausen 247, 250f., 253f.
Mühlhauser Halde 254, 262
Müller, Albert 267f., 271f.
Mundus Vini 244
Münster, Stadt 137, 161
Münsterkäse 125

Nadolny, Sten 197
Naidoo, Xavier 210
Napoleon 14, 273
Narziss und Goldmund 217ff.
Neckar 179
Neckarberge 15
Neckargemünd 154
Neckarsulmer Most 176
Neckartal 137
Neckarzimmern 133f., 137, 140f.
Neibsheim 268
Neipperg 20, 173ff., 177ff.

Neipperg, Grafen von 173, 179
Neipperg, Karl Eugen Erbgraf zu 173f., 177ff.
Neipperger Schlossberg 179f.
Nero 104
Neu-Isenburg 171
Neuenbürg 49, 56, 113ff., 126ff., 310
Neuenbürger Guggugsnescht 126
Neues Palm-Bräu 157
Neuffen 190
Neuffener Täle 190
Neuseeland 13, 79, 120, 165
Neustadt/Weinstraße 221
Newman, Randy 260
Nexö, Andersen 29
Neye 298
Neye, Gerhard 296ff.
Nibelungengold 124
Niebelsbach 300f.
Niederbayern 293
Nieling, Ralph 152
Nizza 237
Nobling 299
Nordbaden 203
Nordheim 19, 176
Nöttingen 293
Nußdorf 171, 298

Oberderdingen 160, 203, 207ff., 214ff.
Oberderdinger Ziegenkäse 221
Obergrombach 267f., 270, 273
Oberländer Weinstube Rinderspacher 284
Oberöwisheim 104, 113, 116
Ochse, Diefenbach 21, 186, 191, 193f., 234, 250
Ochse, Goldener, Ellmendingen 295
Ochsen, Durlach 290
Ochsen 186, 191, 193f., 234, 250, 290, 295
Ochsenbach 117, 233ff., 241, 250
Ochsenbacher Mitschele 235
Ochsenbacher Weiberzeche 233
Ochsenfleisch 274
Odenheim 113ff., 123ff.
Odenheimer Königsbecher 125

Odenwald 13, 15, 204
Oggersheim 315
Öko-Bäckerei Stier 150
Öko-Winzer 298
Ökologie 305
Ökologischer Weinbau 66, 264, 296, 303
Ökologisches Weingut 161, 297, 303
ÖkoRegioTours 230
Orpheus 233
Ortenau 125, 160, 166
Osnabrück 183
Österreich 109, 179, 202, 211
Östringen 32f., 113ff., 117ff., 123, 125
Ötisheim 224, 226, 252
Ovid 247

Palatin, Hotel 49
Palm-Brauerei 42
Palmbräu 21, 42, 150, 156f., 176, 206
Paris 82, 177
Patagonien 23
Perlissimo 243
Petite Willegaß 115, 123ff.
Petronius 104
Pfalz 13, 64, 99, 166, 173, 175, 197, 262
Pfälzer Wald 15
Pfau, Ludwig 204
Pfefferle 160f., 171f.
Pfinz 16, 303
Pfinztal 278
Pfleghof 218
Pforzheim 48, 146, 196, 235, 301, 306
Pichler, F.X. 78
Pilz 175
Pindar 157
Plag 20, 187, 197ff.
Plag, Christa 197
Plag, Philipp 197f.
Plag, Werner 197, 199
Pomona 293
PortuS 125
Pound, Ezra 160
Prag 177
Prestige-Reihe 280
Privatkellerei Kümmerle 175, 181f.
ProWein 281
Prozession 72

Quarto 298

Rangnick, Ralf 209
Rapp 32, 43ff.

Rapp, Dorothee Sophie 46
Rapp, Karl 43, 46
Rapp-Kieß, Margarete 43
Rastatt 125
Ratsstuben 290
Ratzel, Friedrich 31
Rauchfleisch 220, 225f., 229, 252, 255
Rauchfleischplatte 196
Rauenberg 47ff., 56ff., 59f., 62ff., 69f.
Raumland 122, 153
Ravensburg 20f., 157ff., 168ff.
Reblandhof 20, 161, 165ff., 172
Reblaus 314
Reblaus, Besen 79
Rebveredelungsanstalt 276
Reichsgraf und Marquis zu Hoensbroech 16, 31, 37ff., 268
Reichshalde, Freudenstein 190
Reichshalde, Knittlingen 218, 221, 229, 231
Reiser 97
Remchingen 306f.
Remstal 190
Renz, Landmetzgerei 155
Republik Steinacker 102
Resi 263
Restaurant Krone, Bretten 221
Rheingau 262
Rheintal 19, 73, 278
Riley, Charles Val. 314
Rilke, Rainer Maria 31, 140, 155, 194, 272
Ringhotel Winzerhof 69
Ripple 20, 255
Rippon Vineyard 120
Rip van Winkel 150
Röll 259
Romeo und Julia 268
Römersteig 258
Römischer Gutshof 103
Rosbachhof 150
Rose, Gondelsheim 270
Rose, Hohenhaslach 236
Rosenberg 67
Rosenkranzweg 117
Rössle, Ittersbach 298
Roßwag 21, 246f., 249ff.
Roßwag-Mühlhausen 253ff.
Roßwager Halde 256
Roßwager Stäffele 255
Roßwager Winzergenossenschaft 252

Rostant 272
Rostbraten 194, 225
Rot-Malsch 73
Rotenberg 47f., 69f.
Roter Apfelmost 129
Rotes Kreuz bei Östringen 114
Rothermel 120ff.
Rothermel, Axel 115, 120ff.
Rothermel, Josef 121
Rothermel, Serena 121
Rotling 154
Rübenacker's Restaurant, Zum Kaiser 296

Saarburg 146
Sachs, Hans 126
Sachsenhausen 171
Salzfleisch 20, 129, 161, 196, 225, 255
Salzfleischbrote 191
Sandbauern 184
Sandro 244
Sängerklause 70
Santiago de Compostela 116
SAP 87, 269, 311
Satyrica 104
Sauberg 220, 225, 227f.
Sauerampfersuppe 108
Saure Nierle 156, 216
Sauter, Samuel Friedrich 203ff., 215f., 313
Sauter-Haus 206
Sauter-Rotwein-Cuvée 216
Savary, Graf Michael von 134, 140ff.
Schäfer 284ff., 290
Schäfer, Thomas 277, 284ff.
Schälripple 191, 223
Scharfe Eck 207
Schäufele 131, 147, 194, 274
Scheffel, Viktor von 14, 219
Schell Konditorei 134
Schiefer 99f.
Schiele 49, 59ff.
Schiele, Frank 59ff.
Schilcher Frizzante 202
Schiller, Friedrich 114, 315
Schiller, Johann Caspar 114, 315
Schillerwein 154, 196, 210, 240, 243, 256
Schinken 70, 205, 225

Schinkenflammkuchen 306
Schlachtplatte 127, 146, 199
Schlehen- und Hagebuttenwein 227
Schliemann, Heinrich 157
Schlossgarten 207
Schlosshotel Michelfeld 31, 40
Schlossstuben 269
Schlossweingut 175, 177
Schloss Bruchsal 111
Schloss Michelfeld 31, 40
Schmidt, Annette 51
Schnitzel 156, 200, 252, 255
Schnitzelfabrik 176
Schönenberg 217, 220, 224f., 226ff.
Schönenberger Lamm 221, 224f.
Schönenberger Sauberg 220, 224, 225
Schottisches Schloss 269
Schupfnudel 123, 125
Schupfnudeln mit Apfelbrei 125
Schützenhaus 290
Schützingen 21, 247, 249ff., 264f.
Schützinger Heiligenberg 264
Schwaben 46, 160, 247, 249, 261
Schwäbisch 236
Schwäbische Knöpf 229
Schwaigern 19f., 160, 167, 173ff.
Schwanen 237
Schwanenburg 128, 206
Schwartenmagen 127
Schwarzes Meer 233
Schwarzwald 15, 204, 276, 293, 295, 300
Schwedenfeuer 307
Schweinebauch 116, 127, 129, 191
Schweinenieren 108
Schweiz 108, 199
Seeger, Thomas 60
Sekthaus Raumland 122, 153
Serden, Karl 315
Shakespeare, William 272
Sickinger 207
Siedfleisch 147, 161, 252, 269
Siegfried 113
Siegfriedsbrunnen 125
Silberberg 114, 127

Silva 53
Singer, Fred 60
Sinsheim 16, 32, 41, 43, 145, 147
Sinsheimer Messe 147
Slow Food 197, 242
Sommerhälde 184
Sommerwind 194
Sonnenberg 176, 182
Sonnenberg-Cuvée 182
Sonnenfeldhof 161, 172
Sonnenhof 20, 251, 257ff.
Sonntagsbraten 252
Spanien 40, 109
Spargelpotpourri 153
Spätzle 42, 97, 129, 231
Spervogel 16, 135
Speyer, Domkapitel 262
Speyerer Fürstbischöfe 21, 267
Spiegelberg 29f., 150f.
Spitzweg, Carl 47, 203f.
Sprenger, Balthasar 313
Springer, Gündelsbacher 258
St. Andreas 98
St. Annagarten 197
St. Emilion 174
St. Lukas-Wehrkirche 114f.
St. Michael, Eichelberg 32
St. Michael, Odenheim 115
St. Nikolauskirche 70
Staatliche Verwaltung Schlösser und Gärten 111
Staatsweingut Karlsruhe-Durlach 20, 101, 197, 276ff., 286ff.
Staffeln, Gochsheim 203ff.
Stammhaus zur Palme 156f.
Staudt 97, 101f., 277, 286
Staudt, Rüdiger 97, 101f.
Staudts Weinstube 97
Staufen 14
Steiermark 202
Steinbachhof 20, 247f., 252, 261ff.
Steiner, George 47, 162
Steiner-Prag, Hugo 276
Steinhardt, Martin 30, 33f., 36
Steinle, Günter 194, 228
Steinmänndel 50, 52
Steinsberg 16, 135, 145f.

Steinsfurt 135
Sternenfels 160, 183f., 186f., 190, 193, 195, 204f., 209, 216, 245
Stetten am Heuchelberg 173, 175f., 181f.
Stettfeld 95ff., 103f.
Stier, Öko-Bäckerei 150
Stiftsberg 183f.
Stiftskeller 228
Stift Odenheim 32, 113
Stigler 211
Storm, Theodor 90
Streuobstwiesen 298
Strolch 149, 153
Stuttgart 20, 235, 237, 259
Subsidiaritätsprinzip 178
Südafrika 120
Sulzfeld 13, 20, 51, 151, 157, 159ff. (bis 172), 209, 216, 262, 281
sur lie 299
S 4 150, 160, 171f., 278

Talschenke 150, 156
Tarte flamande 272
Terra Noah 53
Teufelskopf 49, 51, 67
Thalsbach 114f., 120ff.
Thermarium 97
Thurn-und-Taxis'sche Posthalterei 221, 229
Thyrsus-Stab 235
Tiefenbach 29, 32ff., 121, 150f.
Tiefenbacher Spiegelberg 29f.
Tierpark, Bad Schönborn 97
Tierpark, Bretten 221
Toma 298
Topinamburbrand 148
Toskana 81, 166
Trakl, Georg 58, 294, 296
Transsibirische Eisenbahn 160
Trimalchio 104
TSG Hoffenheim 155
Tübingen 248f.
Tucholsky, Kurt 279
Turmberg 275, 277, 286ff., 290
Turmberg-Restaurant, Klenerts 290

Ubstadt 95ff., 101, 103, 105ff., 108

Ubstadt-Weiher 96, 105
Ulrichsbruch 120, 122
Ungarn 40, 48, 87
Ungarnkriege 293
Ungerer 73, 90f.
Unteres Schloss zu Neckarzimmern 140f.
Untergrombach 9, 23, 267f., 270, 274

Unterkünfte

Bregler 161
Goldene Gans 65
Goldener Ochsen 295
Grüner Baum 273
Grüner Hof 20
Häußermann 190
Hoepfner Burghof 290
Kern 209
Klosterschmiede 220
Krone, Illingen-Schützingen 21
Krone, Bretten 221
Krone, Kraichtal-Gochsheim 204
Küferschänke 135, 145f.
Lamm, Vaihingen / Enz-Horrheim 236
Lamm, Vaihingen / Enz-Roßwag 251
Lindner 208
LoewenThor / Hotel Hahn 271
Meisersick 69
Menges 62
Ochsen, Karlsruhe-Durlach 290
Palatin 49
Reblandhof 165
Remise 137
Schlosshotel Michelfeld 31
Walksches Haus 289
Zum Alten Rentamt, 175
Zum Rössel 31
Zur Krone 289
Zum Weißen Lamm 274

Unteröwisheim 52, 108f., 113f., 116, 129ff.
USA 120, 265

Vaihingen/Enz 235, 238, 248, 253, 255
Vaihinger Löwe 253
VDP 168
Viktoriagarten 290
Villa Heitlinger 30, 33ff.
Vinaeum 276, 280
Vinaeum-Cuvée 287
Vinalis 82

Vinaly d'Or 85
Vinçon, Besenwirtschaft, Waldenser-Besen 208, 222
Vinçon-Zerrer 222
Vinitalia 82
Vinitaly 85
Vinothek 228
Vinum 85
Vogelbräu 290
Vogeler, Heinrich 272
Vogelpark 48, 69

Wachtelschlag 203
Wachtkopf 257f., 260, 262
Wagner, Richard 169
Waldangelloch 21, 29, 31f., 41f.
Waldenser 208, 220, 223ff., 229
Waldenser-Besen, Besenwirtschaft Vinçon 208
Walldorf 48, 120
Walk'sches Haus 280, 285, 289
Wallmauer 140
Walter, Johann 313
Walzbach 285
Wasserschloss, Eichtersheim 15, 31
Wasserschloss, Menzingen 206
Wasserschlosspark 32
Weiberle 236
Weiler 16, 42, 133, 135, 145f.
Wein- und Sektgut Hammerschmiede 105
Weinarchiv Heitlinger 36
Weinarchiv Becker 81
Weinbau Frank Schiele 59ff.
Weinbau Goldene Gans 65f.
Weinbau Guthmann, Siegfried 306ff.
Weinbau Jürgen Haagen 245f.
Weinberghähnchen 237
Weinberghütte 295, 306f.
Weinbergspfirsich 182
Weindorf Ferber 187, 195f.
Weinelf Deutschland 211
Weinfestival im Palatin 49
Weingalerie der Familie Hockenberger 150ff.
Weingarten 270, 275ff., 284f., 289f.
Weingartner Hohenberg 281

Weingartner Winzergenossenschaft 276f. 279ff.

Weingüter

Becker 72f., 81ff.
Benz 150, 154ff.
Bös 72f., 76ff.
Bosch 99ff.
Brüssel 161, 172
Burg Hornberg 140ff.
Burg Ravensburg 168ff.
Czech 200ff.
Faigle 238ff.
Feil 131
Gille 255ff.
Graf Neipperg 174, 177ff.
Hafner 103ff.
Häge 264ff.
Hagenbucher 161ff.
Hammerschmiede 97, 105f.
Häußermann 184, 190ff.
Heitlinger 19, 33ff.
Hockenberger 151ff.
Holfelder 49
Honold 117ff.
Ihle 29, 48f., 56ff.
Jaggy 220, 226ff.
Kelterhof 223
Kempf 87ff.
Kern (Sulzfeld): 165ff.
Kern (Oberderdingen): 209ff.
Klumpp 98, 107ff.
Koch 67f.
Lutz 208, 214ff., 216
Markheiser 147f.
Menges 62ff.
Merkle 235, 241ff.
Petite Willegaß 123ff.
Pfefferle 171f.
Plag 187, 197ff.
Rapp-Kieß 43ff.
Reichsgraf und Marquis zu Hoensbroech 37ff.
Schäfer 284ff.
Sonnenhof 257ff.
Staudt 101ff.
Steinbachhof 261ff.
Thalsbach 114f., 120ff.
Ungerer 90ff.
Vinçon-Zerrer 223
Weiberle 236
Winter 70
Zorn 126ff.

Weinhähnchen 234, 242
Weinheim 52, 83, 314
Weinsauerkraut 146

Weinsberg 197f., 209
Weinschauraum 111
Weinstadl Pfefferle 160f., 171f.
Weinstraße Kraichgau-Stromberg 13, 160
Weinteufel 305
Weinwanderungen des Conde Guelmo 250
Wein Gourmet 101, 160, 250
Weißburgunder, Dürrenzimmerner 156
Weißburgunder-Cuvée „W" 198
Weißwein-Cuvée 306
Wellington 165
Weltkulturerbe 221, 228
Werfel, Franz 31
Wezel, Hermann 229ff.
Wieland, Christoph Martin 185
Wien 179
Wiener 171, 298
Wiesloch 47ff., 52ff., 63, 69, 97, 108, 154, 205, 254, 314
Wildpark, Schwarzach 137
Wildsauenwürste in Creme aus Kürbis 193
Wildschweingulasch 298
Wildschweinschinken 298
Wilferdingen-Singen-Remchingen 292

Wimmer 48, 53ff.
Wimmer, Martin 53
Wimmer, Petra 55
Wimmers Landwirtschaft 48, 53ff.
Winzergenossenschaft Roßwag-Mühlhausen 252f.
Winzergenossenschaft Weingarten 276, 279ff.
Winzerkeller Wiesloch/Südl. Bergstr./Kraichgau 48, 50ff., 72
Winzermuseum 48
Winzerschmaus 281
Winzersteak 301
Winzervesper 90
Wippels Weinstube 107
Wolfskehl, Karl 245
Württemberg 14, 134, 179, 188, 251, 254, 262, 313f.
Württemberg, Herzog von 262, 314
Württemberger Weinstraße 160

Yburg 276

Zaisenhausen 204
Zaiß 252
Zehntkeller 71
Zentralfriedhof 298

Zeutern 95ff., 101f., 104, 108, 286
Zeuterner Himmelreich 51
Zimmermann 251
Zipse 135, 145f.
Zipse, Bernd 146
Zipse, Heike 146
Zipse, Willy 146
Zisterzienser 218, 247, 265
Zopf-Kapelle 114
Zorn 126f.
Zorn, Benedikt 128
Zorn, Bettina 127
Zorn, Fritz 115, 126ff.
Zornello 128
Zumsel 148
Zum Adler 41
Zum Bärtigen Winzer 90f.
Zum Engel 96, 98
Zum güldenen Becher 116
Zum Kaiser, Rübenacker's Restaurant 296
Zum Kannenbesen 129ff.
Zum Ochsen 193f.
Zum Rössel 31
Zum Roten Hahn 272
Zunge, gepökelt 223
Zur Palme 21, 150, 156f.
Zuzenhausen 19, 56, 89, 136f.
Zwiebelsteak 161